드루이드가 되고 싶은 당신을 위한 안내서

프로개

드루이드
DRUID

고대 켈트족의 성직자라고 전해진다.

모든 방면에 해박한 지식을 갖춘 드루이드는 왕에게 조언할 수 있을 정도로 높은 지위를 갖고 있었다. 신의 의사를 전하는 존재로서 정치, 의술, 점, 마술, 종교의식을 주재할 뿐만 아니라 재판관의 역할을 담당하기도 했다.

현대에 와서는 소설, 영화, 드라마, 게임 등을 통해 다양하게 각색되었다. 공동직으로 자연의 힘을 빌려 쓰는 마법사로 묘사된다. 대표적인 마법 기술은 '식물소환', '급속생장'이 있다.

사람들은 식물을 잘 키우는 자를 '그린핑거(Green fingers)' 또는 '드루이드(Druid)'라 칭했다.

이 책에서의 드루이드는 현대 사회 곳곳에 숨어 사는 자연 친화적인 가드너들을 일컫는다.

PROLOGUE
들어가며

당 신 에 게

어쩌면 당신은 '식물을 죽이고 싶지 않아서'라는 마음으로 이 편지를 펼쳐 들었을지도 모르겠습니다.

그렇다면 실망할 수도 있습니다. 이 편지에 식물을 죽이지 않는 방법은 들어있지 않으니까요. 생물학 같은 학술적인 부분을 깊게 다루지도 않습니다.

그저 당신의 식물이 충분히 초록빛을 내다가 흙으로 돌아갈 수 있도록 안내합니다. 그런 점에서 이 편지는 당신이 아니라 식물을 위해 쓰였습니다.

나는 식물학자가 아닙니다. 내 가드닝은 과학적이지 않습니다. 단지 열정이 유별날 뿐입니다. 그러기에 때로는 기존에 알려진 것과 다른 방향성을 제시합니다. 일반적이지 않을 수 있으며 상식에서 벗어난 주장을 펼치기도 합니다. 그로 인해 당신은 길을 잃고 헤매게 될 수도 있습니다. 그 방황 뒤에는 온전히 자신의 길을 찾아내길 바랍니다.

내 방의 창가는 여섯 개의 대륙에서 이주해온 식물들로 가득 차 있습니다. 계속 편지를 쓰겠습니다. 당신의 창가 또한 그렇게 될 것이 분명하기에.

어느 날, 당신의 모임도 지금부터

CONTENTS
목차

1 드루이드가 되기로 했다

가드너에게 물었다 **16**
식물 선택 **21**
햇빛이 드는 정도 **22**
식물이 버티는 영역 **24**
물을 저장하는 식물 **28**
바람을 원하는 식물 **29**
습도를 원하는 식물 **30**
추위를 원하는 식물 **31**
잠자는 식물 **32**
죽이는 건 싫지만 식물은 키우고 싶어 **33**
탐험 떠나기 **35**
선택과 결정 **36**

2 식물 설명서

식물 이야기 **40**
증산작용 **42**
기공이 열리는 순간 **44**
뿌리 압력 **45**
일액현상 **46**
광합성 **48**
식물의 호흡 **51**

3 식물을 죽이는 방법

식물은 죽는다 **58**
어둠으로 죽이기 **60**
추위로 죽이기 **63**
더위로 죽이기 **64**
습한 공기로 죽이기 **66**
건조로 죽이기 **67**
무풍으로 죽이기 **68**
물로 죽이기 **70**
가뭄으로 죽이기 **73**
미생물로 죽이기 **74**
화상으로 죽이기 **75**
잎 마름으로 죽이기 **77**
비료로 죽이기 **78**
pH로 죽이기 **79**
벌레로 죽이기 **84**

4 선택해야 할 것들

옮겨심기 **88**
필요한 것들 **90**
화분 선택 **94**
화분 소재의 특성 **96**
흙 선택 **110**
흙이 될 수 있는 것 **114**
각 재료가 물을 흡수하는 정도 **127**
식물에 따라 달라질 수 있는 배합 **129**

5 식물이 오면

당신 곁에 **134**
화분을 교체하는 일 **135**
한눈에 보는 분갈이 **136**
분갈이의 유형 **138**
분갈이가 필요하다는 신호 **144**
배수층에 관하여 **145**

6 어렵게 느껴지는 물 주기

물 주기 **152**
장기 출장에 대응하는 방법 **156**
물의 종류 **158**
물 주는 시간대 **162**
물의 온도 **163**
물 주는 방식 **164**
식물의 과습 장해 **168**
과습이 찾아온 식물 구하기 **169**

7 따뜻할 때 그리고 습할 때

온도 **174**
흙의 온도 **175**
습도 **176**
식물의 방어력 **178**

8 볼 수 없는 것들

식물의 친구 **184**
무생물과 생물 **185**
유익한 미생물 **186**

식물과 하는 계약 **189**
계약을 파기하는 여덟 가지 방법 **191**
계약관계가 아닌 미생물 **196**

9 당신이 주는 것

비료를 주기 전에 **204**
식물이 원료로 사용하는 것 **205**
식물의 건설 자재 **206**
비료의 쓰임과 역할 **209**
어떤 비료의 특이점 **214**
그림으로 보는 비료 결핍 증상 **216**
비료 결핍 증상의 오해 **220**
결핍된 양분을 공급하는 방법 **222**
엽면시비 **223**
비료를 공급하는 시기와 양 **225**
엄마 가드너들의 힘 **230**

10 드루이드는 가위를 들고

식물의 외과 의사 **234**
새로운 길 **235**
식물마다 다른 우회 성장법 **236**
가지자르기를 하는 이유 **238**
실내 식물의 가지자르기 **240**
가지치기와 도포제 **241**
힐링 티슈 **242**
힐링 티슈의 이해 **244**
흙으로부터 떨어트려 놓는 기술 **246**
중심 줄기가 굵어지는 가지치기 **247**
벤자민 고무나무로 보는 가지치기 **248**
새 가지를 유도하는 방법 **250**

11 당신의 마법

가지를 이용하는 복제술 **254**
유전적 전파의 이해 **255**
삽목 **257**
삽목의 환경 조건 **258**
페트병으로 삽목 화분 만들기 **260**
한눈에 보는 삽목 **261**
애플민트로 보는 물꽂이 **262**
아보카도로 보는 삽목 **264**

물관과 체관 **266**
공중 삽목 **268**
양파와 비닐을 이용한 공중 삽목 **269**
페트병을 이용한 공중 삽목 **270**
접목 **272**
유전적으로 섞이지 않는 연결 **273**
과 그리고 종 **274**
쌍떡잎식물의 형성층 **275**
형성층을 연결하는 다양한 방법 **276**
접목 연습하기 **277**

12 꿀벌처럼

꿀벌이 되는 방법 **284**
꽃에 관한 이야기 **286**
씨앗 얻기와 보관 **293**
발아 **294**
빛과 열에 의한 신호 **295**
식물의 번식 방법 **297**

13 당신의 도구

온실 **302**
식물 성장 LED **306**
수경재배 **316**
테라리움 **322**
그 밖의 도구들 **324**

14 피아식별 그리고 전투

적군과 아군 **342**
벌레를 퇴치하는 방법 **360**
그리고 농약 **364**

15 더 하고 싶은 이야기

잎이 아니어도, 녹색이 아니어도 **376**
화학이라는 단어에 대한 편견 **379**
반려동물에 대한 식물 독성 **382**
늦게 내는 가위바위보 게임 **385**
널브러지고 어수선하고 지저분한 **386**
그래도 그냥 좋은 거예요 **387**

이렇게,

당신에게 편지를 씁니다

CHAPTER 1

드루이드가
되기로 했다

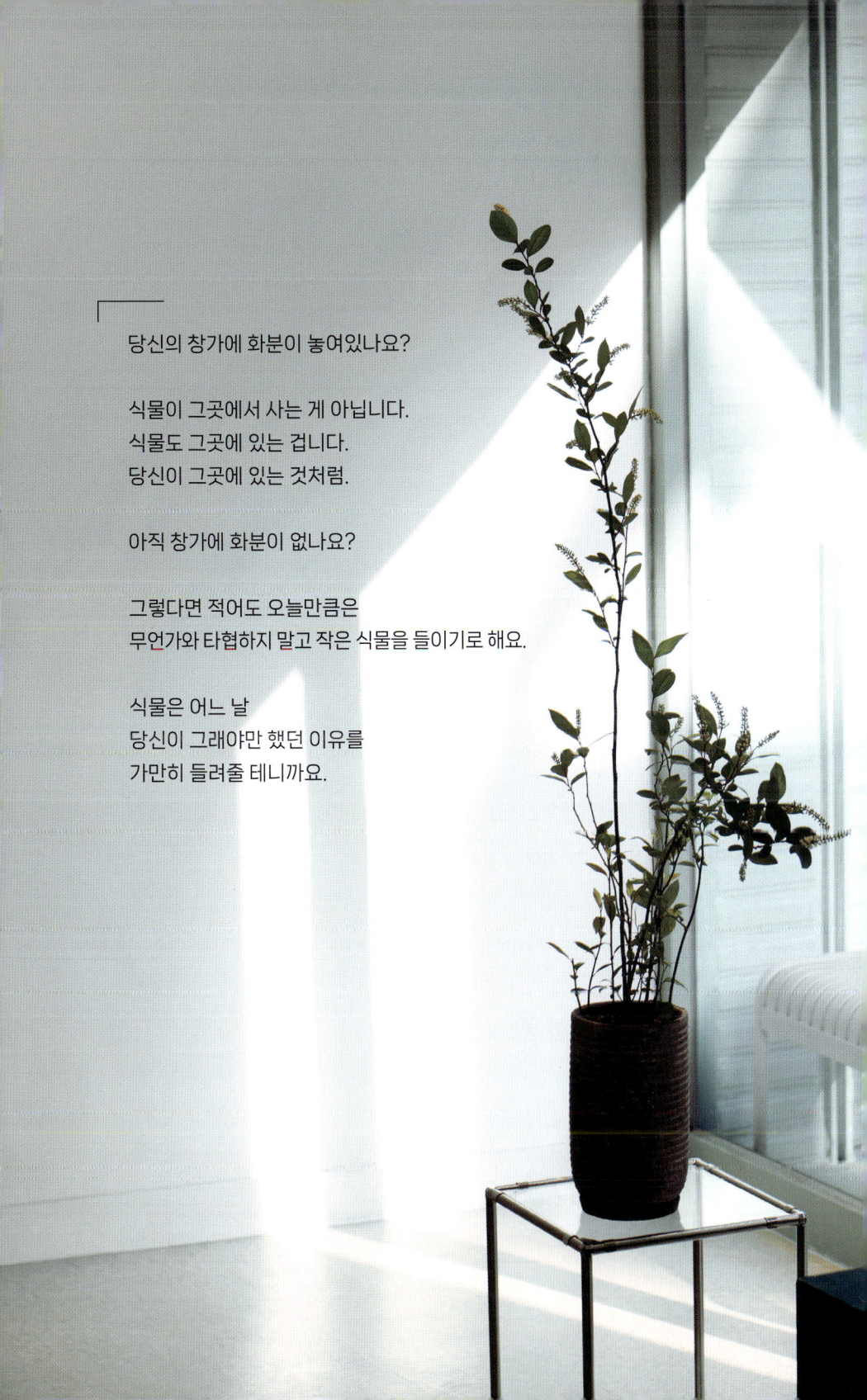

당신의 창가에 화분이 놓여있나요?

식물이 그곳에서 사는 게 아닙니다.
식물도 그곳에 있는 겁니다.
당신이 그곳에 있는 것처럼.

아직 창가에 화분이 없나요?

그렇다면 적어도 오늘만큼은
무언가와 타협하지 말고 작은 식물을 들이기로 해요.

식물은 어느 날
당신이 그래야만 했던 이유를
가만히 들려줄 테니까요.

가드너에게 물었다

 식물을 왜 키우기 시작했나요?

휴식, 위안, 위로 등 정서적 안정을 위해서
19.1%

나도 모르는 사이에 좋아져서
18.8%

가족 또는 지인의 영향으로 자연스럽게
12.1%

선물을 받아서
7.3%

인터넷 또는 매체로 식물 키우는 것을 보다가
6.9%

평소 자연과 환경에 관심이 많아서
5.2%

예쁜 식물을 발견하고 충동 구매해서
4.3%

과일을 먹고 나온 씨앗을 심었는데 발아되어서
4.3%

직접 키운 걸 먹고 싶어서 (채소, 과일, 허브류)
4.1%

설문 방식 : 온라인 설문
설문 기간 : 2023년 1월 12~14일(3일)
설문 대상 : 가드너 커뮤니티 「모두가 초록에 진심」 회원
응답한 가드너 : 662명

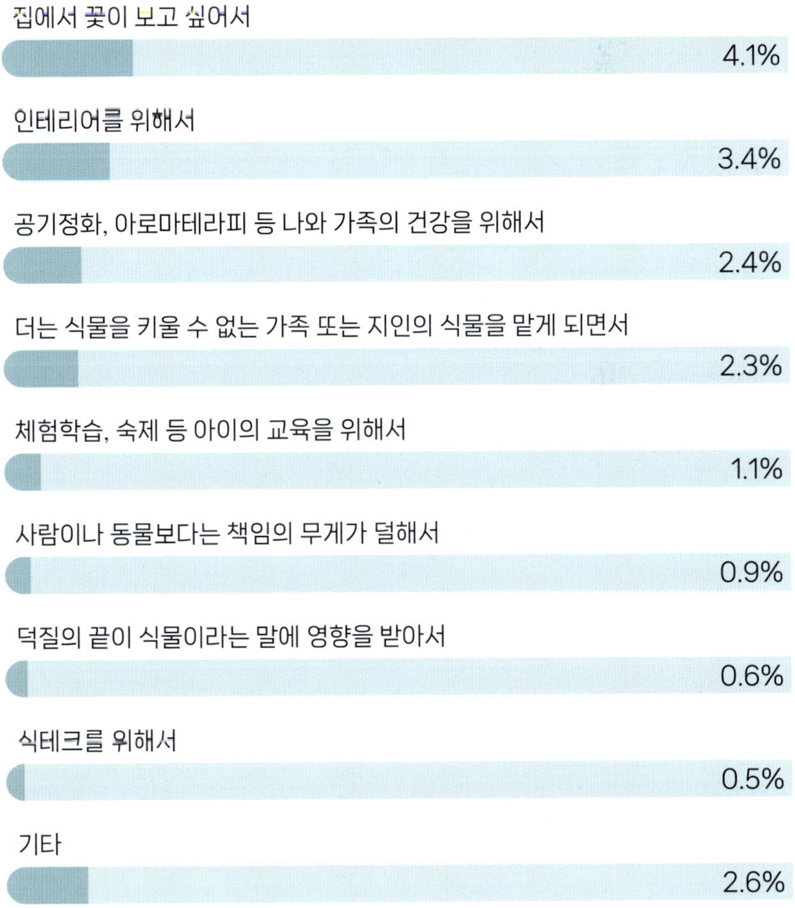

집에서 꽃이 보고 싶어서
4.1%

인테리어를 위해서
3.4%

공기정화, 아로마테라피 등 나와 가족의 건강을 위해서
2.4%

더는 식물을 키울 수 없는 가족 또는 지인의 식물을 맡게 되면서
2.3%

체험학습, 숙제 등 아이의 교육을 위해서
1.1%

사람이나 동물보다는 책임의 무게가 덜해서
0.9%

덕질의 끝이 식물이라는 말에 영향을 받아서
0.6%

식테크를 위해서
0.5%

기타
2.6%

식태기는 어떨 때 찾아왔나요?

몸이 아프거나 육아에 치일 때 등 육체적, 정신적으로 힘들 때
15.4%

아끼던 식물이 죽었을 때
15.3%

식물이 병들거나 벌레가 생겼을 때
15%

아직 식태기를 경험해 본 적 없다
13.6%

바빠서 시간이 부족할 때
12.2%

우리 집이 식물을 키울만한 환경이 아니라는 생각이 들 때
10.7%

식물을 돌보는 게 숙제처럼 느껴졌을 때
6.6%

식물이 많아서 실내공간이 비좁게 느껴졌을 때
4.2%

끝없이 증식하는 식물이 부담스럽게 느껴질 때
2.9%

식물 관련 지출이 부담스럽게 느껴질 때
1.1%

남들이 키우는 식물과 비교될 때
0.9%

기타
2.1%

식물을 계속 키우는 이유는 무엇인가요?

휴식, 위안, 위로, 만족감, 보람 등 정서적 안정을 위해서
36.2%

이유 없이 그냥 좋고, 예뻐서
33.3%

책임감 때문에 버릴 수 없어서
12.1%

나만의 정원을 가꾸는 가드너로 살아가고 싶어서
8.1%

계속 새로운 식물이 나타나서
4.3%

직접 키운 걸 먹고 싶어서 (채소, 과일, 허브류)
2.2%

인테리어를 위해서
0.8%

식테크를 위해서
0.3%

공기정화, 아로마테라피 등 나와 가족의 건강을 위해서
0.3%

기타
2.4%

외롭다는 건 혼자라는 걸 의미하지 않아요.
오히려 그 반대일 때가 더 많죠.

외로움을 대하는 방식은 저마다 다른 것 같아요.
나는 식물과 함께 살아가며 외로움을 조금씩 덜어냅니다.

식물은 나에게 '힘내'라고 말하지 않아요.
그저 내가 마련해준 자리에 머물러 줄 뿐이에요.
그럼 나도 그 옆에서 조금은 쉬어도 될 것 같거든요.

내가 자리를 내어주면 식물도 곁을 내어주는 조그마한 법칙.
나는 이 상생의 고리가 제법 마음에 듭니다.

가드닝은 '쉼'이자,
외로움을 덜어내는 '치유'가 될 수 있어요.

식물 선택

어떤 식물을 들여야 할지 모르겠나요? 그렇다면 약간의 힌트를 줄게요.

우리는 다양한 이유로 식물을 들이게 됩니다. 이유라기보다는 핑계에 더 가까울 수도 있습니다.

지나가다가 길가의 꽃집에서 본 화분이 예뻐서 들고 오기도 하고, 누군가에게 선물 받기도 해요. SNS에서 본 식물의 신비로운 자태가 마음을 움직였을 수도 있어요. 그저 어떤 식물을 키우고 싶어, 라는 막연한 마음을 먹게 되었을 수도 있고요. 그렇다면 필연적으로 고민에 빠지게 될 거예요. 식물의 종류는 셀 수 없이 많으니까요.

처음이라면 어떤 걸 키우고 싶은지가 아니라, 어떤 걸 키울 수 있는지를 먼저 생각하라고 말해주고 싶어요.

선택한 식물이 금방 시들어 버린다면 당신이 슬퍼질 테니까요. 그러니 당신의 집에서 오랫동안 살아갈 수 있는 식물 목록을 찾아보는 게 좋겠습니다.

생각해야 할 최우선 요소는 아마도 '햇빛이 드는 정도'일 겁니다. 화분이 놓일 장소에 하루 몇 시간의 햇빛이 드는지를 확인해보세요. 그다음 온도는 어떤지, 습도는 어떤지, 공기의 움직임은 어떤지를 체크하세요. 마지막에는 물을 얼마나 자주 줄 수 있는지까지 생각해야 합니다.

물론 전부 충족하지는 않아도 괜찮아요. 극단적인 경우가 아니라면 애정으로 극복할 수 있습니다.

햇빛이 드는 정도

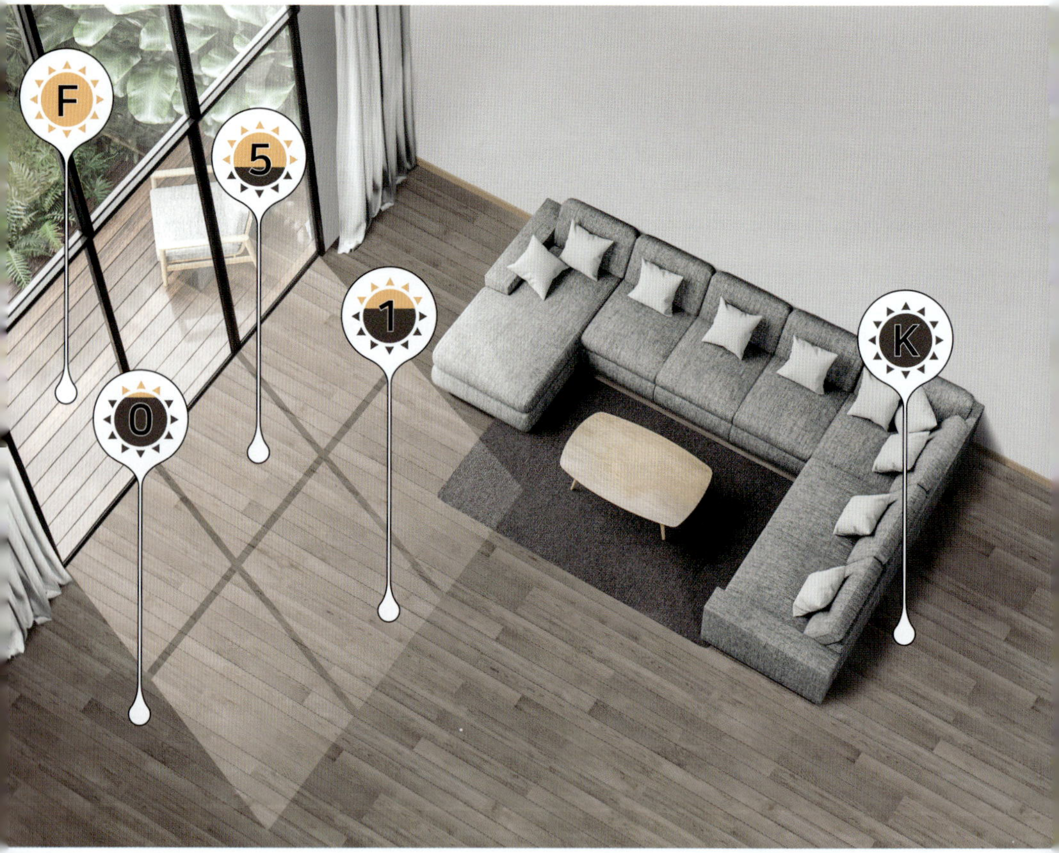

Full Sun, 완전한 햇빛을 의미해요. 하루 5시간 이상 직접적인 햇빛을 받을 수 있는 실외, 옥상, 남쪽 테라스, 남쪽 발코니, 온실 등이 해당합니다. 창문의 유리를 통과한 햇빛이 머무는 실내는 해당하지 않아요.

하루 5시간 이상 창문 유리에 '필터링 된 직사광선'이 드는 장소입니다. 남쪽 창문과 가장 가까운 장소를 가리키며 흔히 말하는 '밝은 곳'에 해당합니다.

온실의 유리와 주거·사무용 건축물에 쓰이는 유리는 많은 차이가 있습니다. 주거·사무용 건축물에 사용되는 유리는 단열뿐만 아니라 가구와 피부를 보호하기 위한 광선 필터링 기능이 있습니다. 일반적으로 약 50%의 빛이 차단되는 것으로 알려져 있습니다.

하지만 태양은 계절마다 그리고 매시간 다른 각도로 지구를 비춥니다. 햇빛과 건축물의 유리 표면 각도는 90도가 아니죠. 즉 더 많은 햇빛이 유리 표면에서 반사됩니다. 이림잡이 70% 이상의 빛이 걸리진디고 보아야 해요. 실질적으로 실내 가드너는 약 30%의 햇빛 농도로 식물을 키우고 있는 셈이죠.

하루 1시간 이상 창문 유리에 필터링 된 직사광선이 드는 장소입니다. 계절이나 시간 등 태양의 위치에 따라서 잠깐씩 직사광선이 듭니다. 흔히 말하는 '반그늘'이 여기에 해당합니다.

직사광선이 닿는 곳과 가장 가깝습니다. 하지만 직사광선이 닿지 않는 장소입니다. 흔히 말하는 '그늘에서 키우세요'에 해당하는 영역입니다. 벽이나 바닥에 반사된 간접 빛을 식물이 이용합니다.

어둠을 의미해요. 낮 동안 직접적인 햇빛의 영향권에 들지 않는 장소입니다 대부분 식물은 이 위치에서 오랫동안 생존하지 못합니다. 이 영역에서 생존할 수 있는 식물도 밝은 형광등과 같은 최소한의 빛은 필요합니다.

식물이 버티는 영역

처음에는 '식물이 건강하게 자라는 영역'이라고 소개하고 싶었어요. 하지만 그건 인간의 오만이겠죠.

아무리 노력해도 우리의 공간은 자연과 같아질 수 없어요. 거대한 식물원조차 온도와 습도를 모방했을 뿐이에요. 어쩌면 우리의 곁으로 옮겨진 식물은 낯선 공간에서 버티고 있는 것일지도 모릅니다.

그렇다고 해서 집 온도와 습도를 극단적으로 식물에 맞추지는 마세요. 현실에서 그건 그다지 좋은 선택이 아니에요. 식물만 사는 곳이 아니니까요.

당신도 그곳에 있다는 걸 잊지 마세요. 식물을 위해 쾌적한 환경을 포기할 필요는 없어요. 함께 살아갈 식물과 얘기해보고 합의점을 찾아보세요.

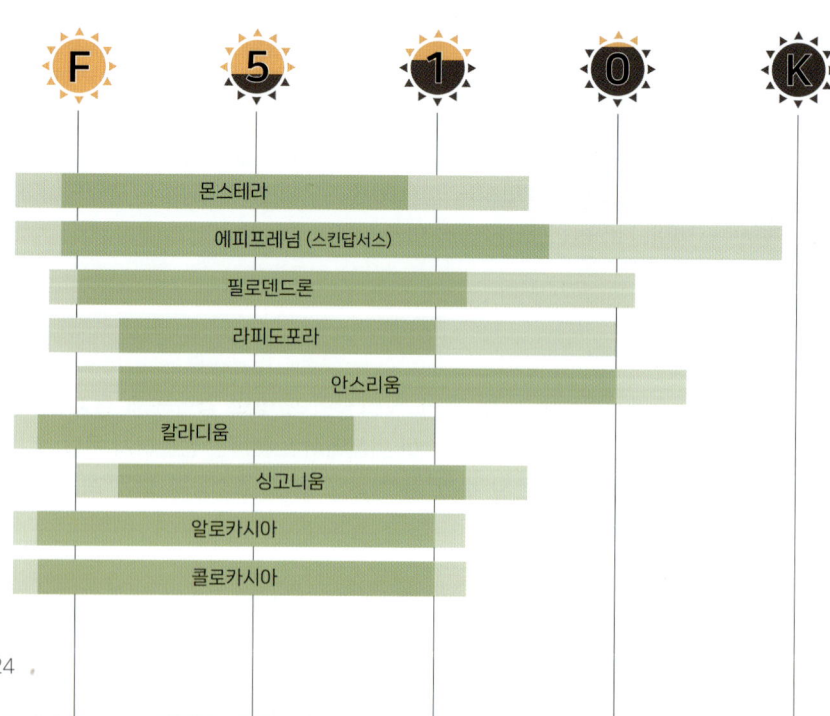

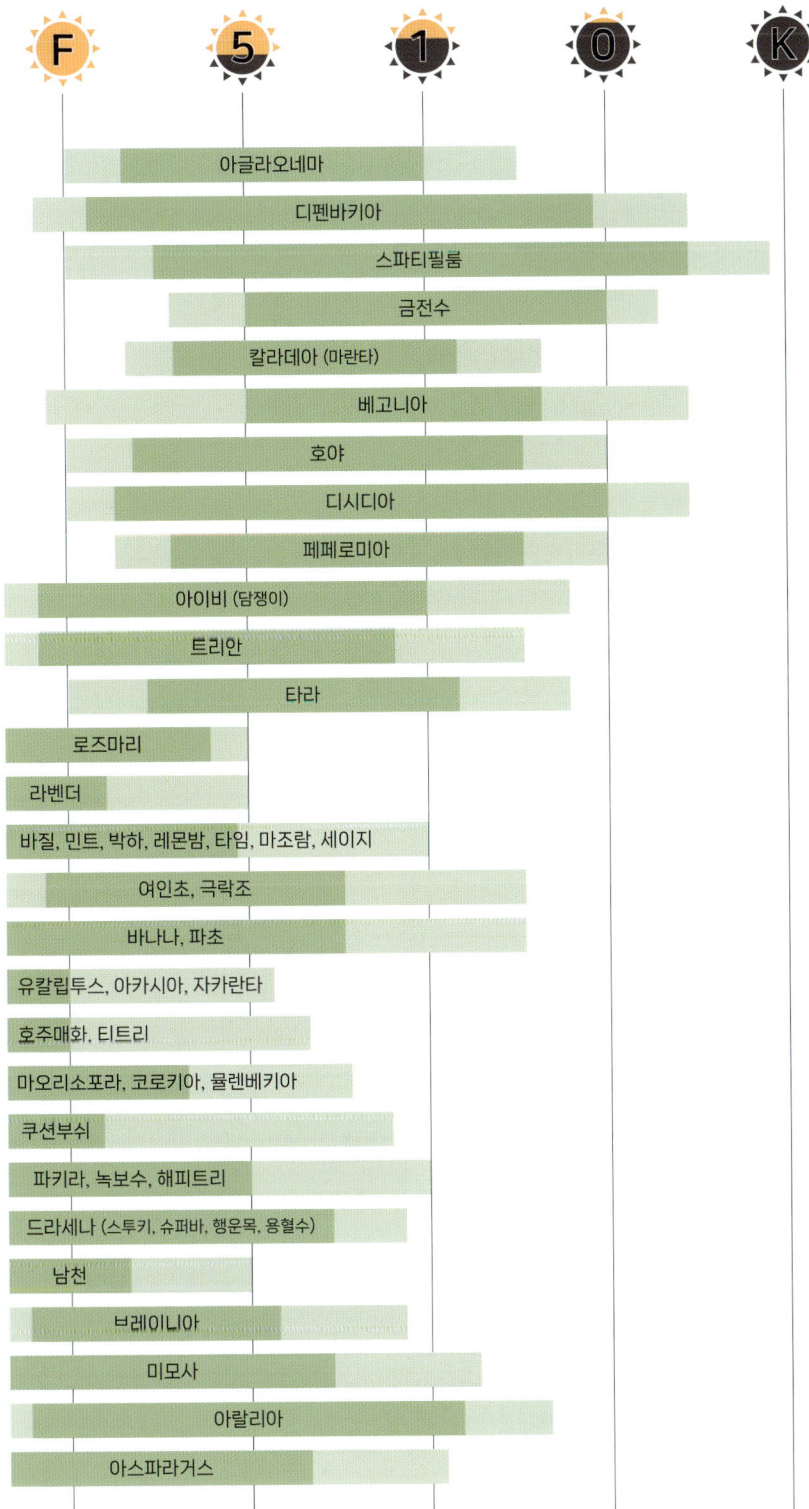

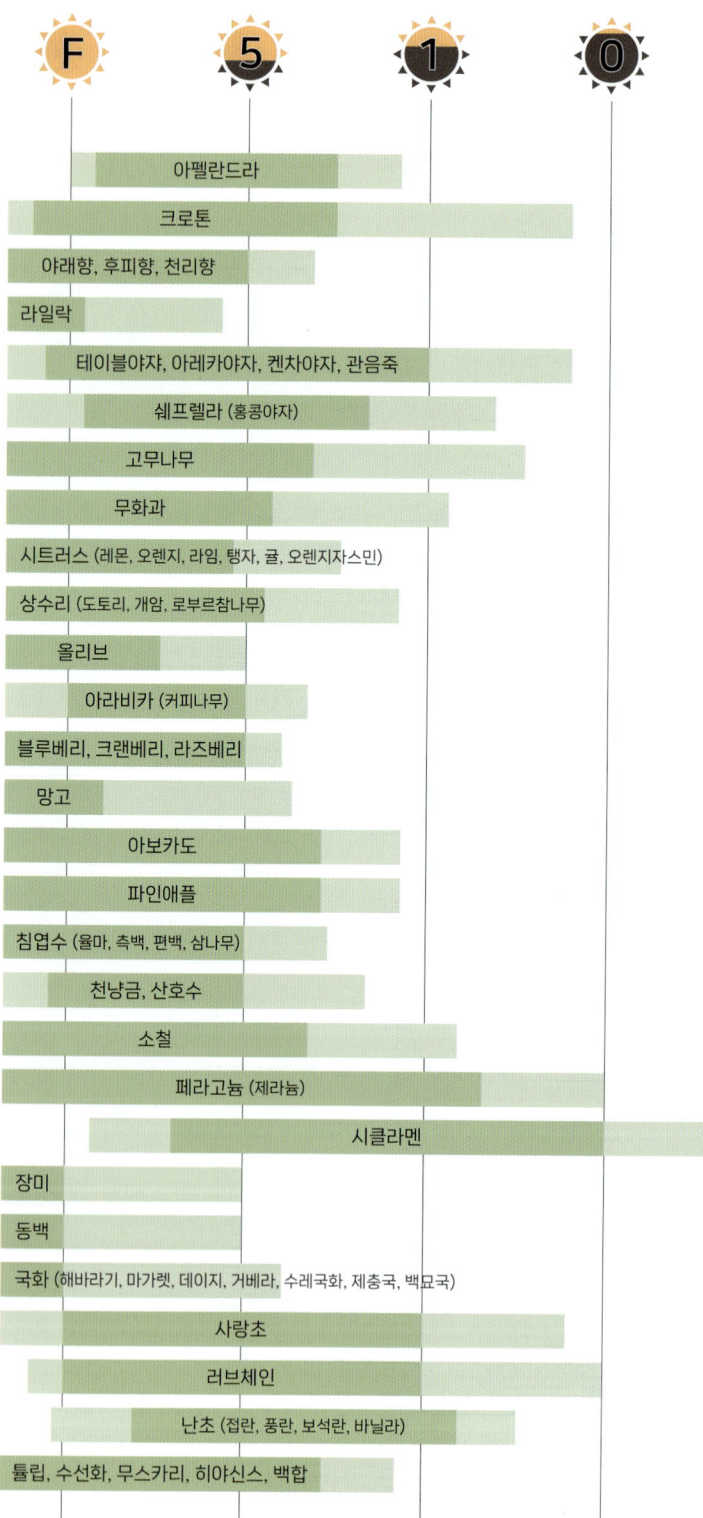

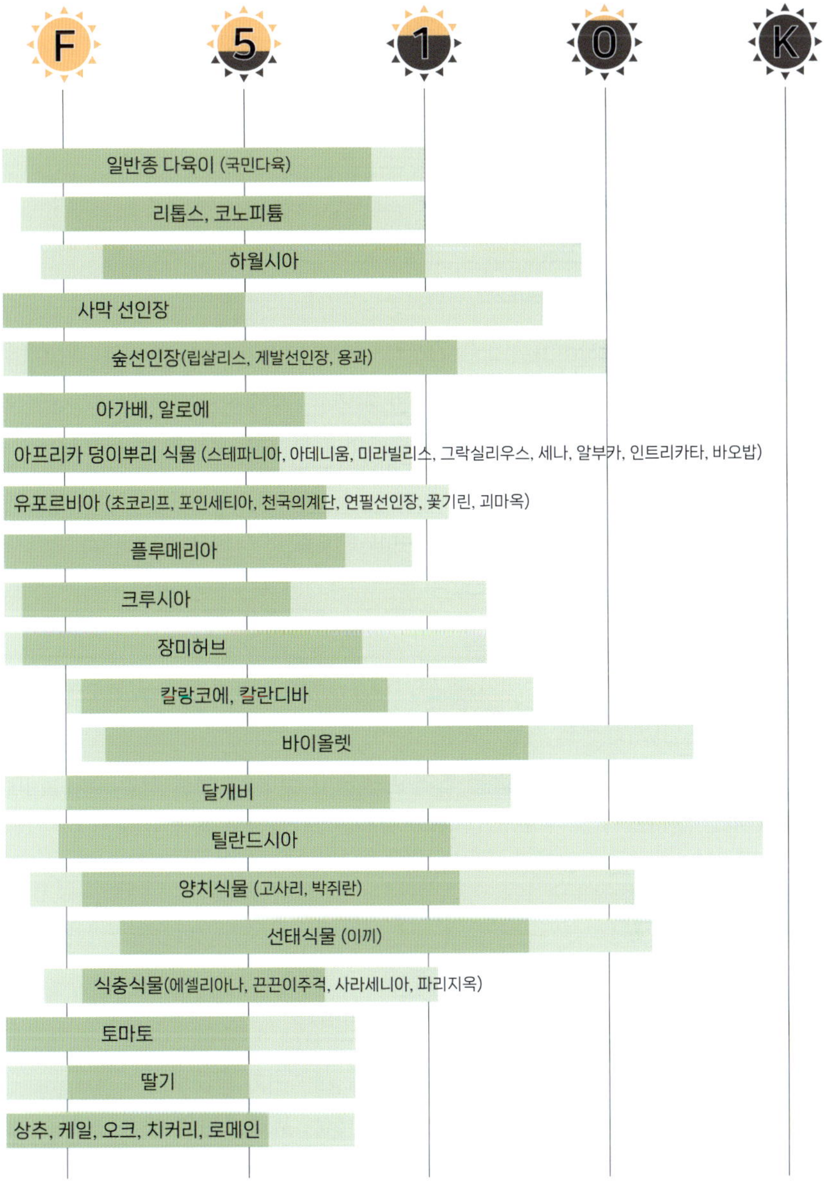

| F | 5 | 1 | 0 | K |

- 일반종 다육이 (국민다육)
- 리톱스, 코노피튬
- 하월시아
- 사막 선인장
- 숲선인장 (립살리스, 게발선인장, 용과)
- 아가베, 알로에
- 아프리카 덩이뿌리 식물 (스테파니아, 아데니움, 미라빌리스, 그락실리우스, 세나, 알부카, 인트리카타, 바오밥)
- 유포르비아 (초코리프, 포인세티아, 천국의계단, 연필선인장, 꽃기린, 괴마옥)
- 플루메리아
- 크루시아
- 장미허브
- 칼랑코에, 칼란디바
- 바이올렛
- 달개비
- 틸란드시아
- 양치식물 (고사리, 박쥐란)
- 선태식물 (이끼)
- 식충식물(에셀리아나, 끈끈이주걱, 사라세니아, 파리지옥)
- 토마토
- 딸기
- 상추, 케일, 오크, 치커리, 로메인

 온도, 물, 습도, 바람, 양분이 적절할 때 식물은 이 영역에서 건강하게 삽니다.

온도, 물, 습도, 바람, 양분이 적절할 때 식물은 이 영역에서 천천히 자랍니다.

물을 저장하는 식물

오랫동안 집을 비우는 일이 잦나요?

건조한 사막 지역에서 살아가기 위해 진화한 식물들이 있습니다. 이 식물은 잎이나 줄기, 뿌리에 물을 저장하는 특징(다육질)이 있어요. 그래서 오랫동안 물을 주지 않아도 됩니다. 어떤 식물은 6개월에서 1년까지 물을 주지 않아도 죽지 않습니다. 이런 특성 때문에 키우기 쉬운 식물 목록에 표시되곤 합니다.

누군가는 이런 식물에 물을 자주 주지 말라고 경고합니다. 물을 많이 주면 뿌리가 상한다고도 해요. 틀린 말은 아닙니다만, 다육식물이나 선인장도 물이 필요합니다. 이 식물들은 오랫동안 물 없이 버틸 수 있도록 진화했을 뿐이에요.

사막이라면 계속 물 없이 버텨야겠죠. 하지만 이 식물은 이제 우리의 곁으로 옮겨졌어요. 굳이 척박한 환경에서 힘겹게 살아가지 않아도 됩니다.

흙이 말랐다면 기다리지 말고 물을 주라고 권하고 싶어요. 물을 자주 주었을 때 뿌리가 썩고 줄기가 무를 수도 있습니다. 하지만 그 원인을 물에서 찾지 마세요. 보통은 물이 아닌 다른 이유가 존재하고, 대부분은 빛이 부족하기 때문입니다.

ⓘ 물을 저장하는 식물

다육식물, 리톱스, 코노피툼, 하월시아, 아가베, 알로에, 드라세나(스투키, 슈퍼바, 행운목, 용혈수), 사막선인장, 숲선인장(립살리스, 게발선인장, 용과), 아프리카 덩이뿌리 식물(스테파니아, 아데니움, 미라빌리스, 그락실리우스, 세나, 알부카, 인트라카타, 바오밥), 유포르비아(초코리프, 포인세티아, 천국의계단, 연필선인장, 꽃기린, 괴마옥), 크루시아, 장미허브, 칼랑코에(칼란디바), 바이올렛, 틸란드시아, 파인애플, 플루메리아, 콩란, 세럼, 페페로미아, 호야, 디시디아, 금전수

바람을 원하는 식물

사실 모든 식물은 바람을 원하고 있어요. 실내 가드너가 바람을 외면했을 때 발생하는 이상 증상은 상당히 많습니다. 특히 향기를 내뿜는 식물이라면 반드시 바람이 필요해요.

식물이 있는 공간에 작은 선풍기를 틀어 주세요. 서큘레이터나 천장의 실링 팬도 도움이 됩니다. 뜨겁고 건조한 히터 바람과 차갑고 건조한 에어컨 바람은 제외하기로 해요.

❶ 바람을 원하는 식물

꿀풀과 식물(로즈마리, 라벤더, 바질, 민트, 박하, 레몬밤, 타임, 마조람, 세이지, 들깨), **천남성과 식물**(몬스테라, 에피프레넘, 필로덴드론, 라피도포라, 안스리움, 칼라디움, 싱고니움, 알로카시아, 콜로카시아, 아글라오네마, 디펜바키아), **국화과 식물, 고사리, 야자, 유칼립투스, 아카시아**

습도를 원하는 식물

우리가 키우는 관엽식물은 대부분 열대 및 아열대 지역에서 왔어요. 따뜻하며 하루에도 비가 몇 번씩 내리는 곳에서 자라는 식물이죠. 어떤 친구들은 밀림이 고향이기도 해요. DNA에 습지가 각인된 친구들도 있어요.

이런 식물은 습도가 높은 환경에서 잎의 세포분열이 잘 일어납니다. 상대적으로 건조한 우리나라의 습도에서는 성장이 느려질 수 있고, 잎 표면의 윤기를 잃고 푸석푸석해질 수 있어요.

하지만 습도가 낮다고 해서 식물이 곧바로 죽음으로 향하는 건 아닙니다. 볼품 없어지고 성장이 느려지겠지만, 식물은 천천히 새로운 환경에 적응합니다. 조금이라도 습도를 높여 준다면, 식물은 다시 생기를 되찾을 거예요.

이런 식물들은 70~90% 습도에서 이상적으로 자랍니다. 그렇다고 해서 너무 높은 습도를 만들어 주지는 마세요. 습도가 90%를 넘어간다면 식물에 좋지 않습니다. 지나치게 높은 습도는 당신의 건강도 해칠 수 있어요.

ℹ️ 습도를 원하는 식물

대부분의 열대 관엽식물, 습지 식물, 빛이 부족한 곳에 배치된 식물

추위를 원하는 식물

겨울이 오는 지역의 식물은 1년에 한 번씩 휴식해야 해요. 이 식물들은 흙 온도가 10℃ 아래가 되면 겨울을 준비합니다. 그리고 수개월 간 잠에 빠집니다.

겨울잠을 자지 않으면 다음 해에 꽃을 피울 수 없고, 열매를 맺을 수 없습니다. 줄기가 단단해지지 않아서 가벼운 바람이나 충격에도 잘 부러집니다. 면역력에 문제가 생겨 병충해를 이겨내는 힘도 점점 약해질 거예요.

일부 열대 지역 식물 중에도 저온 휴식이 필요한 식물이 있습니다.

이런 식물은 약 두 달간(12월~2월 사이) 2~7℃ 영역에 두세요. 잎을 떨어트리고 잠에 빠져들겠지만, 봄이 찾아오면 다시 건강한 모습으로 인사할 거예요.

주의할 것이 있습니다. 식물이 잠 자는 동안에는 되도록 물을 주지 마세요. 흙이 오랫동안 젖어 있으면 잠든 식물이 병들 수 있습니다. 잠에서 깨어나지 못할 수도 있어요.

ⓘ **추위를 원하는 식물**

대부분의 온대식물, 하형종 아프리카 식물(파키포디움, 바오밥), 저온성 식물(고추냉이, 시클라멘, 보리), 추식구근 식물(튤립, 수선화, 무스카리, 히야신스, 백합), 벌레잡이 식물(파리지옥, 벌레잡이제비꽃, 끈끈이주걱)

잠자는 식물

온대식물처럼 추위를 원하는 식물이 있는가 하면 환경이나 주변 조건 상태에 따라서 잠을 자는 식물도 있습니다.

아프리카 식물 '에렉타'는 물을 너무 많이 주거나, 추위나 더위 혹은 건조 속에 방치하면 잎을 떨어뜨리고 잠을 잡니다. 죽는 것 대신 잠을 선택하겠다는 일종의 방어로 보아야 합니다.

이 식물은 짧게는 1개월, 길게는 2년까지 잠을 잘 수도 있습니다. 환경이 괜찮다고 느꼈을 때 다시 깨어나 잎을 내고 자랍니다. 그러니 죽은 것으로 오해해서 식물을 버리지 않도록 해요.

잠 자는 동안에는 되도록 물을 주지 마세요.

❶ 잠자는 식물

아프리카 식물 중 대다수가 무더운 여름 동안 잠에 빠질 수 있습니다. 페라고늄(제라늄)과 알부카는 무더위 속에서 휴면상태(성장정지)에 빠집니다. 잎이 변색되고 상태가 나빠질 수 있지만, 가을이 되어 기온이 낮아지면 다시 생기를 되찾습니다. '시클라멘'도 여름에 잎을 없애고 흙 속 생활을 합니다. 그밖에 카라, 칼라디움 등이 잠을 잡니다.

죽이는 건 싫지만 식물은 키우고 싶어

당신이 놓아주는 곳의 햇빛, 당신이 주는 만큼의 물, 당신이 머무는 곳의 습도, 당신이 틀어 놓은 음악….

실내 식물은 절대적으로 당신에게 의존합니다. 그러면서도 반응을 즉각적으로 보여주지 않아요. 식물이 시들었다는 걸 깨달았을 때는 이미 늦은 경우가 많습니다. 그래서 식물 키우기가 어렵게 느껴지는 것 같아요.

식물을 죽이고 싶지 않아서 망설인다면 이런 식물은 어떤가요? 이 식물들은 필요한 것을 적극적으로 어필합니다.

스파티필룸은 다양한 광량 조건에서 적응해서 살아갈 수 있습니다. 그리고 '물을 주어야 할 때'를 친절하게 알려줍니다. 만약 스파티필룸의 잎이 시드는 것 같다면 물을 주세요. 그전에는 물을 주지 않아도 괜찮습니다.

시들기 시작했는 데도 물을 주지 않았나요? 그래도 괜찮아요. 스파티필룸은 물이 조금만 부족해도 엄살을 부리거든요. 잎이 시들기 시작한 다음에도 일주일간은 여유가 있습니다. 일주일 이내에 물을 주면 잎은 다시 생생하게 살아납니다.

하지만 스파티필룸의 신호를 일주일 이상 알아차리지 못하는 것은 곤란해요. 무더운 여름에는 일주일 이상 방치하면 죽을 수 있습니다.

립살리스 바키페라(baccifera), 립살리스 프라카룸(Cereuscula Haw)은 어떤가요? 이 립살리스는 배수구가 없는 화분에서 키울 수 있습니다. 아래가 막힌 화분에 립살리스를 심은 다음 햇빛이 드는 창가에 두거나 공중에 걸어 놓으세요. 그런 다음 녀석이 신호를 줄 때까지 물을 주지 마세요.

립살리스는 물이 필요하면 줄기에 쪼글쪼글한 주름이 생기며 가늘어집니다. 이때 종이컵으로 한 컵 정도만 물을 주세요. 화분이 크다면 물을 조금 더 주어도 괜찮습니다.

립살리스는 물이 부족하다는 신호를 3개월까지 보낼 수 있습니다. 다시 말해서 립살리스가 물을 달라는 신호를 보낸 다음 당신이 물을 주지 않아도 3개월은 버틸 수 있다는 뜻입니다.

게다가 립살리스는 가지치기를 해줄 필요가 없습니다. 제멋대로 자라게 두세요.

립살리스를 키우고 있나요? 어느 날 립살리스를 보았는데 주름이 생긴 것을 발견했다면 그때 물을 주세요. 일 년에 한두 번 정도는 물에 비료 타서 주면 더 좋을 거예요. 그 정도의 노력만으로도 립살리스는 당신의 곁에서 살아갑니다.

틸란드시아(수염틸란드시아, 푼키아나, 불보사, 이오난사)의 뿌리는 양분 흡수를 거의 하지 못합니다. 뿌리는 어딘가에 매달리거나 고정하기 위한 장치에 불과해요. 그래서 이 식물은 굳이 흙에 심지 않아도 됩니다.

틸란드시아는 어둠 속에서 6개월을 버틸 수 있어요. 그러니 적당한 곳에 걸어두거나 던져두세요. 그리고 한 달에 한 번 혹은 삼 개월에 한 번씩 전체를 물에 담가 주세요. 30분간 폭 담갔다가 물을 털어내고 다시 원위치에 두세요. 빛이 잘 드는 장소라면 더 좋겠죠. 그것으로 당신이 할 일은 끝났습니다.

탐험 떠나기

식물을 선택했다면 이름을 정확하게 기억하세요.

온라인 쇼핑몰에서 검색해보면, 대략적인 가격정보를 확인할 수 있을 거예요. 가능하다면 직접 눈으로 보고 구매하는 걸 추천합니다. 더 튼튼한 식물을 구할 확률이 높아요.

여기서 알아두어야 할 게 있어요. 실외의 정원 가드닝과 달리 실내 가드닝을 위해 들이는 식물에는 대부분 '기한'이 있다는 사실이에요.

물병에 꽂아둔 꽃이 시드는 것과 비슷해요. 우리의 공간으로 들어온 식물에는 길든 짧든 생존 가능한 시간이 존재합니다. 자연과 비슷한 환경을 만들어도 100%에 수렴할 수는 없어요. 그래서 우리가 집에서 기르는 식물은 결국 죽음으로 향할 수밖에 없습니다.

대형 쇼핑몰 곳곳에 비치된 식물을 본 적이 있나요? 그곳의 식물들은 햇빛이 없는 공간에서 어떻게 초록빛을 유지하는 걸까요? 단지 조명 빛만으로 살아가는 걸까요?

사실 그곳의 식물들은 생존 기한까지만 그곳에 있는 경우가 대부분입니다. 고무나무는 6개월에서 1년 정도만 어둠 속에서 생존할 수 있어요. 따라서 빛 부족으로 병들어 가는 시기가 되면 다른 식물로 교체됩니다. 그건 계속 생존할 수 있도록 관리하는 비용보다 교체하는 비용이 저렴하기 때문이에요.

화훼시장에서 구매해 오는 식물에도 그런 생존 기한이 있습니다. 그러니 우리 집 식물이 이상해요, 라는 문제가 발생하는 건 어찌 보면 당연한 일입니다.

우리는 식물을 살 때 일정 금액을 지불합니다. 하지만 어느 곳에서도 식물 수명이 몇 년이에요, 라고 말해주지 않습니다. 보장하는 게 힘들기 때문이에요. 식물의 미래 가치를 사는 것이 아니라 현재 상태에 대한 값을 매긴 거라고 여기면 될 것 같아요.

식물은 당신이 제공해준 환경에 적응해서 오랫동안 살아갈 수 있습니다. 하지만 환경에 적응하지 못하면 생존 기한까지만 살아남을 수 있다는 사실을 이해해야 해요. 그 점을 이해했다면 당신은 식물 키울 준비가 된 겁니다. 그렇다면 탐험을 떠나세요. 수많은 식물이 당신을 기다리고 있습니다.

선택과 결정

눈앞에 똑같은 식물이 여러 개 진열되어 있나요? 모두 집으로 데려갈 수는 없어요. 이미 당신의 카트에는 처음 생각한 식물 말고도 다른 식물이 담겨 있을 테니까요.

괜찮아요. 눈에 들어왔으면 데려가야 해요. 두고 가면 밤에 잠이 오지 않을 수도 있어요. 대신 하나 또는 둘만 더 데려가는 게 좋겠어요.

식물을 어떻게 골라야 하는지 힌트가 필요한가요? 그럼 식물의 아래쪽 줄기를 살펴보세요. 아래쪽 줄기가 굵은 식물을 선택하는 게 좋아요. 당장은 식물의 모양이 예쁘지 않아도 괜찮아요. 훨씬 더 건강하게 자랄 수 있습니다.

키와 모양은 환경적인 요인으로 얼마든지 변화를 줄 수 있어요. 하지만 어린 식물의 아래쪽 줄기는 씨앗이 얼마나 우량했는지, 잎이 얼마나 광합성을 잘하는지, 얼마나 튼튼한 가지에서 데려왔는지와 같은 선천적인 요인으로 결정되는 경우가 많아요. 우리의 노력으로 극복할 수 없는 문제죠.

아래쪽 줄기가 굵은 식물을 골랐다면 결제하세요. 이때 판매자에게 '어떻게 키워요?'라고 묻지 말도록 해요. 그건 아무런 의미 없는 질문입니다. 사실 판매자도 잘 모르는 경우가 많아요. 만약 '며칠에 한 번 물을 주면 된다'라고 친절하게 안내해주는 판매자가 있다면, 정말로 모르는 거예요.

흙 있나요? 영양제 있나요? 화분 있나요? 분갈이 되나요? 라고도 묻지 말도록 해요. 판매자는 모든 흙과 비료를 가지고 있지 않아요. 그곳에 비치된 흙과 비료는 당신의 환경이 전혀 고려되지 않았으며, 식물과도 맞지 않을 수 있습니다.

선택과 결정은 온전히 당신의 몫이에요. 그러니 식물만 들고 집으로 돌아오세요.

식물을 키운다는 건,
그 행위 자체가 이미 인공적인 일입니다.
자연에 있어야 할 존재를 내 마음대로 가져와
작은 화분 안에 가둬두는 일이니까요.

식물 키우기란 매일매일 내가 사과해야 하는 일인지도 모릅니다.
그렇게 미안한 마음을 품다 보면
너석도 니에게 괜찮아, 리먼시 위로를 건네기 시작해요.

CHAPTER

2 식물 설명서

특별할 필요도
완벽할 필요도 없어요.

지금은 씨앗이고 새싹이니까.

식물 이야기

양손에 식물을 들고 집으로 향하는 당신을 생각하며 이 글을 쓰고 있어요. 처음 내가 식물을 들였을 때가 생각나 덩달아 기분이 상기됩니다.

식물이 새 공간에 자리를 잡기 전에 당신이 알았으면 하는 것들이 있어요. 낯선 가전제품을 샀을 때 설명서를 먼저 읽어보잖아요. 맞아요. 지금부터 할 이야기는 일종의 '식물 설명서'입니다.

너무 어렵게 생각하지 않았으면 좋겠어요. 그저 우리 주변에 머무르고 있었던 식물에 관한 이야기일 뿐이니까요.

식물은 죽어요. 그것은 누구나 아는 보편적인 상식입니다. 식물을 영원히 살게 할 수는 없지만, 오랫동안 머무르게 할 수는 있어요. 식물을 싱그러운 상태로 오래 살려두는 것, 어쩌면 그것은 마법과 같은 일인지도 모르겠습니다.

그런 일을 가능케 하는 마법사들은 농부일까요? 아니면 식물학자일까요? 원예학과를 나온 전공자이거나 커다란 정원을 가꾸는 전문 정원사일까요?

식물을 잘 키우기 위해서는 생리작용에 따른 과학적 원리나 재배학을 아는 것보다 당장 물을 얼마큼 주어야 하는지가 더 중요할 수 있어요.

그러니 복잡하게 생각할 것 없어요. 이번 이야기가 이해되지 않는다고 해도 상관없습니다. 그냥 그렇구나, 하고 읽어보는 것으로 충분합니다.

지구에 사는 모든 생명체는 기초영양소인 '포도당'을 이용해서 살아갑니다. 그리고 포도당은 대부분 식물을 통해 우리에게로 와요.

식물은 광합성으로 기초영양소를 만들어요. 식물이 만든 기초영양소는 초식 동물의 먹이가 됩니다. 육식 동물은 그 초식 동물을 잡아먹죠. 식물이 지구상에 존재하는 모든 생명체를 유지하고 있다고 해도 틀린 말은 아닐 거예요.

그렇다면 식물은 어떻게 모두를 위한 기초영양소를 만드는 걸까요?

이 질문에서부터 시작하기로 해요.

증산작용

가장 먼저 증산작용에 관해 이야기해볼게요.

당신에게 식물의 증산작용을 설명하기 위해 유리병을 준비했어요. 물이 담긴 유리병에 마른 휴지를 말아서 꽂는 것으로 지구의 생명유지장치가 어떻게 작동하는지 알 수 있습니다. 마른 휴지가 식물이라고 생각하면 돼요.

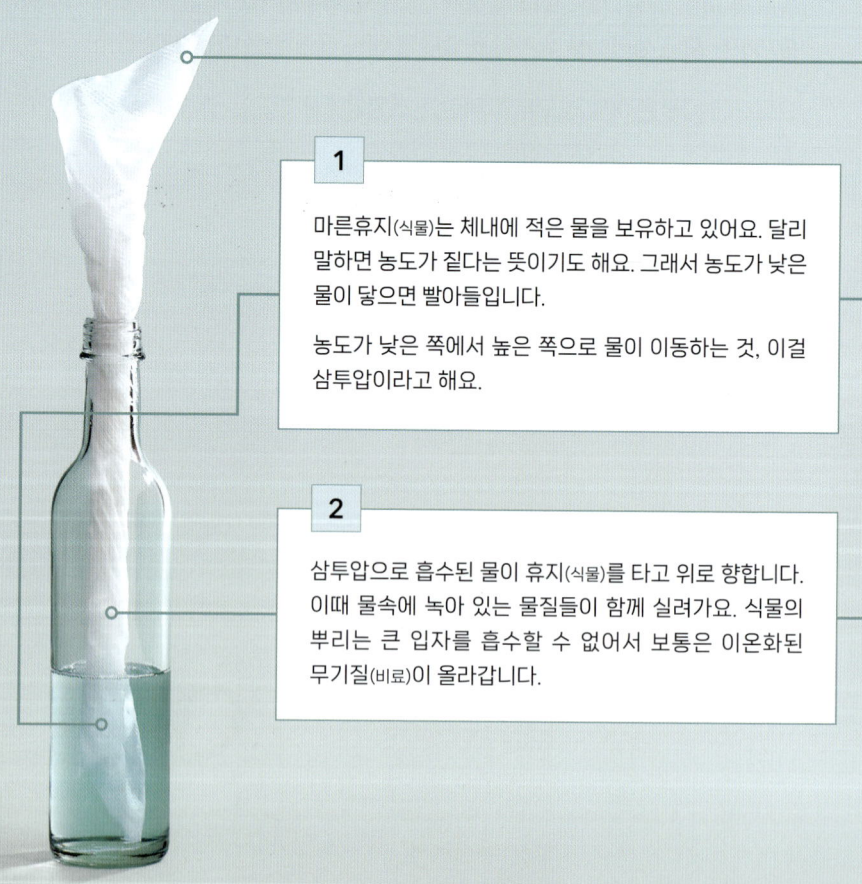

1

마른휴지(식물)는 체내에 적은 물을 보유하고 있어요. 달리 말하면 농도가 짙다는 뜻이기도 해요. 그래서 농도가 낮은 물이 닿으면 빨아들입니다.

농도가 낮은 쪽에서 높은 쪽으로 물이 이동하는 것, 이걸 삼투압이라고 해요.

2

삼투압으로 흡수된 물이 휴지(식물)를 타고 위로 향합니다. 이때 물속에 녹아 있는 물질들이 함께 실려가요. 식물의 뿌리는 큰 입자를 흡수할 수 없어서 보통은 이온화된 무기질(비료)이 올라갑니다.

3

휴지(식물)가 물을 끝까지 흡수했어요. 그럼 물 흡수를 멈출까요? 그건 아닙니다.

공기가 건조하기 때문에 휴지(식물)는 말라가요. 휴지(식물)가 마르면서 공기 중으로 물을 내보낸 만큼, 아래에서 물을 흡수합니다. 이때는 마치 빨대로 물을 빨아당기는 것과 같아요.

맞아요. 유리병의 물이 마르지 않는 한 휴지(식물)도 마르지 않습니다.

물은 계속 공기 중으로 날아가고 유리병의 물은 점점 줄어듭니다. 이렇게 식물이 물을 흡수해서 공기 중으로 날려 보내는 것을 '증산작용'이라고 해요. 식물은 증산 작용을 통해 물과 양분을 잎으로 가져갑니다.

기공이 열리는 순간

식물의 증산작용은 잎 뒷면에 있는 구멍(기공)을 통해 흡수한 물을 공기 중으로 내보내는 걸 말합니다.

식물은 흡수된 물의 10% 정도만 이용하고 90%는 증산작용을 통해 지구로 돌려줍니다. 그 물은 비가 되어서 다시 땅으로 돌아와요.

물론 온종일 증산작용을 하지는 않습니다. 체내에 수분이 부족해지면 생명에 지장이 있습니다. 이때는 물을 최대한 빼앗기지 않기 위해 구멍의 문을 닫고 증산작용을 멈춥니다.

공기 중 습도가 매우 높을 때도 증산작용은 일어나지 않습니다. 사우나실에서 젖은 옷이 마르지 않는 것과 같아요. 이때는 식물이 기공을 활짝 열고 있어도 증산작용이 일어나지 않습니다.

증산작용이 일어나지 않는다고 해서 식물에 곧바로 문제가 생기는 것은 아닙니다. 다만 여름에는 문제가 될 수 있어요.

한여름의 더위 속에서도 땅속은 시원합니다. 식물은 흙 속의 시원한 물을 빨아올려 물관을 통과시키는 방식으로 열을 식힙니다. 또 증산작용을 하면서 기화열로 식물과 주변의 온도를 낮춥니다. 무더운 날 증산작용을 하지 못한다면, 식물은 열병에 시달리고 말 거예요.

ℹ️ **식물의 기공이 잘 열리는 조건**

- ✅ 햇빛이 강할 때
- ✅ 온도가 높을 때
- ✅ 바람이 잘 불 때
- ✅ 체내 수분이 많을 때

뿌리 압력

식물은 증산작용이 일어나지 않으면 물을 흡수하지 못할까요?

아니요. 식물은 기공이 닫혔을 때도 물을 흡수할 수 있습니다. 햇빛이 적을 때도, 온도가 낮을 때도, 바람이 불지 않을 때도, 공기의 습도가 90% 이상으로 높을 때도 그리고 체내에 수분이 충분할 때도 식물의 뿌리는 삼투압으로 물을 흡수합니다. 증산작용으로 당겨지는 힘이 작용할 때보다는 적겠지만, 물은 농도 차이로 인해 계속 뿌리 안으로 이동해요.

그럼, 뿌리가 잘 발달해서 흡수하는 물의 양이 많아지면 어떻게 될까요?

뿌리의 내부에 물이 가득 차서 압력이 올라갑니다. 이 압력은 물을 밀어 올리는 힘으로 작용하게 되죠. 이때 증산작용이 일어나지 않으면 흡수한 물은 갈 곳이 없어집니다. 그러면 식물은 잎끝이나 잎가장자리에 있는 수분샘으로 물을 배출해요.

우리는 이걸 '일액현상'이라고 부릅니다.

ⓘ 농업에서 이용되는 물의 압력

뿌리압에 의한 일액현상은 많은 식물에서 나타납니다. 자작나무와 포도나무처럼 줄기에 상처를 냈을 때 수액이 나오는 것 역시 뿌리압 때문입니다.

뿌리압은 줄기의 압력에도 영향을 끼칩니다. 만약 낮과 밤의 온도 차가 10℃ 이상 벌어지면 줄기 안의 물 압력에 큰 변동 폭이 생깁니다. 이때 줄기에 상처를 내면 많은 양의 수액을 채취할 수 있는 식물도 있습니다. 메이플 시럽을 만드는 사탕단풍나무 그리고 고로쇠나무, 야자 등이 해당합니다. 줄기 속의 수액은 밤이 되면 다시 충전됩니다.

일액현상

실내 가드닝에서 일액현상이 관찰되는 건 대부분 좋지 않습니다. 기공을 닫고 있어서 증산작용이 일어나지 않는다는 뜻이니까요. 달리 말하면 빛과 바람이 적거나, 습도가 너무 높다는 뜻입니다. 흙에 물이 너무 많다는 의미일 수도 있고요.

일액현상으로 생성된 물방울에는 잎에서 소모되지 못한 유기화합물, 무기화합물, 아미노산, 비타민, 당 등이 녹아 있어요. 물방울이 마르면서 이런 물질이 잎 부분에 눌어붙기도 해요.

새벽이슬이나 비가 내리는 실외 환경에서는 자연스레 씻겨 내려가서 문제가 되지 않지만, 실내에서는 잎끝이 마르거나 타들어 가는 원인이 됩니다. 때에 따라서는 박테리아나 바이러스의 먹이가 되어 병해가 시작될 수 있어요. 또는 물을 배출하는 구멍을 막아버려서 검은 반점처럼 번지기도 합니다.

일상적인 환경에서 일액현상은 밤에 관찰되어야 합니다. 만약 일액현상이 낮에도 관찰된다면 환경을 개선해줄 필요가 있어요.

ⓘ 낮 동안 일액현상이 발생하면 문제가 되는 실내 식물

흰무늬 관엽식물, 칼라데아, 야자(종려나무), 시트러스(레몬, 라임, 오렌지), 망고, 꿀풀과 식물(로즈마리, 라벤더, 바질, 민트, 잎들깨) 등

ⓘ 낮 동안 일액현상이 발생해도 큰 문제가 되지 않는 실내 식물

무늬가 없는 천남성과 식물(몬스테라, 에피프레넘, 필로덴드론, 스파티필룸, 디펜바키아), 바나나, 여인초, 베고니아, 아이비, 고무나무, 무화과 등

▎식물의 배설

동물이 배설하는 것처럼, 식물도 배설합니다. 일액현상은 대표적인 식물의 배설이에요. 증산작용노 어넣게 보낸 유해 가스를 배설하는 과성입니다. 오래된 잎이 노랗게 변해서 떨어지는 것도 마찬가지예요. 노폐물을 잎에 차곡차곡 쌓아서 버리는 겁니다

식물은 노폐물을 다른 형태의 물질로 변환해서 저장하거나 필요한 곳에 활용하기도 합니다. 잎의 노폐물을 다당류나 점액성의 유기산으로 만들어 뿌리로 배출하는 것은 그것을 먹이로 하는 많은 미생물과 친구가 될 수 있게 해줍니다. 뿌리는 사이토키닌, 지베렐린 같은 호르몬을 만들어 필요한 구역으로 보냅니다. 담배가 좋은 예입니다. 니코틴을 뿌리에서 합성해 잎으로 보내죠.

어떨 때는 아스피린(아세틸 살리실산)과 같은 물질을 만들어 증기 형태로 방출하기도 합니다. 동물이 싫어하는 물질을 방출하는 방식으로 방어체계를 만드는 거죠. 이러한 휘발성 물질로 근처의 다른 식물들과 의사소통하고 함께 방어체계를 조절하기도 합니다.

하지만 식물의 배설 속도에는 한계가 있기 때문에, 어떤 기준점을 넘어서면 건강을 잃게 될 거예요. 가능하면 식물의 체내에 노폐물이 쌓이지 않도록 해주어야 합니다.

ⓘ 노폐물이 쌓이지 않게 하려면

- ✅ 충분한 광합성을 통해 흡수한 무기질 소진하기
- ✅ 증산작용이 잘 일어나도록 해서 유해가스 방출하기
- ✅ 뿌리의 건강이 유지되도록 하기

광합성

이제 당신은 다음 단계인 광합성을 이해할 수 있어요. 이미 알고 있는 내용일 수도 있겠지만 확인해본다는 느낌으로 다시 접근해보세요.

식물의 잎에는 엽록체라는 녹색의 광합성 공장이 있어요. 광합성 공장에서는 햇빛, 탄소, 물을 합성해서 포도당을 생산해요. 그렇게 만들어진 포도당은 녹말로 변하고, 녹말은 다시 당(에너지)으로 변하면서 식물의 조직 곳곳으로 이동합니다.

당은 식물의 에너지원이에요. 그 에너지를 이용해 물에 실려온 무기질과 같은 비료를 유기물질로 변환하여 뿌리를 만들고, 줄기를 만들고, 잎을 만들고, 꽃과 과일을 만듭니다. 또 호흡하는데 필요한 에너지가 됩니다.

나는 당신이 '에너지'라는 단어에 집중했으면 좋겠어요. 앞으로는 식물이 광합성으로 만든 결과물을 꾸준하게 에너지라고 부를 거니까요.

식물은 에너지를 창고에 저장할 수 있고, 필요할 때 꺼내 쓸 수 있어요. 하지만 에너지가 극심하게 부족해지면 식물은 광합성을 멈춥니다. 광합성 공장을 가동하는 데도 에너지가 필요하기 때문이죠. 공장이 멈추면 에너지를 추가로 생산할 수가 없어요. 식물의 죽음까지 이어지는 고리가 만들어진 셈이에요.

이처럼 식물을 생존하게 하는 시작과 끝에는 항상 광합성이 있습니다.

ⓘ 햇빛, 탄소, 물, 무기질

식물은 광합성의 재료를 어떻게 공급받을까요? 물과 무기질은 증산작용을 통해 잎으로 전해집니다. 탄소는 잎의 기공을 통해서 공기 중의 이산화탄소를 흡수하는 방식으로 쉽게 얻어요.

문제는 햇빛입니다. 식물은 움직이지 못하기 때문에 햇빛이 드는 위치에 놓여있어야 광합성을 할 수 있습니다.

ⓘ 탄소를 얻기 위해

식물은 탄소를 얻기 위해 공기 중의 이산화탄소를 흡수해요. 이산화탄소는 산소와 탄소가 합쳐진 물질입니다. 이 중에서 식물은 탄소만 쏙 빼서 쓰고 남겨진 산소를 밖으로 방출합니다.

사람들은 이런 과정을 보고 식물이 산소를 생산한다고 여기지만, 실제로는 필요 없어진 산소를 밖으로 버리는 과정일 뿐입니다.

광합성량

광합성은 빛에 의한 광화학 반응과 온도에 의한 열화학 반응을 함께해요. 그래서 조건에 따라 광합성량이 달라집니다.

- ✅ 빛, 탄소, 물이 충분할 때 온도가 높을수록 광합성량이 증가해요.
- ✅ 온도, 탄소, 물이 충분할 때 빛이 강할수록 광합성량이 증가해요.
- ✅ 빛, 온도, 물이 충분할 때 공기 중 이산화탄소 농도가 높을수록 광합성량이 증가해요.
- ✅ 빛, 온도, 탄소가 충분할 때 증산작용이 활발할수록 광합성량이 증가해요.

하지만 어느 한 요소가 부족하면 나머지 요소가 충분해도 광합성량은 증가하지 않습니다. 식물은 가장 적은 요소에 맞추어서 자라요. 빛이 없으면 온도, 탄소, 물이 충분해도 광합성은 일어나지 않습니다.

▌에너지 생산의 한계

식물이 광합성으로 얻는 이득에는 한계가 있어요.

예를 들어 온도가 37°C 이상이 되면 광합성으로 얻는 에너지가 줄어들어요. 온도가 오를수록 식물이 호흡하는 양도 많아지기 때문입니다. 에너지의 생산량보다 소모량이 더 커지게 됩니다.

물론 온도가 내려가면 광합성량이 감소해요. 하지만 호흡도 줄어들기 때문에 에너지 소모는 크지 않습니다. 빛과 같은 요소가 부족할 때는 비록 성장 속도가 느릴지라도 온도가 낮은 환경이 에너지를 얻는 데 유리합니다.

일상적인 공기 중에는 약 0.04%의 이산화탄소가 있습니다. 공기 중 이산화탄소 농도가 0.1%가 될 때까지는 광합성량이 증가하지만, 그 이상은 포화상태가 되어 광합성량이 증가하지 않습니다.

식물의 호흡

많은 사람이 식물은 낮에 광합성을 하고 밤에는 호흡한다고 생각해요. 하지만 식물은 낮과 밤을 구분하지 않고 호흡해요. 우리가 숨을 쉬면서 산소를 들이마시는 것과 같아요. 식물도 체내의 물질을 운반하고 정화하기 위해 계속 산소를 소모하고 있어요.

다만 빛이 있는 동안에는 광합성을 하므로 공기 중 이산화탄소를 분해해서 탄소를 사용하고 남은 산소를 방출합니다. 이때 흡수하는 산소의 양보다 이산화탄소를 분해해서 배출하는 산소의 양이 더 많습니다.

▌사막 식물의 호흡

식물 중에는 가뭄과 무더위를 이겨내기 위해 진화한 식물이 있습니다. 대부분은 잎이나 가지, 뿌리에 물을 저장하는 방식으로 진화했어요.

사막 같은 환경에서 물은 너무나 소중합니다. 수개월 동안 비가 내리지 않을지도 모르니까요. 식물은 흡수한 물이 공기 중으로 증산되는 것을 막아야만 했습니다. 그래서 햇빛이 비쳐도 기공을 열지 않습니다. 기공이 닫혀 있으면 물을 빼앗기지는 않지만 광합성에 필요한 이산화탄소를 흡수할 수 없습니다.

식물은 선택했습니다. 너무 건조하지 않고 덥지도 않은 밤에 기공을 열어서 이산화탄소를 흡수하자고요.

밤에 흡수한 이산화탄소를 창고에 저장했다가 낮에 햇빛이 들면 광합성 재료로 활용합니다. 그 과정에서 이산화탄소가 분해되어 탄소가 광합성에 쓰이고 산소는 남겨지죠. 이때도 기공이 닫혀 있어서 산소를 밖으로 버리지 못합니다. 이번에는 쓰고 남은 산소를 창고에 저장했다가 밤이 되면 기공을 열고 방출합니다.

이러한 식물을 'CAM 식물'이라고 해요.

■ 광합성 방식에 따른 식물 분류

C3 식물	C4 식물	CAM 식물
광합성 능력 보통	광합성 능력 높음	광합성 능력 낮음
증산작용 낮	증산작용 낮	증산작용 밤
이산화탄소 흡수 낮	이산화탄소 흡수 낮	이산화탄소 흡수 밤
산소 배출 낮	산소 배출 낮	산소 배출 밤
산소 흡수 낮, 밤	산소 흡수 낮, 밤	산소 흡수 밤
지구에서 살아가는 대부분 식물이 해당함	열대 및 아열대 지역 출신 식물 중 일부로 지구 식물의 약 3% (옥수수, 사탕수수, 기장, 조)	가뭄을 견디기 위해 진화한 식물

ⓘ 야근하는 식물

C4 식물은 광비의존성반응으로 더 열악한 환경(고온, 건조, 이산화탄소 부족, 빛 부족)에서도 광합성을 할 수 있습니다. C4 식물은 더 많이 일하기 때문에 다른 식물보다 빠르게 자랍니다.

ⓘ 침실 식물

밤에 산소를 내보낸다는 이유로 CAM 식물을 '침실 식물'이라고 말하기도 해요. 하지만 밤에 산소를 방출하기 위해서는 낮 동안 충분하게 햇빛을 보며 광합성을 해야 합니다.

▌ 보고된 CAM 식물들

대부분의 다육식물, 선인장, 난초, 돌나물과, 후추과 식물이 CAM 식물입니다. 고시리과, 쥐손이풀과, 포도과, 대극과, 괭이밥과, 박과 식물 중에서는 일부가 CAM 식물로 확인되었습니다.

몇몇 식물은 CAM 대사 외에도 일반 광합성을 함께 하는 것으로 보고되었습니다. 연구로 확인되지 않은 식물이 많기에 잠정적으로는 더 많은 식물이 CAM 식물에 포함될 수 있습니다.

진화는 지금도 진행중입니다. 그러니 이산화탄소나 물이 부족한 환경에 놓일 때 CAM 대사를 선택하는 식물은 언제든지 나타날 수 있습니다. 일부 뻬라고늄(제라늄) 종이 CAM 식물로 확인된 것처럼요.

아래의 식물은 CAM 식물에 포함되거나 관련된 일부 종이 CAM 식물입니다.

소철, 드라세나(스투키, 산세베리아, 행운목), 금전수, 오일펀고사리, 코발트고사리, 미역고사리, 누에발고사리, 구갑고사리, 일엽초, 석위, 박쥐란, 석송, 우각선인장, 소정선인장, 백도선선인장, 금황환선인장, 귀면각선인장, 용신목선인장, 비화옥선인장, 등심환선인장, 만세선인장, 부채선인장, 생선뼈선인장(피쉬본), 고사리잎선인장, 게발선인장, 연필선인장, 용과, 립살리스, 몬스로사, 하월시아, 리톱스, 코노피튬, 시서스, 아악무, 꽃기린, 아데니아, 아데니움, 앤트플랜트, 비오피둠, 괴미옥, 천국의계단, 녹태고, 크루시아, 칼랑코에(칼란디바), 호야, 디시디아, 페페로미아, 러브체인, 카람볼라(스타프루트), 모링가, 퍼플홉부쉬, 메꽃, 여주, 노박덩굴, 아시난데스, 카리사, 콜레우스, 모나라벤더, 파인애플, 아가베, 알로에, 디키아, 유카, 틸란드시아, 가스테리아, 웰위치아, 풍란, 호접란, 바닐라, 카틀레야, 콩짜개란, 이이스플랜드, 장미허브, 바이올렛, 달개비, 돌나물, 쇠비름, 꿩의비름, 새송화, 냇풀, 수초(코브라글라스, 리토렐라, 검정말, 나사말)

ℹ️ 조명 장치의 영향

24시간 내내 조명을 켜두고 있지는 않나요? CAM 식물은 빛이 있을 때 기공을 닫는 특성이 있습니다. 하루에 몇 시간씩은 전원을 꺼서 호흡하도록 도와주세요. 그래야 이산화탄소를 흡수해 두었다가 빛이 있는 동안 광합성을 할 수 있습니다.

그림으로 보는 광합성

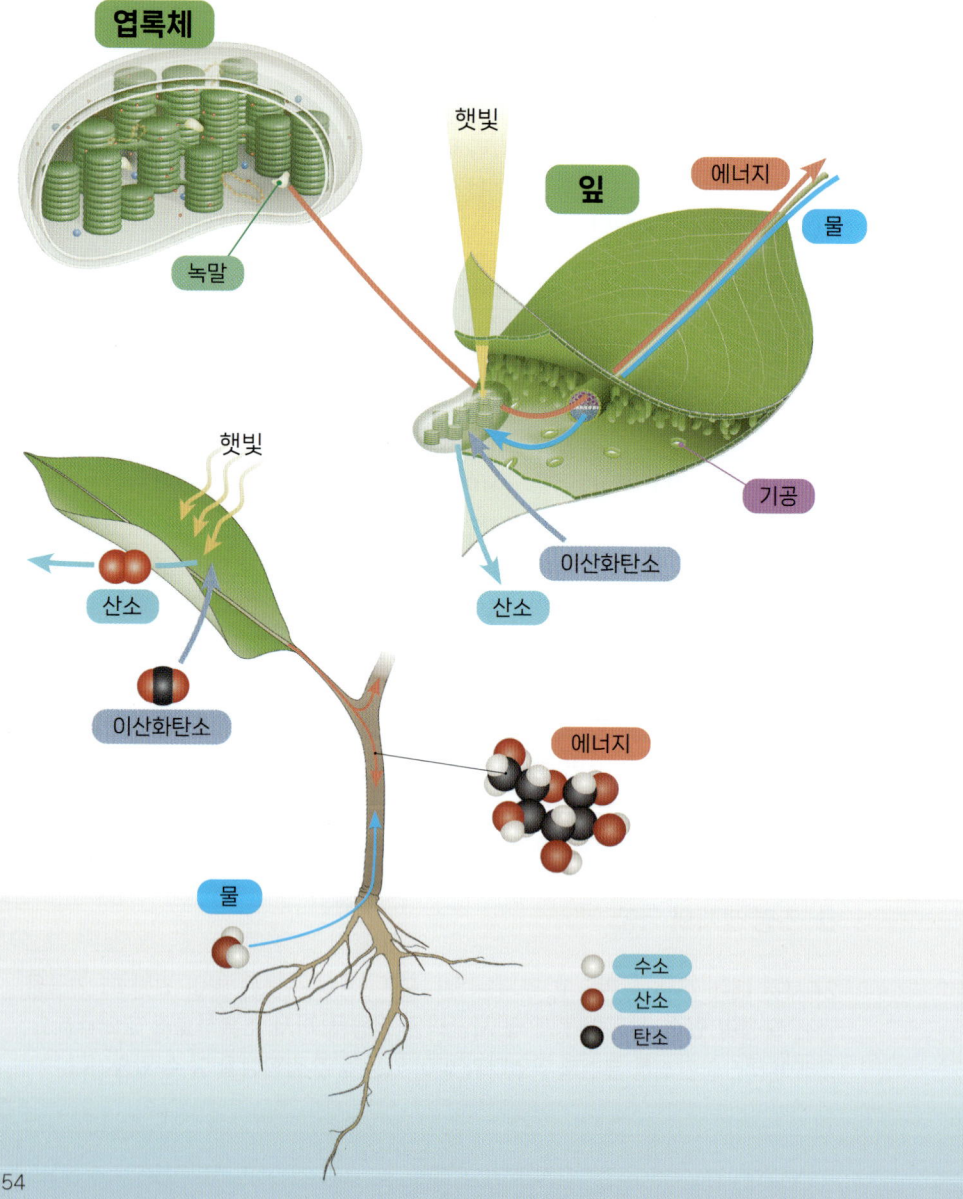

식물을 키우는 건 멀리서 보면 전문가의 영역처럼 보이기도 합니다.
하지만 식물 키우기는 특별한 계획 없이
단지 그날그날 서로의 모습을 지켜보는 것에 불과해요.

— CHAPTER

3
식물을
죽이는 방법

탁월한 감각은 실수를 통해서 얻게 됩니다.
몇 번의 실수와 좌절을 경험한 뒤에야 비로소
당신은 식물의 언어를 이해할 수 있게 될 거예요.

식물은 죽는다

식물은 죽습니다. 물을 줘도 죽고, 안 줘도 죽어요. 그렇다고 해서 겁먹을 필요는 없어요. 당신의 가드닝은 매일매일 '처음'으로 가득하잖아요. 서투른 게 당연해요.

나는 누군가로부터 도착한 질문을 열어보는 것으로 아침을 시작할 때가 많아요. 비슷비슷한 질문들이 모여서 어느덧 커다란 데이터가 만들어졌습니다.

사람들이 많이 하는 질문의 형태를 소개할게요. 식물이 죽음으로 달려가는 증상은 제각각이지만, 원인은 몇 가지로 요약됩니다.

실내 식물의 이상 증상 원인

블로그 「우리 강산 프로개 프로개」 질문 댓글 수집
2018년 8월 ~ 2023년 4월

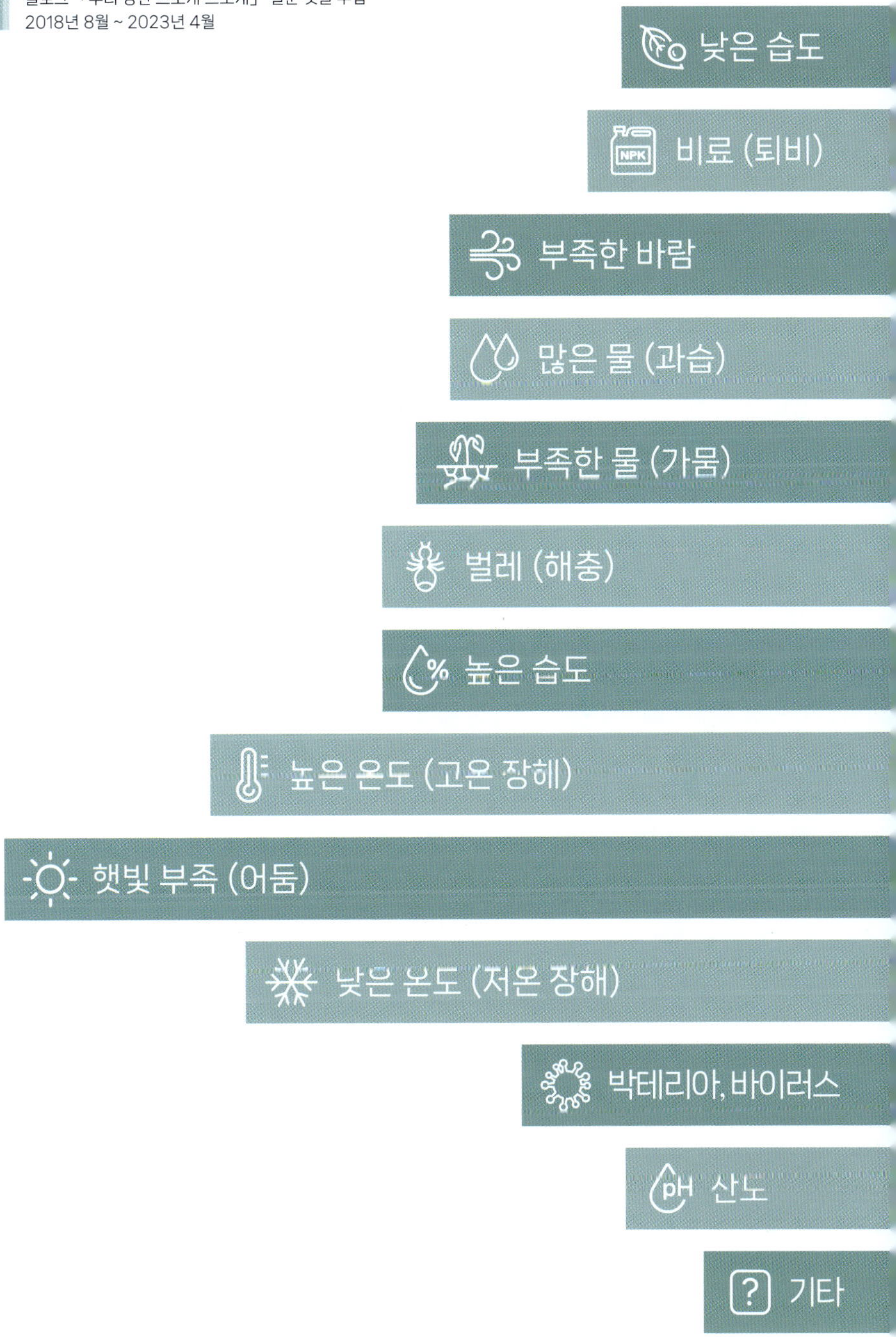

낮은 습도

비료 (퇴비)

부족한 바람

많은 물 (과습)

부족한 물 (가뭄)

벌레 (해충)

높은 습도

높은 온도 (고온 장해)

햇빛 부족 (어둠)

낮은 온도 (저온 장해)

박테리아, 바이러스

산도

기타

어둠으로 죽이기

많은 사람이 빛 부족으로 실내 식물을 죽입니다. 어둠 속에서 잘 살아가는 식물은 없어요. 누군가 '빛이 들지 않는 곳에서도 잘 키울 수 있다'라고 말한다면 그건 거짓말입니다. 어둠 속에서 오래 견딜 수 있는 식물이 있을 뿐이에요.

누군가는 '버섯은 어두운 곳에서 자라잖아요?'라며 되묻기도 해요. 맞아요. 버섯은 어둠 속에서 자라요. 하지만 우리는 물과 빛, 이산화탄소를 이용해 에너지를 생산하는 유기체를 식물이라고 부르기로 약속했어요. 버섯은 에너지를 생산해서 자라지 않아요. 분해되는 다른 유기체가 가진 양분을 흡수해서 살아가요. 식물이 생산자라면, 버섯은 소비자(분해자)라고 할 수 있습니다. 버섯은 생물학적으로 곰팡이와 같은 균류에 해당해요.

그러니 '빛이 들지 않는 곳에서 잘 자라는 식물'은 없다고 보아도 좋아요.

사람들은 물을 많이 주었기 때문에 식물에 이상이 생겼다는 것까지는 잘 알아내요. 하지만 물을 많이 준 것이 문제가 된 이유가 '햇빛 부족'이라는 사실은 잘 알지 못해요.

햇빛이 충분할 때는 식물에 더 많은 물을 주어도 됩니다. 충분한 햇빛 속에서 자라난 식물은 가뭄을 더 오래 견딜 수 있어요. 습도가 높은 환경에서도 곰팡이를 이겨낼 수 있어요. 바람이 조금 부족해도 괜찮아요. 더위와 추위를 잘 견디며, 벌레에 물어뜯겨도 곧바로 죽지 않습니다. 비료는 조금만 주어도 되어요.

눈치챘나요? 실내 식물은 수많은 이유로 죽음을 향해 달려갑니다. 그리고 원인의 대부분은 부족한 햇빛입니다.

▌어둠이 식물을 죽이는 과정

광합성

광합성은 식물이 에너지를 모으는 일입니다.

식물이 숨을 쉬기 위해 1의 에너지를 쓴다고 가정해 볼게요. 양분을 운반하고 합성해서 비타민을 만들고, 유기물을 무기물로 또는 무기물을 유기물로 변환하는 데에도 1의 에너지를 씁니다. 잎과 가지 그리고 뿌리가 자라도록 하는 데에도 1의 에너지를 써요. 또 1은 면역 체계를 유지하는 데 씁니다. 마지막으로는 광합성 공장을 가동하는 데 1의 에너지를 사용합니다.

식물은 총 5의 에너지를 사용하고 있지만, 광합성을 해서 10의 에너지를 얻습니다. 남는 에너지 중 3은 뿌리로 내려보내 계약을 맺은 미생물에게 나눠주고 남은 2를 창고에 저장합니다. 저장한 에너지는 햇빛이 없을 때 꺼내 쓰기도 하고, 꽃을 피우거나 열매를 맺는 데 사용하기도 합니다.

이처럼 식물은 광합성이 필요해요. 광합성을 하지못해 에너지가 떨어지면 곤란합니다.

웃자람

식물은 햇빛이 부족하다고 판단하면 창고에 있는 에너지를 끌어와 더 빨리 자라기 위해 노력해요. 햇빛이 느껴지지 않으면 주변에 큰 식물이 있다고 여기거든요. 그래서 빨리 키를 키워 햇빛을 볼 수 있는 위치까지 자라려고 합니다.

하지만 이건 정상적인 성장이 아니에요. 마치 건설 기간을 줄이기 위해 부실 공사를 하는 것과 같습니다. 이렇게 웃자란 식물은 허약하며, 면역력도 가지지 못해요.

그러다 필요한 햇빛을 만나지 못한 채 에너지를 모두 써 버리면 식물은 죽고 맙니다.

양분 결핍

햇빛이 부족하면 증산작용이 잘 일어나지 않습니다. 그건 흙에 있는 양분을 물에 실어서 잎으로 가져올 수 없다는 의미이기도 해요. 공기가 건조하면 햇빛이 조금 부족해도 증산작용이 일어나기는 합니다. 하지만 잎까지 양분을 가져다 놓을 뿐 광합성 공장이 가동되지 않아요. 양분을 에너지 형태로 바꿀 수 없습니다.

그래서 햇빛이 부족하면 식물에는 다양한 형태의 양분 결핍이 나타나요. 사람들은 흙에 어떠한 비료 성분이 부족하다고 오해하고, 해당 성분을 공급해줍니다. 하지만 양분 결핍은 실제로 햇빛이 부족해서 나타나는 증상일 때가 더 많습니다.

잎끝 마름

햇빛 부족으로 증산작용이 일어나지 않으면, 식물의 체내에는 물과 양분이 쌓이게 됩니다. 대부분은 잎끝이나 가장자리의 수분샘으로 배출되지만, 지속되면 배출구에 노폐물이 쌓입니다. 그 결과로 잎끝이나 가장자리가 마르는 증상이 나타납니다. 심각할 때는 박테리아나 바이러스 그리고 벌레에 의해 세포벽이 파괴되어 검게 그을리듯이 번져갑니다.

살균 작용

눅눅한 이불을 햇빛에 말리는 이유를 알고 있나요? 씻은 도마를 햇빛 아래 두는 건요? 햇빛에 살균기능이 있기 때문이에요. 햇빛은 식물의 잎에 존재하는 곰팡이와 바이러스를 죽이고 억제하는 힘을 가지고 있습니다.

만약 식물이 오랫동안 햇빛을 보지 못했다면, 식물의 잎에는 당신이 생각하는 것보다 훨씬 많은 병원균이 살고 있을 겁니다. 병원균은 식물의 면역력이 약해지면 바로 공격을 시작해서 병들게 합니다.

추위로 죽이기

실내 식물 대부분이 외래종인 이유를 알고 있나요? 그건 열대식물이 추위에 덜 반응하기 때문이에요.

오히려 추위에 민감하게 반응하는 건 온대식물입니다. 이들 식물은 온도가 내려가면 겨울을 대비하기 위해 가지 속에 에너지를 비축합니다. 그다음 잎을 떨어트리고 긴 잠에 빠져요.

가드너의 입장에서는 잎이 떨어져 앙상해지는 건 아무런 문제가 되지 않습니다. 온대식물이 아니어도 수면기를 보내는 식물은 있어요. 이때는 기다리기만 하면 다시 초록한 잎을 내어줍니다.

하지만 온대식물은 1년에 한 번씩 차가운 온도에서 잠을 자야만 해요. 잠을 자지 못하면 다음 해에 꽃을 피울 수 없고, 열매를 만들 수도 없습니다. 줄기는 단단한 나이테가 생기지 않아서 쉽게 부러지고 말죠. 약해진 식물은 곰팡이에 공격당하기 쉽고, 벌레를 견디지도 못합니다.

그래서 온대식물을 실내에서 키우는 건 까다롭습니다. 실내에는 겨울이 찾아오지 않으니까요. 겨울과 비슷한 환경으로 꾸며줄 수는 있지만 그건 매우 번거로운 일입니다.

가드닝이 열대식물을 중심으로 활성화된 이유입니다. 하지만 열대식물도 절대적인 한계선이 있습니다. 추위에 민감하게 반응하지는 않지만, 물이 어는 기준인 0℃에 도달하면 안 됩니다. 1시간 이상을 0℃에서 보내게 되면 식물은 회복할 수 없는 피해를 받습니다.

그래서 절대적인 기준을 제시하려고 해요. 식물이 있는 장소의 온도를 10℃ 아래로 내려가지 않게 하는 거예요.

물론 수면기(휴면기)를 보내는 식물은 예외입니다.

더위로 죽이기

다른 집의 식물들은 어쩜 저렇게 잘 자라는 걸까, 라고 생각해 본 적이 있나요? 식물을 키우기 시작하는 사람들 대부분은 '저렇게 식물이 잘 자라는 집이라면 매우 따뜻할 거야'라고 생각해요. 당신도 그렇게 생각하고 있지는 않나요?

식물은 따뜻할 때 더 빠르게 자라는 게 맞아요. 하지만 그건 충분한 햇빛이 있을 때의 이야기예요. 그뿐만 아니라 산소와 이산화탄소, 물, 양분까지 충분히 공급되어야 합니다.

식물은 가장 부족한 것에 맞춰서 자라요. 온도가 30℃ 이상이라고 해도 햇빛이 공급되지 않으면 식물은 빨리 자라지 않습니다.

다른 조건이 갖춰지지 않은 채 온도만 높다면 오히려 식물은 가쁘게 숨을 몰아쉬게 될 거예요. 빠르게 달릴 때 숨이 차오르는 것과 비슷해요. 식물이 광합성을 통해서 만드는 에너지보다 호흡을 위해 쓰는 에너지가 더 많아진다는 것을 의미하기도 해요.

식물은 에너지가 남을 때 비로소 뿌리를 냅니다. 다음은 잎과 가지예요. 그래도 에너지가 남으면 건강에 투자해요. 그렇기에 여력이 없다면 식물은 언제라도 건강을 잃을 수 있어요.

열대식물을 들이기로 했나요? 그렇다면 '열대'라는 단어에 현혹되지 마세요. 더위 속에서 가쁘게 숨을 몰아쉬도록 방치하지 마세요. 식물은 어느 정도 서늘할 때 더 건강해집니다. 비록 느리게 자랄지라도요.

손해가 시작되는 온도

온도가 오를수록 식물은 광합성을 많이 할 수 있습니다. 하지만 빛이 부족하면 광합성을 통해 얻는 에너지보다 식물체를 유지하는 데 쓰는 에너지가 더 많아집니다. 위치별로 에너지의 손해가 시작되는 최고 온도를 안내합니다.

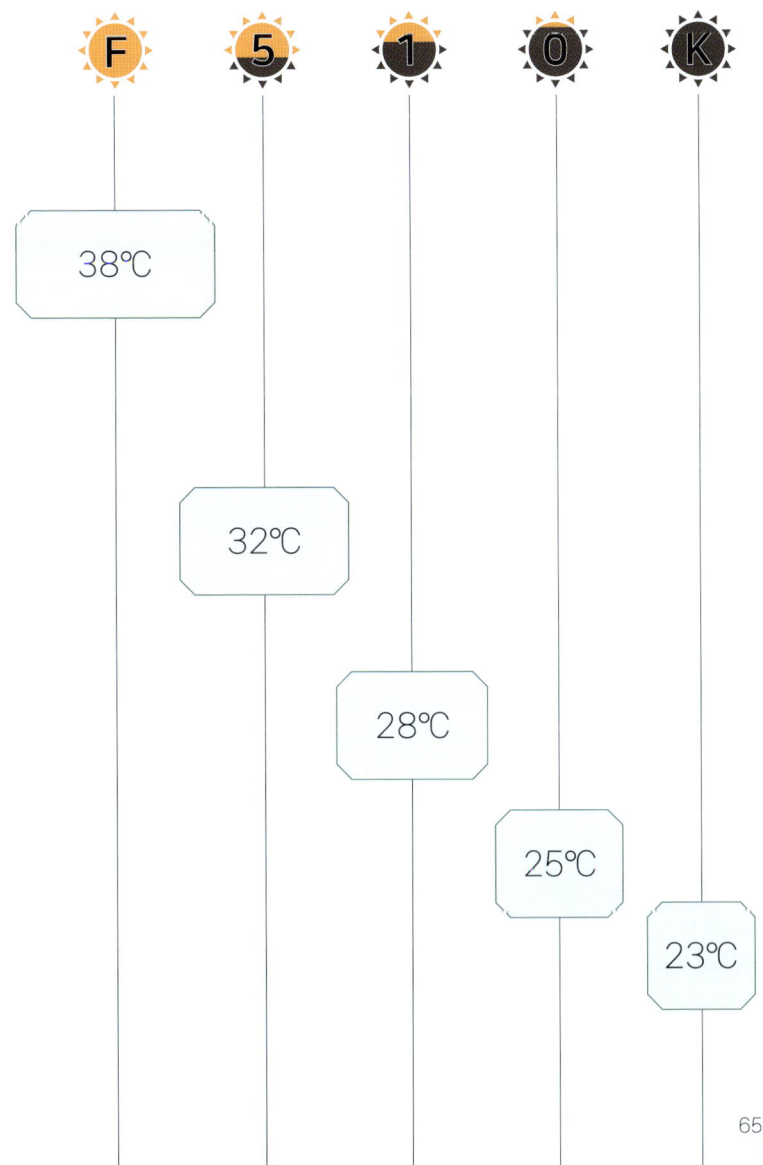

습한 공기로 죽이기

많은 관엽식물이 습한 환경에서 잘 자라요. 하지만 극단적인 환경을 말하는 것은 아닙니다. 어떤 이는 습도가 99%인 환경에서 식물을 키우다가 생각처럼 잘 자라지 않아서 당황하기도 해요.

식물은 습도가 너무 높으면 증산작용을 원활히 할 수 없습니다. 뿌리에서 잎으로 물이 이동하지 못하면 양분도 배달되지 않습니다. 무기질 결핍으로 이어질 수 있어요. 덩달아 일액현상이 발생하고, 광합성 효율도 낮아지죠.

게다가 지나치게 높은 습도 환경은 곰팡이와 바이러스가 활동하기 좋습니다. 온도가 18℃ 아래일 때 습도가 90% 이상이라면 식물의 잎에 잿빛곰팡이가 발생하며, 온도가 22℃ 이상일 때 습도가 90% 이상이라면 잎에 흰곰팡이가 발생해서 식물을 공격합니다.

습도가 높을 때 온도가 1℃ 올라가면 식물을 공격하는 바이러스의 힘은 약 100배 강해진다는 사실을 기억해 주세요. 식물의 잎에 검은 반점이나 모자이크 같은 흔적이 생기며 병들지도 몰라요.

그러니 습도 90% 이상인 장소에 식물을 너무 오랫동안 방치하지 마세요.

건조로 죽이기

많은 가드너가 식물의 잎에 이상 증상이 나타날 때 '건조함'을 그 이유로 듭니다. 하지만 물 말림으로 뿌리가 건조해진 게 아니라면, 공기의 건조함으로는 잘 죽지 않아요. 잎이 푸석푸석해지고 자라는 속도가 느려질 수 있지만, 건조함은 식물에 해를 가하는 직접적인 원인이 되지 않습니다.

대부분 식물에 나타나는 이상은 다른 요인이 일차적으로 작용한 다음, 공기의 건조로 인해 증상이 드러나는 경우가 많아요. 식물에 이상 증상이 나타났을 때 무조건 '건조'를 범인으로 지목하지 않았으면 좋겠습니다.

무풍으로 죽이기

식물의 잎에는 '수분샘' 말고도 '선점'과 '밀선'이라는 작은 구멍이 있어요. 선점과 밀선은 물을 배출하는 기관일 때도 있고, 냄새를 방출하는 기관일 때도 있습니다.

어떤 식물의 밀선은 꿀을 분비해서 개미들을 불러 모아요. 그렇게 하면 다른 벌레들로부터 개미들이 지켜줄 테니까요.

이러한 선점과 밀선은 그 형태가 다양해서 어떤 식물은 존재를 알아차리기 어려워요. 하나의 잎에 수백 개가 있을 수도 있고, 단 하나만 있는 경우도 있습니다. 너무 작아서 현미경으로 들여다보아야 할 때도 있고요.

이 기관은 모든 식물이 가지고 있습니다. 로즈마리나 라벤더, 유칼립투스, 민트처럼 냄새를 내뿜는 식물은 그 기관의 존재를 짐작하기 쉽습니다. 하지만 곤충이나 동물만 느낄 수 있는 냄새를 방출하는 식물도 있어요.

이런 특징 때문에 어떤 식물은 공기가 정체되면 큰 문제가 됩니다. 비약하자면 자신의 냄새에 질식하는 셈이죠. 실제로는 휘발성을 띤 물질을 공기 중으로 내보내지 못해서 문제가 일어나는 겁니다. 식물에 독이 되는 성분을 내보낼 때도 있거든요.

그렇기에 식물이 있는 곳엔 바람이 필요해요. 햇빛 다음으로 중요할 수도 있어요. 우리 눈에 보이지 않고, 코가 감지하지 못하더라도 식물은 냄새를 내보내고 있습니다. 그 휘발성 물질이 공기 중으로 잘 흩어질 수 있도록 실내에서도 바람을 만들어 주세요.

바람이 없다면 당신의 로즈마리는 안쪽부터 회색 잎으로 변하며 죽어갈 거예요. 통기성이 떨어진 율마는 눈에 보이지 않는 응애를 불러올 거고요. 바질과 민트는 잎끝이 검은색으로 변하면서 오그라들 거예요.

가드너는 서큘레이터(선풍기)를 사랑해야 해요.

실내에서 바람이 하는 일

- 식물 냄새를 휘발합니다.
- 식물 체내에 쌓인 독성 물질을 휘발합니다.
- 박테리아 증식을 억제합니다.
- 잎 주변에 공기의 움직임을 일으켜 산소와 이산화탄소의 선순환을 일으킵니다.
- 증산작용이 원활하지 않을 때 도움을 줍니다.
- 과습 억제에 도움이 됩니다.
- 식물의 체온 조절을 돕습니다.
- 나뭇가지를 흔들어 자극을 주는 형태로 줄기가 굵어지게 합니다.
- 먼지를 식물 주변으로 이동시켜 가라앉게 합니다.

물로 죽이기

가드닝에 조금만 관심을 가지면 '물을 많이 주면 안 돼'라는 주문을 알게 됩니다. 그때문인지 일부 가드너는 지나치게 '과습'을 경계합니다.

'습'이 '과'하다는 이 단어는 식물의 뿌리가 무르고 썩어가서 초조할 때 해결의 실마리를 주는 마법의 단어처럼 느껴지기도 해요. 그래서 사람들은 과습을 막기 위해 화분의 물을 말리려고 합니다. 하지만 지나치면 식물의 뿌리까지 말라버려요. 식물은 회복하기 어려운 피해를 입습니다.

그럼 어떻게 해야 할까요. 많은 이들이 과습 장해가 생기는 이유를 '물을 많이 주어서'라고 생각해요. 하지만 실상은 조금 다릅니다. 더 근본적인 원인이 존재해요.

과습의 키워드는 산소예요. 식물의 뿌리는 산소를 필요로 해요. 뿌리는 물과 양분을 빨아들이면서 산소도 함께 흡수합니다. 이렇게 흡수된 산소는 잎이나 줄기로 가지 않고, 대부분을 뿌리에서 소모합니다. 양분을 흡수할 때와 뿌리를 성장시키는 데 거의 다 사용하죠.

식물 종류마다 뿌리가 요구하는 산소량이 조금씩 다릅니다. 예를 들면 오이의 뿌리는 토마토의 뿌리보다 두 배나 많은 산소를 필요로 해요. 환경이 좋지 않을 때 오이에게 과습 장해가 더 잘 나타난다는 뜻이기도 해요.

식물의 뿌리는 산소를 물에서만 얻지 않아요. 그보다는 공기에서 더 많이 흡수합니다. 물에서 흡수하는 산소가 1이라면 공기에서 흡수하는 산소는 3이라고 생각하면 쉬워요.

깜깜한 흙 속에 있는 뿌리가 공기 중의 산소를 흡수한다니 신기하지 않나요?

화분의 흙을 너무 꾹꾹 눌러 담지 말라고 하는 이유에요. 미세한 구멍이 뚫려있는 자재를 섞어서 흙의 통기성을 개선하라고 권하는 것도 이 때문입니다. 옆구리에 구멍이 뚫린 화분을 이용하는 이유이기도 해요.

흙 속에 산소가 부족하면 뿌리의 성장이 느려집니다. 양분을 흡수할 수 없으며, 식물과 계약을 맺고 있던 유용한 미생물도 살 수 없게 됩니다. 흙 속의 유기물은 순리대로 분해되지 않고 썩기 시작하며, 가스(에틸렌)가 생성되어 식물의 뿌리를 손상시킵니다.

흡수할 수 있는 산소의 양이 더 줄어들면서 악순환의 고리가 만들어 지는 겁니다. 과습 상태가 된 거죠.

식물의 뿌리 과습 장해는 사실 알고 보면 물과 관련이 없습니다.

어떤 장치를 만들어서 화분에 물을 계속 준다고 가정해 볼게요. 24시간 내내 물이 화분에 흘러 들어가면 어떻게 될까요? 과습이 발생할까요? 아니요. 물을 계속 주어도 뿌리 과습 장해가 발생하지 않습니다. 넘치는 물은 배수구로 흘러나오고, 산소가 많은 신선한 물이 계속 공급되고 있으니까요.

식물은 물을 필요로 해요. 증산작용이 활발히 이루어질 때 물이 많이 공급되면 더 잘 자랍니다. 과습 징해의 원인은 물이 아닙니다. 흙이 품고 있는 물에 산소가 부족하다는 뜻이에요. 흙 입자 사이의 틈이 메워져 공기가 부족하다는 말이기도 해요.

해결 방법은 어렵지 않아요. 화분 안에 신선하지 않은 물이 오랫동안 고여있도록 만들지 않으면 됩니다.

과습 방지하기

- 통기성이 좋은 자재를 섞어서 흙 입자 사이사이로 공기가 통하도록 해주세요.
- 화분을 띄워서 배수구로 공기가 잘 드나들게 해주세요. 신선한 공기와 맞닿아 있는 흙의 물은 쉽게 썩지 않습니다. 처음부터 통기성이 좋은 화분을 이용하는 것도 괜찮은 방법입니다.
- 화분을 햇빛이 잘 드는 장소로 옮겨 식물이 증산작용을 잘하도록 해주세요. 화분 속의 물 소모가 빨라집니다. 물이 빠져나간 공간은 신선한 공기가 채우게 될 거예요.
- 화분 속에 뿌리가 가득 차면 조금 더 큰 화분으로 분갈이해주세요.
- 환경을 바꿀 수 없어서 과습 문제가 자주 발생한다면 오히려 물을 더 많이 주는 것도 방법입니다. 배수구로 물이 흘러나올 만큼 충분히 주어서 화분 속 물이 신선한 물로 교체되도록 해주세요.

온도에 따라 달라지는 물의 포화 용존산소량
자료 : 국립수산과학원

1℃	13.7ppm	20℃	8.8ppm
5℃	12.3ppm	25℃	8.1ppm
10℃	10.9ppm	30℃	7.5ppm
15℃	9.7ppm	35℃	6.2ppm

물이 품고 있을 수 있는 최대 산소의 양은 온도에 따라 다릅니다. 온도가 올라갈수록 물의 최대 용존산소량은 줄어들며, 뿌리의 산소 요구량은 증가합니다.

그렇기에 화분에 물이 고여있다면, 온도가 높을수록 과습 장해가 더 잘 나타나게 됩니다. 과습 장해가 예상될 때는 온도가 낮은 장소에서 식물을 키우는 게 유리합니다.

흙 속 물의 용존산소량에 따른 천남성과 식물의 뿌리 장해
몬스테라, 알로카시아, 안스리움, 싱고니움, 금전수 추적관찰 (2022년 5월~10월)

5ppm 이하	잔뿌리 발생이 느려짐
3ppm 이하	잎에서 인(P), 칼륨(K), 칼슘(Ca), 망간(Mn) 결핍 증상이 나타남
2ppm 이하	뿌리 생장이 멈춤
1ppm 이하	뿌리가 썩기 시작함

가뭄으로 죽이기

식물의 뿌리는 습도 99% 이상인 환경에 있어야 합니다. 바로 땅속이죠. 극심한 가뭄이 이어지는 게 아니라면 땅속의 습도는 99% 아래로 내려가지 않습니다.

화분 속은 상황이 달라요. 당신이 몇 주간 물을 주지 않으면 흙이 바짝 마를 수 있습니다. 흙 속 습도가 오랫동안 99% 아래로 내려가면 식물의 뿌리는 줄기처럼 변하면서 기능을 잃습니다.

흙이 일부분만 바짝 말랐을 때는 그 부분의 뿌리만 기능을 잃습니다. 식물은 나머지 뿌리로 살아갈 수 있어요. 그리고 물을 주면 시간이 걸리긴 해도 줄기처럼 변한 뿌리에서 잔뿌리가 나옵니다. 나뭇가지를 흙에 꽂으면 뿌리가 나오는 것처럼요.

하지만 흙 전체가 바짝 말랐을 때는 상황이 다릅니다. 모든 뿌리가 기능을 잃으니까요. 체내에 물과 에너지를 많이 저장해두었다가 언제든 뿌리를 내릴 수 있는 다육식물이나 천남성과 식물 등 특별한 경우가 아니라면, 식물은 물을 흡수하지 못해서 죽게 됩니다.

그러니 흙을 바짝 말리지 마세요. 많은 사람이 과습을 걱정한 나머지 흙을 지나치게 말립니다. 어느 날 율마가 말라가면서 죽는다면, 그 원인은 몇 주 전에 화분의 흙을 바짝 말린 것 때문일 수 있어요. 율마, 편백 같은 사이프러스류 식물은 가지를 잘라서 책상 위에 던져 놓아도 몇 주 동안은 초록색을 보여주니까요.

ⓘ 뿌리가 드러난 나무

자연외 나무들도 뿌리가 공기 중에 드러나면 줄기처럼 변합니다. 껍질이 생기고 나이테가 만들어지며, 뿌리의 기능을 잃습니다.

ⓘ 공중 뿌리를 내는 식물

몬스테라, 필로덴드론 등 많은 천남성과 식물이 공중 뿌리를 만듭니다. 습도가 99%인 온실 안이라면 공중 뿌리에서 양분 흡수 기능을 갖춘 털뿌리가 생성됩니다. 그렇지 않다면 습도가 높은 곳을 찾기 위해 공중 뿌리가 길어집니다. 길어지는 동안은 뿌리라기보다는 줄기로 보아야 합니다. 이렇게 뻗어나간 뿌리가 습도 99%인 이끼나 흙을 만나면, 그 부분에서 잔뿌리와 털뿌리 같은 진짜 뿌리가 만들어집니다.

미생물로 죽이기

가드너는 식물을 햇빛이 드는 장소로 옮겨 놓고 물과 비료를 주며 돌봅니다. 그런데 당신의 노력으로만 식물이 자란다고 생각하나요?

사실 우리가 신경 쓰지 않는 동안 화분을 돌보는 건 미생물과 박테리아입니다. 이들은 화분의 식물과 철저한 계약을 맺고 있어요.

식물은 광합성을 통해 만들어진 당을 뿌리까지 내려보내요. 이 당은 미생물의 먹이가 됩니다. 식물은 미생물에 식량을 제공하기로 약속했고, 계약을 맺은 미생물은 그 대가로 식물의 뿌리가 닿지 않는 곳에 있는 양분을 먹기 좋은 크기로 쪼개서 가져다줘요. 그리고 어떤 미생물은 식물을 괴롭히는 나쁜 박테리아나 바이러스와 싸웁니다. 대부분은 계약을 맺은 미생물이 승리하기 때문에 식물은 건강하게 자랍니다. 또 어떤 미생물은 식물을 괴롭히는 나쁜 벌레들을 공격해요. 철저하게 벌레가 죽을 때까지 응징하기도 합니다.

하지만 이런 힘의 균형이 깨질 때가 있어요. 커피 찌꺼기가 식물에 좋은 양분이 된다는 얘기를 듣고 발효 과정을 거치지 않은 채 바로 화분 위에 올려 두었을 때를 예로 들 수 있겠어요.

별것 아닌 것처럼 보이는 행동으로 인해 식물을 괴롭히는 곰팡이와 바이러스의 힘이 세지게 될 수 있어요. 커피 찌꺼기가 썩어가는 과정에서 나쁜 곰팡이와 바이러스의 먹이가 충분해져서 그들의 숫자가 많아져 버린 거죠.

이제 식물과 계약을 맺은 미생물은 이들과 싸워서 이길 수 없습니다. 수적으로 너무 차이가 나요. 싸움에서 이긴 나쁜 곰팡이와 바이러스는 이제 식물을 공격하기 시작합니다.

또 어떤 나쁜 균은 온도가 높을 때 힘이 강해져요. 이 사실을 모르고 지나치게 따뜻한 환경을 조성해 주면 화분의 생태가 망가질 수도 있습니다.

화상으로 죽이기

어느 날 당신은 식물에서 이상 증상을 발견했습니다. 햇빛이 부족하다는 결론을 냈죠. 그래서 화분을 밖으로 내놓게 됩니다.

이제 식물의 잎에는 심각한 문제가 생길 거예요. 어떤 잎은 물에 삶은 것처럼 물러버릴 테고, 어떤 식물의 잎은 갈색으로 변할 거예요. 그렇게 변한 잎은 회복되지 않습니다.

식물은 환경에 스스로 적응해서 살아가요. 하지만 한번 적응한 뒤에는 환경이 계속 비슷할 거라고 여기죠. 땅에 뿌리를 내리고 있는 식물은 자리를 옮기지 못하기 때문에 환경이 바뀔만한 일이 많지 않거든요. 하지만 화분에 심긴 식물은 당신의 의지로 인해 언제든 새로운 환경으로 옮겨질 수 있어요.

여기서 한가지 문제가 생깁니다. 식물은 햇빛이 강한 환경에서 화상을 입지 않기 위해서 잎에 자외선 차단제 같은 세포벽을 만들어요. 햇빛이 약한 환경에 사는 식물은 더 많은 햇빛을 흡수하기 위해 세포벽을 얇게 만들거나 거의 만들지 않습니다.

이런 특징 때문에 햇빛이 강한 곳에서 살던 식물을 빛이 없는 장소로 옮기는 것은 문제가 되지 않습니다. 어둠 속에서 잠깐 머물다가 다시 강한 햇빛으로 나올 때도 마찬가지예요.

하지만 오랫동안 어둠 속에서 지낸 식물은 얘기가 다릅니다. 이 식물을 갑자기 햇빛이 강한 장소로 옮기면 잎이 물에 삶은 것처럼 물러버리거나 갈색으로 변해서 시들고 맙니다. 잎의 안쪽까지 심각한 화상을 입기 때문이에요.

그렇기에 빛이 약한 환경에서 빛이 강한 환경으로 식물을 옮길 때는 단계적으로 적응시켜주어야 해요. 몇 주 동안 약간 밝은 장소로 옮겼다가, 다시 몇 주는 중간 정도 빛이 드는 장소에서 머물고, 마지막에는 약간 강한 장소에서 적응하게 한 다음 최종 목적지에 도착하게 하는 것이죠. 전체 과정을 약 2달 정도로 잡으면 됩니다.

가드너는 여기서 한 가지 선택을 할 수 있어요. 현재 식물이 가진 잎을 포기하는 방법입니다. 바로 햇빛이 강한 장소로 옮겨서 잎을 소모하는 거예요. 잎이 볼품없이 스러지고 마르겠지만 참아야 합니다.

맞아요. 햇빛에 화상을 입어 모두 스러진 다음에 나오는 잎은 새로운 환경에 적응한 상태입니다.

이렇게 기존 잎을 포기하고 새잎을 받는 과정은, 모든 잎을 새 환경에 적응시키는 두 달이라는 기간보다 훨씬 짧습니다. 약 2~3주 정도에 불과하니까요.

당신이 구매해서 집으로 데려가는 식물 중에도 어두운 환경에서 자라난 식물이 있을 수 있습니다. 만약 식물의 잎이 화상 증상으로 스러져 간다고 해도 너무 놀라지 마세요. 당신은 그 식물이 어떤 환경에서 자랐는지 알 길이 없잖아요. 만약 그렇게 화상을 입고 스러진다 해도 잎을 모두 떨어트리고 나면 새잎이 나옵니다.

볼품없어진 식물을 죽었다고 오해해서 버리지 않기를 바랍니다.

잎 마름으로 죽이기

우리는 겨울이 되면 식물을 온실에 들여놓았다가, 봄이 오면 다시 밖으로 내놓곤 합니다. 다육 식물을 제외한 대부분 식물은 습도에 맞춰 잎의 밀도를 결정짓습니다. 햇빛의 농도에 맞춰서 잎의 세포벽을 만드는 것과 비슷하다고 생각하면 돼요.

식물은 건조한 환경에서는 수분을 덜 빼앗기기 위해 잎의 밀도를 올리고, 습한 환경에서는 증산작용에 방해가 되므로 잎의 밀도를 낮춰서 수분이 잘 빠져나가게 합니다.

여기서도 똑같은 문제가 발생해요. 습한 장소에 있던 식물을 갑자기 건조한 장소로 옮기는 경우죠. 만약 그 식물이 로즈마리였다면 마치 물이 부족한 것처럼 잎 전체가 축 처지면서 시들 거예요.

우리는 이때도 선택해야 해요. 일주일마다 습도를 10%씩 떨어트려서 식물이 적응할 수 있도록 할 것인지, 아니면 현재의 잎을 모두 포기하고 새잎을 기다릴 것인지를요.

비료로 죽이기

화분에 비료를 줄 때는 신중해야 해요.

어떤 비료는 실외 텃밭에 주는 것에 특화되어 있습니다. 그런 비료를 화분에 주면 심각한 피해로 이어져요. 어떤 비료는 화분에서 전혀 흡수되지 않을 수도 있고, 또 어떤 비료는 화분에서 너무 빨리 흡수되어 식물이 고통받을 수 있습니다.

완전히 분해되지 않은 음식물 찌꺼기를 주어 가스 피해를 발생시킬 때도 있습니다. 벌레를 불러 모으는 부산물을 주어 화분의 생태를 파괴할 때도 있고요. 너무 많은 비료를 주어 식물이 자라지 못하도록 할 때도 있어요.

지금은 하나만 기억하세요. 단언컨대 많은 비료를 주는 것 보다, 비료를 전혀 주지 않는 게 더 낫습니다.

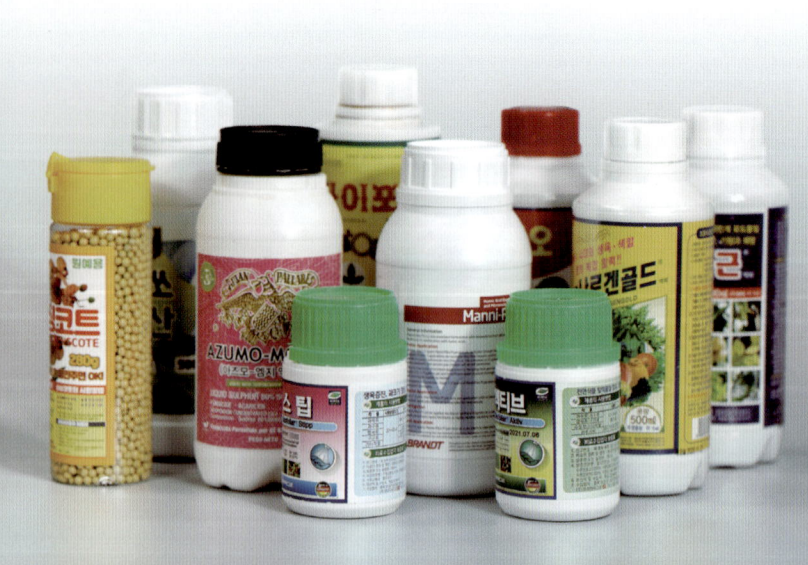

pH로 죽이기

> 대파, 양파, 마늘, 고추냉이, 배추는
> 황(S)이 충분히 공급되면 더 맵고 향이 강해져요.

> 고구마, 감자는 칼륨(K)이 많이 공급되면
> 더 건강하게 자라며 수확물의 크기가 커져요.

> 토마토와 사과는
> 칼슘(Ca)이 부족하면 쉽게 병들어요.

> 벼는 다른 식물이 거의 필요로 하지 않는
> 규소(Si)가 많아야 잘 자라요.

식물은 저마다 필요로 하는 양분(무기질)이 달라요. 하지만 식물은 필요한 양분만 선택해서 흡수할 수 없습니다. 증산작용이 일어날 때 물에 실려 온 양분을 이용할 뿐이죠. 그래서 가드너는 식물이 쉽게 이용할 수 있도록 다양한 양분을 비료 형태로 공급합니다.

하지만 그렇게 공급해도 식물이 양분을 이용하지 못할 때가 있어요. 흙의 산도(pH) 때문이죠. pH는 양분의 형태를 통제해요. 양분이 흡수되기 쉽게 만들기도 하고, 흡수되기 어렵게 만들기도 합니다.

예를 들어 철(Fe)은 산성 흙에서 물에 녹아 흡수되기 쉬운 형태로 존재하지만, 염기성 흙에서는 흡수되기 어려운 형태로 존재합니다. 그래서 철을 더 필요로 하는 식물(블루베리, 파인애플)은 철을 흡수하기 쉬운 산성 흙에서 더 잘 자라요. 반대로 염기성 흙에서는 철을 흡수하기 어려워서 잘 자라지 못하게 됩니다.

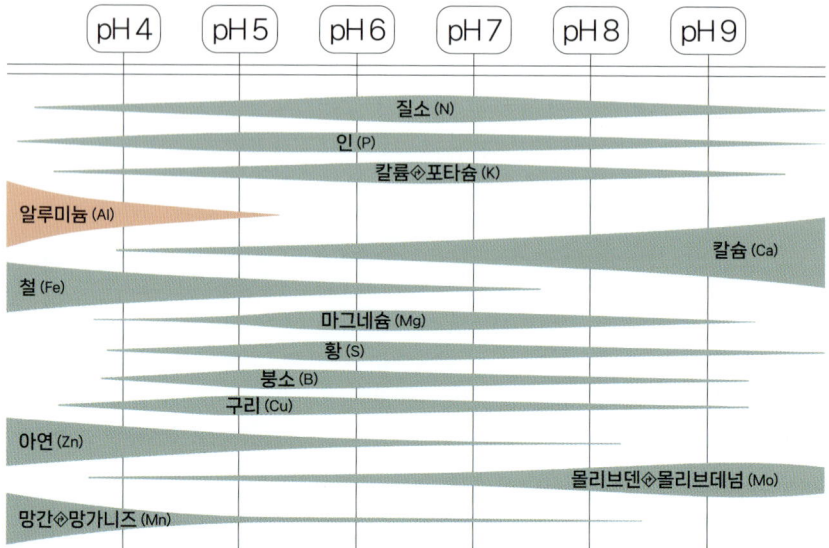

▲ 일반 흙, 마사, 모래, 황토 및 광물성 토양에서 pH 구간별 양분 활성 상태

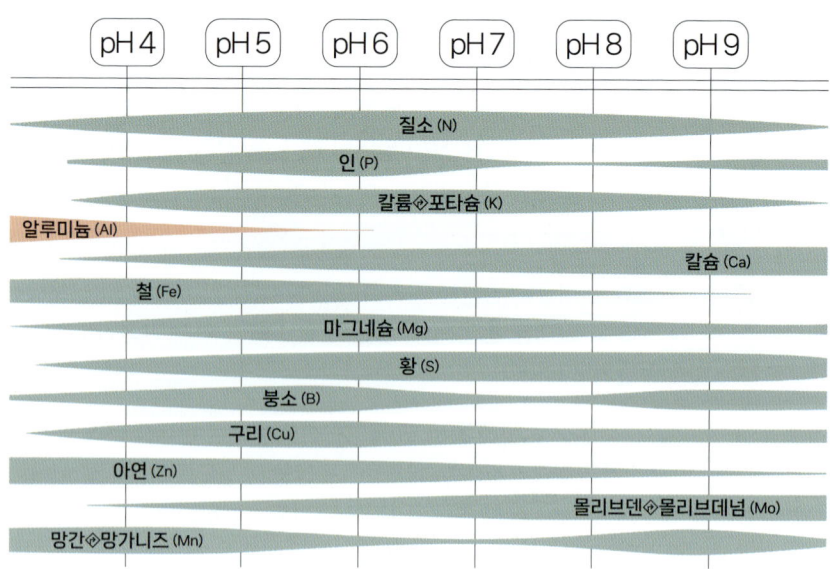

▲ 상토, 배양토, 부엽토 및 유기질 토양에서 pH 구간별 양분 활성 상태

옆의 그림은 모든 양분이 100만큼 있다고 가정했을 때 각 pH 구간에서 식물이 흡수할 수 있는 정도를 나타낸 겁니다.

이때 양분이 '과하다', '부족하다'로 접근하지 말아야 해요. 이 구간에서는 이 양분을 100% 활용할 수 있지만, 저 구간에서는 5%밖에 활용하지 못한다는 정도로 이해하면 됩니다.

하지만 지나치게 낮은 pH에서는 알루미늄(Al) 또한 흡수 가능한 형태가 됩니다. 알루미늄은 식물이 새 뿌리를 만드는 것을 방해하고, 양분을 흡수하는 뿌리의 단백질 기관을 망가트려요. 나아가서는 인이나 철과 결합해서 식물이 해당 양분을 사용하지 못하도록 합니다.

그래서 특별한 경우가 아니라면 우리는 흙의 산도가 pH5 아래로 내려가지 않도록 해야 해요. 나아가서는 사용하는 흙이나 재료, 재질도 식물에 맞춰 선택할 수 있어요.

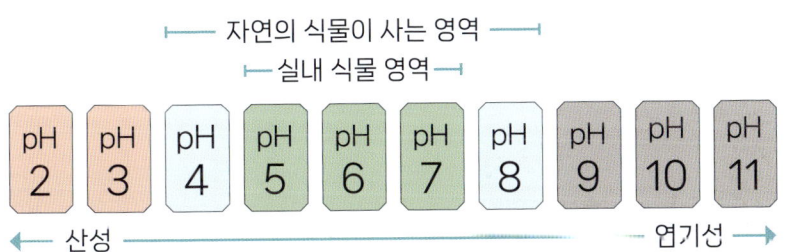

❶ 알루미늄과 수국의 색

알루미늄(Al)은 대부분 식물에게 피해를 주지만, 수국에게는 약간 다르게 작용합니다. 물에 녹은 알루미늄은 꽃과 꽃받침의 색소와 결합해서 색을 푸른빛으로 바꿉니다.

모든 수국이 그런 것은 아닙니다. 품종에 따라 색이 고정된 경우도 있습니다. 대표적으로 흰색 꽃이 피는 수국은 꽃과 꽃잎이 알루미늄과 결합할 색소를 가지고 있지 않기 때문에 색이 변하지 않습니다.

그러나 알루미늄은 다른 식물과 마찬가지로 수국의 성장도 방해합니다. 꽃이 파란색으로 물드는 범위를 넘어서는 강한 산성흙이 되면 수국도 살지 못합니다.

재료별 pH

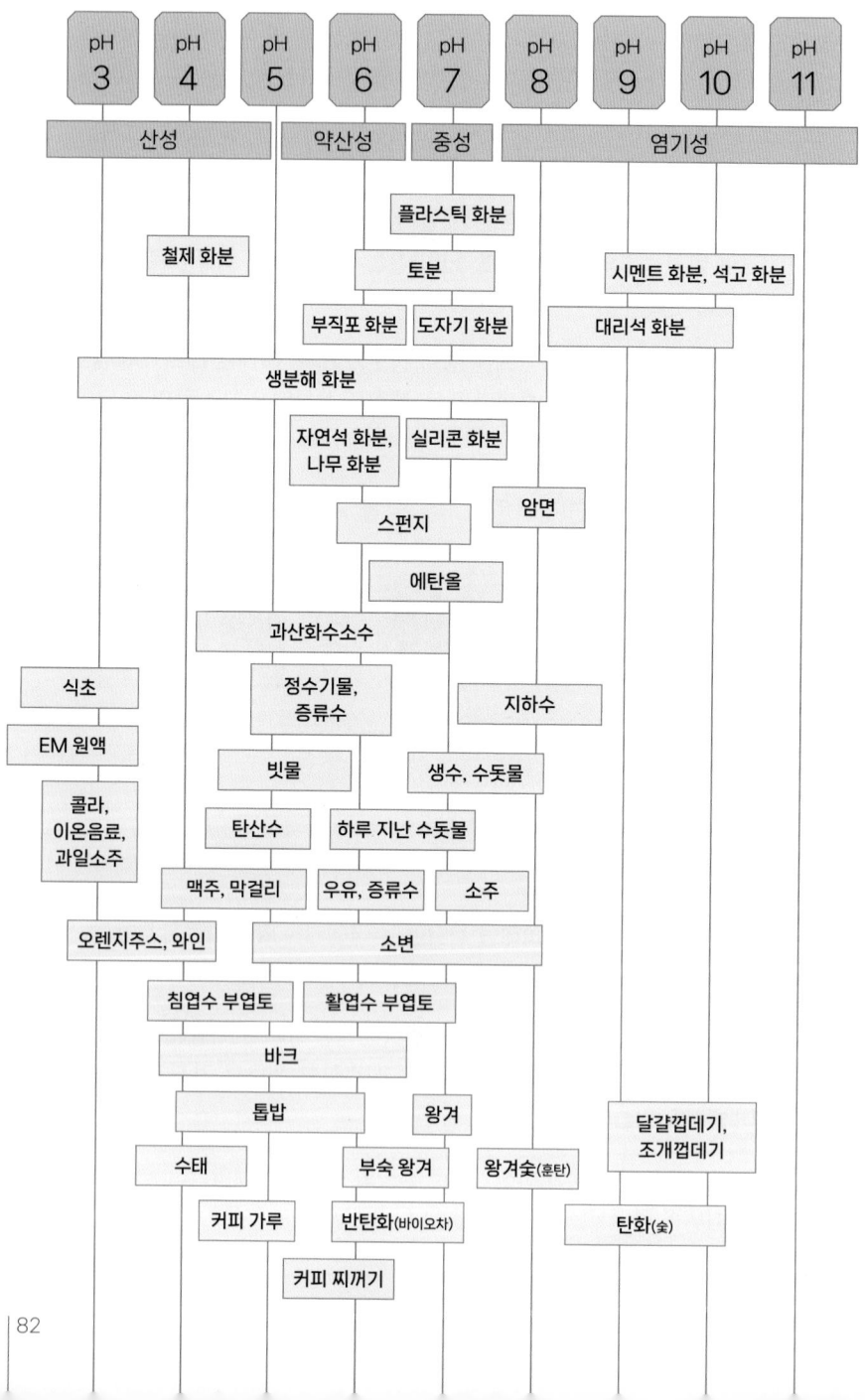

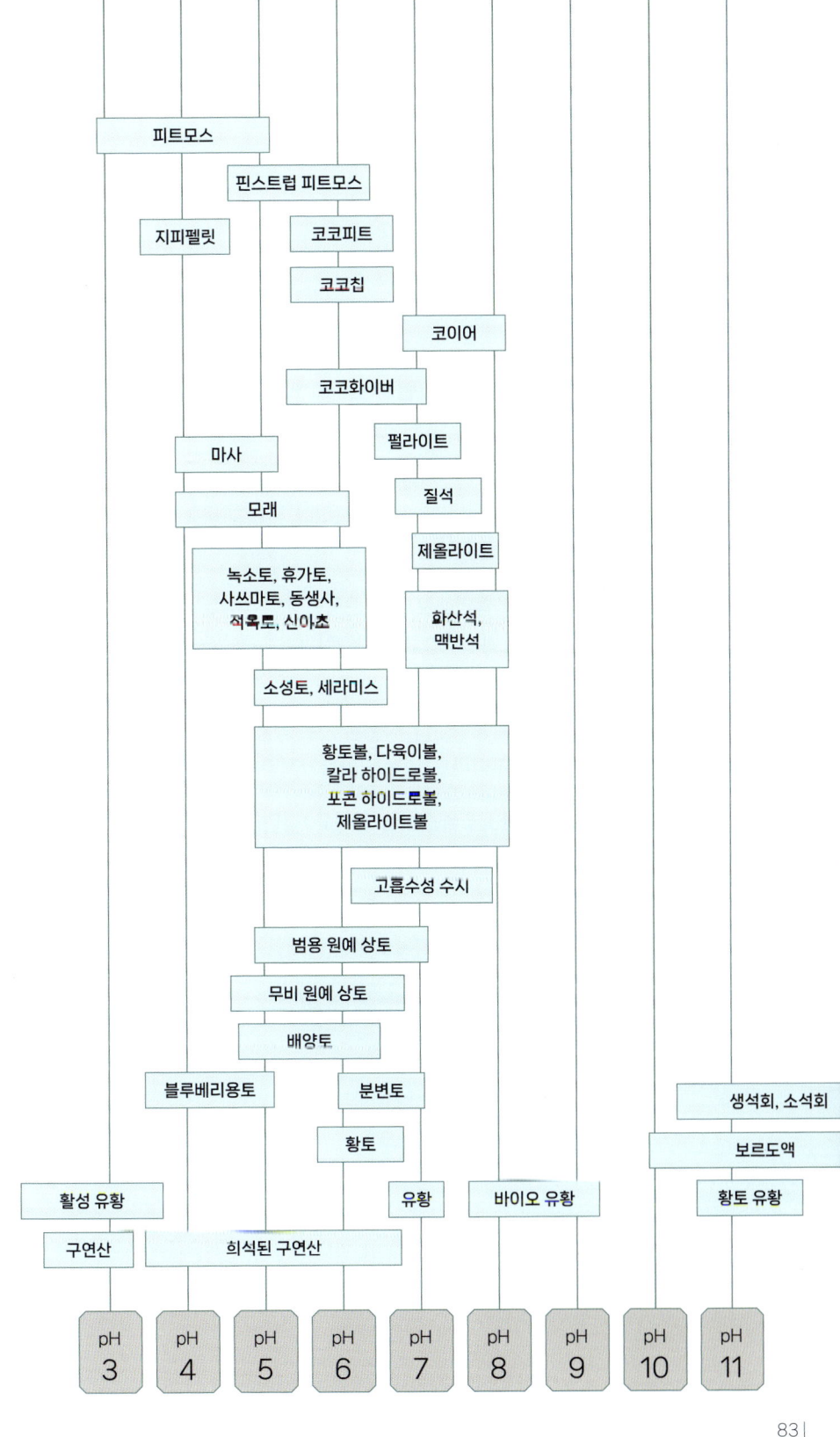

벌레로 죽이기

화원이나 화훼단지, 꽃집에서 데려온 식물이라면 반드시 확인해야 할 것이 있어요.

잎과 줄기를 꼼꼼하게 살펴보세요. 눈에 쉽게 보이지 않는 작은 벌레가 있을 수도 있어요. 만약 그렇다면 당신 집에 있는 다른 식물로 옮겨가서 큰 피해를 줄 거예요.

흙 속에 해충의 알이 있을 수도 있어요. 혹은 이미 부화한 유충이 있을 수도 있고요. 어떤 유충은 뿌리를 갉아 먹으면서 식물에 피해를 줍니다. 그리고 성충이 되면 당신의 집에 있는 다른 화분으로 날아가 알을 낳습니다.

화분을 들어서 아래쪽 배수구를 확인해보세요. 끈적끈적한 흔적이 보이지 않나요? 그럼 민달팽이가 화분 속 어딘가에 숨어 있을 수 있습니다. 집에 있는 식물의 잎을 다 갉아 먹은 다음에 알아차리면 늦습니다.

사실 벌레와 식물은 뗄 수 없는 관계입니다. 식물은 기초 영양소를 생산하고, 그 기초 영양소를 수많은 생명체가 이용하니까요. 벌레도 마찬가지일 뿐입니다.

어떤 벌레는 식물에 도움을 주는 공생관계일 거예요. 다만 우리가 화분에서 목격하는 벌레는 해충일 때가 더 많습니다.

벌레가 싫어서 흙을 포기하고 물에서 식물을 키우는 사람도 있어요. 하지만 벌레는 식물 자체를 매개로 하기 때문에 물에서 키워도 생길 거예요.

벌레를 발견했을 때 대처하는 능력을 키워 보는 건 어떨까요?

삶은 때로 우리를 너무 먼 곳으로 이끕니다.
그렇다 해도 식물은 같은 장소에서 기다릴 거예요.
당신이 언제든 돌아갈 수 있도록.

CHAPTER 4

선택해야 할 것들

많은 이들이 자신의 선택이 옳다고 주장합니다.
하지만 대부분은 붕어빵을 머리부터 먹을 건지,
꼬리부터 먹을 건지 정도의 차이만이 있을 뿐이에요.

옮겨심기

구매해서 집으로 데려온 식물을 언제 옮겨심어야 하는지 고민하는 분들이 많아요. 가장 좋은 건 '바로 지금'이라고 말해주고 싶어요.

식물이 배송되는 중에 스트레스를 받았으니 휴식기를 두라는 말도 맞아요. 하지만 당신의 식물은 지금 스트레스가 아니라 고통받고 있을 수도 있습니다.

바로 옮겨 심어야 하는 이유는 다음과 같아요.

식물의 뿌리 상태를 확인해야 해요

간혹 식물의 가지만을 흙에 꽂은 채 판매하는 경우가 있어요. 그러니 뿌리 상태가 어떤지 확인하세요. 드물게는 뿌리가 녹아 없어진 경우도 있습니다.

뿌리가 너무 많이 자랐을 수도 있어요

식물이 유통되는 과정에서 화분이 비좁아졌을 수 있어요. 판매 시기를 놓친 식물은 작은 화분에서 오랜 시간을 보내게 됩니다. 이때는 뿌리가 밀집한 채 자라서 문제가 됩니다.

화분 속에 흙이 별로 없을 수도 있어요

큰 화분 속에는 흙 대신 스티로폼을 넣는 경우가 많아요. 항의하면 배수가 잘되도록 넣었다는 주장을 듣게 될지도 몰라요. 하지만 배수를 위한다면 더 적합한 재료가 많습니다. 대부분은 화분의 무게를 가볍게 하려고 흙 대신 스티로폼을 채웁니다. 그편이 옮기기 수월하니까요.

벌레가 있을 수 있어요

옮겨심으면서 벌레가 있는지를 확인할 수 있어요. 식물에 도움 되는 벌레가 있을 수도 있고, 해로운 벌레가 있을 수도 있어요. 어느 쪽이든 그냥 벌레가 싫을 수도 있고요.

필요한 것들

이제 막 식물을 키우기 시작한 당신에게는 꽤 많은 것들이 필요할 거예요. 모든 걸 미리 준비할 필요는 없습니다. 당신에게 필요한 것들만 선택하면 됩니다. 그래도 잘 모르겠다면, 당신의 식물에 어울리는 것을 찾아보세요.

화분
- 흙을 담는 그릇입니다. 씨앗이나 식물을 심습니다.

화분 받침
- 물을 많이 주면 화분 밑으로 흘러나와요. 바닥이 젖지 않도록 물받침을 해주세요.

원예용 흙
- 식물이 뿌리를 내리고 고정되려면 기본적으로 흙이 있어야 해요.

깔망, 배수망
- 화분의 배수 구멍이 크면 흙이 빠져나갈 수 있어요.

가든픽
- 식물의 이름을 적어 화분에 꽂아 둘 수 있습니다.

물뿌리개
- 식물에 물을 부어줄 때 사용합니다. 물뿌리개의 입구가 넓으면 많은 양의 물을 빨리 줄 수 있고, 좁으면 흙이 파이지 않도록 물을 줄 수 있습니다. 살수구가 달린 물뿌리개는 샤워기처럼 물이 나오도록 해줍니다.

비료
화분 속의 흙이 가진 양분은 한정적이에요. 양분이 부족해지면 보충해주어야 해요.

서큘레이터, 선풍기, 실링팬
바람은 식물의 친구입니다.

식물 성장 LED
부족한 햇빛을 보완해 줍니다. 전기를 이용하기 때문에 '유료 햇빛'이라고도 불러요.

디지털 온도계, 습도계
식물과의 소통에 도움이 돼요.

약품
소독제, 살균제, 곰팡이나 벌레를 제거하는 약 등이 있습니다

칼, 가위
가지나 뿌리를 자를 일이 생길 거예요.

모종삽
흙을 푸거ㅏ 옮길 도구가 필요해요.

막대온도계
물 온도나 흙 속 온도를 측정할 때 필요해요.

분무기
잎에 비료를 줄 때, 곰팡이를 제거할 때, 벌레를 죽일 때 필요할 거예요.

- **스포이드, 계량스푼, 비커**
  - 액체 약품이나 액체 비료는 꼭 정량을 물에 희석해야 해요.

- **정밀 저울**
  - 가루 약품이나 고체 비료도 있습니다. 소수점 아래까지 측정 가능한 저울이 있으면 좋아요.

- **병이나 양동이**
  - 약품이나 비료를 물에 희석할 때 쓸 용기가 필요해요.

- **끈끈이트랩**
  - 식물을 괴롭히는 날벌레를 사냥할 수 있습니다.

- **집게**
  - 소독을 위해 씨앗을 집거나 작은 식물을 옮기는 등의 세밀한 작업에 활용할 수 있어요.

- **지지대**
  - 어떤 식물은 잘 쓰러집니다. 또 어떤 식물은 타고 오를 게 필요해요.

- **끈, 타이, 벨크로**
  - 식물을 지지대에 고정할 때 필요합니다. 화분을 공중에 걸 일이 생길 수도 있어요.

- **분재 철사**
  - 매우 가벼운 철사입니다. 식물의 가지가 원하는 방향으로 휘어지도록 유도할 때 필요해요. 지지대로도 활용할 수도 있습니다.

- **접목 테이프**
  - 식물 붕대예요. 식물도 외과적 치유가 필요할 때가 있습니다.

줄자
식물의 크기를 잴 때뿐만 아니라, 화분의 크기를 재거나 용량을 계산할 때도 사용됩니다.

붓
당신이 꿀벌을 대신해야 할 때도 있습니다.

비닐장갑, 라텍스 장갑
독성이 있거나 알레르기 반응이 일어날 수 있는 식물을 다룰 때 유용합니다.

마스크
약품을 분무할 때 착용하면 안전성이 올라갑니다.

접사 렌즈
눈으로 구분하기 어려운 작은 벌레를 확인할 수 있습니다.

pH페이퍼, pH미터기
흙이나 물의 산도를 측정할 수 있습니다.

EC 측정기
흙이나 물의 전기전도도(EC)를 측정할 수 있어요. 비료가 부족한지를 가늠할 수 있습니다.

화분 선택

안식처인 집을 녹색으로 물들이는 건 전적으로 당신의 선택입니다. 화분을 선택하는 것 역시 당신의 몫이에요.

마음을 여는데 특별한 기준 같은 건 없어요. 열 가지 단점을 가진 물건이라도 한 가지 좋은 점 때문에 마음이 열릴 수 있으니까요. 장점이 많아도 한 가지 단점 때문에 싫어질 수도 있고요.

기능적인 것을 우선할 수도 있고, 예쁜 것을 기준으로 할 수도 있겠네요. 바닥 면보다 입구가 좁아서 분갈이가 어려운 화분을 선택할 때도 있을 거예요. 괜찮아요. 단지 관리가 어려워질 뿐이니까요. 그 역시 당신의 몫입니다.

식물에 이로운 것, 환경에 이로운 것, 편리함, 나의 감성 사이에서 적당한 타협점을 찾아보세요.

들어가는 흙의 양을 기준으로 할 수 있어요

흙이 많으면 그만큼 많은 물을 머금을 수 있어요. 물을 많이 품고 있기 때문에, 물을 자주 줄 필요가 없어집니다. 오히려 물을 자주 준다면 문제가 될 거예요.

흙이 많은 만큼 양분도 많습니다. 그래서 비료는 가끔 주어도 괜찮아요. 식물도 화분의 크기만큼 더 크게 자랄 거예요.

단점도 있어요. 화분이 커질수록 공간을 많이 차지하며, 무거워집니다. 지나치게 큰 화분에 식물을 심으면 다른 장소로 옮기지 못할 수도 있어요. 흙이 더 많이 들어가기 때문에 비용지출도 커집니다.

화분의 높이를 기준으로 할 수 있어요

✅ 높이 10cm 미만의 화분

화분 높이가 낮으면 흙이 금방 말라요. 상대적으로 공기 순환이 좋아서 건조가 잘 됩니다. 식물이 증산작용을 하지 않아도 흙이 빨리 말라요. 당신이 식물에 물을 자주 주는 '물손'이라면 높이가 낮은 화분이 유리할 거예요. 하지만 물을 자주 주지 않는다면 식물은 목마름에 허덕이게 됩니다.

✅ 높이 30cm 이상의 화분

화분이 깊으면 수분 관리가 쉬워집니다. 물을 많이 주어도 중력에 의해 아래로 내려가고, 그렇게 모인 물은 곧 배수됩니다. 화분의 상단부는 최적의 수분 상태를 유지할 거예요.

이런 화분에 뿌리가 깊게 뻗지 않는 식물을 심으면 물을 자주 주어도 뿌리 과습으로 인한 문제가 잘 나타나지 않습니다. 이불 빨래를 줄에 널었을 때를 생각해보세요. 이불 위쪽은 건조한데 아래쪽은 물이 많이 모여 축축한 상태, 그런 상태는 초원의 흙을 닮아 있어요.

대신 높은 화분을 사용할 때는 아래쪽 배수구에 신선한 공기가 충분히 닿을 수 있어야 합니다. 화분 아래쪽에 오랫동안 물이 모여있으면 부패할 수 있기 때문이에요. 화분을 무언가로 받쳐서 공기가 잘 통하게 해주세요. 화분 아래쪽이나 옆쪽에 구멍을 뚫어주는 것도 좋은 방법입니다.

화분 소재의 특성

플라스틱 화분 (pH7)

가장 흔하게 볼 수 있는 재질의 화분입니다. 플라스틱은 가공이 쉬워서 디자인이 다양해요. 취향에 따른 선택의 폭이 넓다는 뜻이기도 해요. 화분 아래쪽에 공간을 두어 배수구로 공기가 드나들도록 디자인할 수 있는 것도 플라스틱 화분의 장점입니다.

플라스틱은 환경 이슈와 맞물려 있습니다. 하지만 플라스틱 화분은 환경 오염 관여 지수가 매우 낮아요. 재사용에, 재사용에, 재사용이 가능해서 버려지는 경우가 드물기 때문이죠. 필요 없어진 플라스틱 화분을 분리수거장에 내놓으면 또 누군가 가져가서 식물을 심을지도 모릅니다.

장점 : 가벼움, 단단함, 편리함, 크기와 디자인이 다양함
단점 : 뿌리 꼬임(서클링), 뿌리 과습 문제가 생길 수 있음

연질플라스틱 포트분 (pH7)

씨앗을 발아하거나 어린 식물을 키우기 위해 활용될 때가 많아요. 인터넷이나 화원에서 구매한 작은 식물은 대체로 이 화분에 심겨 있습니다.

크기가 다양한 게 특징이고, 배수 구멍이 넉넉하게 뚫려있어요. 가볍고 질기며 내구성이 좋아 오래 사용할 수 있습니다. 씻어서 잘 보관해두면 씨앗을 심을 때 유용하게 쓰이므로 버리지 않는 게 좋아요. 버릴 때는 분리 배출해야 합니다.

| 장점 : 가볍고 질김, 햇빛에 강함
| 단점 : 두께가 얇아서 큰 식물의 뿌리와 많은 흙을 지탱하기에는 힘이 부족함

토분 (pH7)

토분은 가드닝 역사에서 가장 오래된 소재의 화분입니다. 흙으로 빚어 만들기 때문에 버려도 환경 오염을 일으키지 않습니다. 자연의 어디에나 있는 돌과 같은 광물일 뿐이니까요.

토분은 흙으로 빚어 만들기 때문에 디자인적 한계를 가지고 있습니다. 대부분은 배수구가 하나이고 그마저도 떠 있지 않습니다. 공기가 아래쪽으로 드나들 수 없는 건 토분이 가진 단점 중 하나입니다.

토분은 통기성이 좋으니 굳이 띄우지 않아도 되는 게 아니냐, 라는 의문을 가질 수도 있어요. 반은 맞고 반은 틀립니다. 우리가 흔히 보는 토분 중 절반은 통기성이 없기 때문이에요.

토분의 통기성을 확인하는 쉬운 방법은 물을 뿌려보는 겁니다. 코팅된 것처럼 표면에 물방울이 맺히거나 또르르 굴러서 떨어진다면 통기성이 낮거나 없다고 보아야 해요. 통기성이 있다면 물을 바로 흡수합니다.

통기성 있는 토분은 환경에 따라서 표면에 백화현상과 이끼가 발생합니다. 백화현상은 토분 표면에 무기질이 하얀색 결정처럼 형성되어 굳어지는 걸 말해요. 우리가 땀을 많이 흘리면 옷 표면에 하얀 소금 가루가 배는 것과 같아요. 화분 속 무기질이 물을 타고 나와 굳어진 겁니다. 이끼 발생도 마찬가지예요. 이끼가 자랄 수 있을 정도로 물과 양분이 배어 나온다고 보면 돼요.

하지만 이런 특징은 습도가 높은 온실 같은 공간에서는 치명적인 단점이 될 수 있습니다. 미끌미끌한 녹색, 갈색, 검은색의 조류가 화분을 뒤덮어 통기성을 떨어트리고, 흙의 미생물 환경이 나빠지게 하기 때문이에요.

그래서 통기성이 있는 토분은 가드너마다 호불호가 갈리는 편입니다. 백화현상과 이끼 발생을 싫어하는 사람도 있고, 그런 빈티지 감성을 좋아하는 사람도 있습니다.

✅ **통기성 있는 토분**

장점 : 뿌리 과습 방지에 효과적, 무게가 있어서 안정감 있음
단점 : 물을 자주 주어야 함, 백화현상, 이끼 발생, 습한 환경에서 조류 발생, 무거움, 깨짐

✅ **통기성 없는 토분**

장점 : 백화현상과 이끼 발생이 없음, 무게가 있어서 안정감 있음
단점 : 플라스틱 화분보다 뿌리 과습 발생 지수가 높음, 무거움, 깨짐

옹기, 자기, 세라믹 등 도기 화분 (pH7)

같은 식물이라도 도기 화분에 심어진 식물은 더 잘 팔립니다. 고급스러워서 선물용으로 수요가 존재해요. 우리가 화원의 진열대에 전시된 식물에서 흔하게 접할 수 있는 이유이기도 합니다.

도기 화분은 통기성이 없는 토분과 큰 차이가 없습니다. 부분에 다양한 색을 내는 유약을 발라 다시 굽는 거라고 보면 돼요.

| 장점 : 다양한 질감과 컬러, 무게가 있어서 안정감 있음
| 단점 : 통기성이 나쁨, 무거움, 깨짐

부직포 화분 (pH6)

그로우백, 부직포 화분은 통기성에 최적화되어 있습니다. 천 또는 부직포 재질이라 공기가 잘 통하고 수분 증발이 잘 됩니다.

그래서 수경재배하듯이 받침대에 물을 계속 넣어 두는 게 가능해요. 그렇게 해도 화분의 옆면으로 공기가 통과되기 때문에 과습 문제가 거의 발생하지 않아요.

통기성이 좋은 만큼 부직포 화분도 토분처럼 백화현상과 이끼가 발생합니다. 실외에서는 식물의 씨앗이 부직포 화분에 붙을 수도 있어요. 씨앗이 발아하면 화분에 작은 숲이 만들어지기도 합니다.

단점도 있습니다. 습도가 높은 환경에서 부직포의 두께가 얇으면 식물 뿌리가 화분을 뚫고 나오기도 해요. 분갈이할 때는 뿌리 뭉치를 꺼내기가 쉽지 않아서 화분을 가위로 잘라야 할 수도 있습니다.

> 장점 : 뛰어난 통기성, 뿌리 꼬임(서클링) 억제, 뿌리 과습 방지, 가벼움
> 단점 : 백화현상, 조류 및 이끼 발생, 화분 재활용이 어려움

슬릿 화분 (pH7)

플라스틱 화분의 옆면에 구멍을 뚫어 통기성을 좋게 만들었습니다. 바닥의 배수구도 과감하게 구멍이 뚫려있는 경우가 많아요.

슬릿 화분을 그 목적성에 맞게 사용하려면 바닥에 깔망을 깔지 않는 게 좋아요. 깔망이 없어도 흙을 눌러서 채워주면, 물을 주었을 때 흙이 잘 새어 나오지 않습니다.

일반적인 화분은 흙을 눌러 담으면 통기성이 떨어져 문제가 됩니다. 하지만 통기성이 뛰어난 화분은 어느 정도 흙을 눌러 담을 수 있습니다. 같은 공간에 더 많은 흙을 넣을 수 있는 건 통기성 화분이 가진 장점입니다.

> 장점 : 가벼움, 통기성, 백화현상이나 이끼가 발생하지 않음
> 단점 : 약간의 흙 떨어짐을 감수해야 함, 낯선 디자인

실리콘 화분 (pH7)

많은 회사가 실리콘으로 화분을 만들었습니다. 하지만 가드너의 사랑을 받지는 못하고 있어요. 실리콘은 통기성을 기대하기 어려우며, 플라스틱보다 무겁고, 가격이 비쌉니다. 성형이 어려워 디자인이 다양하지 못할 뿐만 아니라 흙 속의 염류가 실리콘 화분에 침투해서 착색되는 문제가 있습니다.

| 장점 : 깨지지 않음, 미끄러지지 않음
| 단점 : 이염, 통기성이 나쁨, 가격이 비쌈

철제 화분 (pH4)

지금에 와서는 거의 사용하지 않게 된 재질의 화분입니다. 철재는 물에 약합니다. 코팅이 벗겨져 녹슬기 시작하면 산성을 띠기 때문에 식물에 따라서는 뿌리에 문제가 생길 수도 있습니다. 식물에 철분 공급을 위해 녹슨 철을 이용한다는 발상은 내려놓도록 해요.

| 장점 : 깨지지 않음
| 단점 : 물에 약함, 부식, 산성 소재, 통기성이 없음

시멘트 화분, 석고 화분 (pH9)

시멘트 화분과 석고 화분은 토분과 유사한 감성을 가지고 있습니다. 하지만 단점이 많은 소재이기도 합니다.

시멘트나 석고 화분의 표면은 pH9~10 정도로 염기성을 띠고 있어요. 염기는 살균 목적으로 이용할 수 있습니다. 그렇다면 살균이라는 관점에서는 장점일까요?

아니요. 이 영역 대에서는 식물에 긍정적인 영향을 주는 균도 활동하지 못합니다.

더불어 이 pH 영역대에서 자랄 수 있는 식물은 그리 많지 않습니다. 아스파라거스, 라벤더, 쿠션부쉬, 이베리스, 맹그로브, 아디안텀 고사리, 올리브, 움벨라타 고무나무, 시금치 정도가 이 pH 영역 대를 견딜 수 있습니다.

pH가 높은 화분을 이용한다고 해서 흙의 pH까지 염기성으로 변하는 것은 아닙니다. 하지만 뿌리 중 일부는 화분과 접촉해 있어요. 그 부위는 서서히 검게 죽어갈 겁니다.

장점 : 빈티지 감성
단점 : 무거움, 높은 pH, 통기성이 나쁨, 유기물 분해가 느림

자연석 화분 (pH6)

대리석을 이용한 화분도 존재하지만, 가드닝에서는 화산석을 깎거나 다듬어서 만들어진 화분이 주로 이용됩니다. 현무암과 같은 화산석에는 많은 구멍이 있어서 배수성과 통기성이 좋습니다.

하지만 자연에서 광석을 채취하는 것이 법의 테두리를 벗어날 때가 있고, 가격 또한 비싼 편입니다. 그래서 인공적으로 만들어진 가짜 자연석 화분이 더 많습니다.

장점 : 통기성, 자연스러움
단점 : 무거움, 인위적으로 모양만 본떠 만든 화분은 통기성 없음

나무 화분 (pH6)

나무 화분은 목재만을 이용한 생분해성 화분과 오일스텐, 니스 등의 방부처리를 한 화분으로 나뉩니다. 방부처리가 되지 않은 화분은 햇빛과 물에 의해 조금씩 분해가 일어납니다. 목재의 두께에 따라 다르지만, 1년에서 2년 정도의 수명을 가지고 있습니다.

장점 : 대형화분 제작에 용이, 자연적인 소재
단점 : 햇빛과 물에 분해되어 수명이 짧음

생분해 화분 (pH3~8)

피트모스 또는 코코넛 섬유로 만든 화분, 밀짚으로 만든 화분, 커피 찌꺼기로 만든 화분, 재생 종이로 만든 화분, 라탄 소재로 만든 화분.

다양한 종류의 생분해 화분이 있습니다. 이런 화분은 유기물로 구성되어 있고 자연에서 생분해되므로 환경문제를 크게 일으키지 않습니다. 더 큰 화분으로 분갈이할 때도 식물을 빼낼 필요가 없습니다. 화분 째 흙에 심으면 되니까요.

하지만 각 소재가 가진 고유 특성을 잘 파악하고 있어야 해요. 환경을 생각하는 건 좋지만, 그로 인해서 당신의 식물이 죽는다면 오히려 손해가 아닐까요?

생분해성 소재는 물을 만나면 곰팡이와 벌레를 불러 모을 수 있습니다. 어떤 재료는 산도가 너무 강해서 식물이 잘 자라지 못할 수 있어요. 잔류하는 카페인, 탄닌과 같은 성분은 식물의 성장을 방해하는 원인이 되기도 합니다.

장점 : 통기성, 분갈이 시 화분째로 심을 수 있음, 친환경적임
단점 : 미생물 관리가 필요함, 갈라짐과 찢어짐, 분해되므로 수명이 짧음

투명 화분, 유리 화분 (pH7)

커피 테이크아웃 컵을 임시 화분으로 활용할 수 있다는 걸 아시나요? 화분이 투명하면 흙 속의 물 마름 정도를 쉽게 파악할 수 있습니다. 뿌리가 얼마나 자랐는 지도 눈으로 확인할 수 있어요.

대신 햇빛도 화분 안으로 스며들어요. 흙 속의 습도가 99%라면 햇빛을 받아도 뿌리는 영향을 받지 않습니다. 하지만 조금이라도 건조해지면 식물은 뿌리가 흙 밖으로 노출되었다고 착각해요. 뿌리는 줄기처럼 변하게 됩니다. 뿌리 스스로 '나는 어두운 흙 속에 있지 않으니까 줄기야'라고 생각하는 기죠. 줄기처럼 변한 뿌리는 껍질이 단단해지고 아무것도 하지 않는 상태가 됩니다. 물이나 양분도 흡수하지 않아요.

뿌리가 줄기화된다고 해서 식물에 큰 문제가 생기는 것은 아닙니다. 다만 빛이 스며든 곳부터 녹색, 갈색, 검은색의 조류가 발생할 수 있습니다. 조류는 양분을 빼앗아 흙의 pH를 높이고 악취를 발생시키며, 야간에는 산소를 빼앗아 식물의 뿌리가 자라는 것을 방해해요. 게다가 뿌리 주위에 녹조류가 많으면 철(Fe), 질소(N), 인(P) 결핍으로 이어지는 원인이 되기도 합니다.

만약 투명화분을 선택했다면 옆으로 빛이 들어가지 않도록 불투명한 화분을 덧대서 사용하는 게 좋습니다.

| 장점 : 화분 속을 눈으로 확인할 수 있음
| 단점 : 뿌리 발달 저해, 내부 조류 발생, 벌레 발생

저면관수 화분 (pH5~7)

물만 채워 놓으면 된다는 광고 문구를 보고 저면관수 화분을 택하지는 않았나요? 그렇다면 말리고 싶어요. 물론 저면관수 화분이 적합한 식물도 있어요. 두세 달 정도 키울 식물이라면 추천합니다. 짧은 시간에 키워서 수확하는 상추 같은 식물이 여기에 해당해요.

하지만 오랫동안 키워야 할 식물이라면 다른 화분을 선택하는 게 어떨까요? 저면관수 화분은 결국 물통에 물이 고여있습니다. 투명하기까지 하면 빛도 스며듭니다. 녹색 및 갈색 조류가 발생하면 물속의 산소가 부족해집니다. 식물의 성장에는 큰 문제가 되지 않지만, 사람에게는 문제가 되는 녹조 독소(마이크로시스틴)를 흡수할 수도 있습니다. 벌레도 꼬일 거예요.

그래도 저면관수 화분을 사용하고 싶다면 적어도 3일에 한 번씩은 물을 교체해 주어야 해요. 물이 고이는 부분도 자주 씻어주세요. 이건 화분 위로 물을 주는 것보다 더 번거로울 수 있습니다.

장점 : 장시간 자리를 비울 때 물관리가 편리함
단점 : 물이 탁해짐, 조류가 발생함, 식물이 녹조 독소를 흡수할 수 있음

지피펠릿 (pH4)

건조하고 압축된 이 피트모스 덩어리는 물을 흡수하면 부피가 몇 배로 팽창합니다. 화분으로 분류되지는 않지만, 씨앗을 심어 발아시킬 수 있다는 점에서 연질플라스틱 포트분과 쓰임이 비슷합니다.

지피펠릿은 비교적 강한 산성을 띠고 있습니다. 잠을 자고 있던 씨앗 대부분은 흙이 산성일 때 잘 깨어납니다. 하지만 일부 식물에는 적합하지 않아 오히려 발아를 방해할 수 있습니다.

| 장점 : 씨앗 발아할 때 관리가 쉬움
| 단점 : 강한 산도

배수 구멍이 없는 화분을 사용해도 되나요?

건조 이끼나 장식용 식물, 틸란드시아 같은 공중 식물의 유행으로 배수 구멍이 없는 화분이 많아지고 있습니다. 아이러니하게도 이런 화분이 더 예쁠 때가 많죠.

배수 구멍이 없어도 식물을 키울 수 있습니다. 난관은 노력해서 헤쳐나가면 됩니다. 하지만 쉽지는 않습니다. 매번 적정량의 물을 맞춰서 주어야 하니까요.

화분 안으로 들어온 물은 쉽게 빠져나갈 수 있어야 해요. 고여 있는 물은 썩을 수밖에 없습니다. 그렇게 되면 흙 속의 산소가 부족해지고 나쁜 박테리아가 활동하면서 식물의 뿌리도 함께 썩게 됩니다.

그러니 꼭 필요한 경우가 아니라면 배수 구멍이 있는 화분을 선택하세요. 아니면 드릴을 이용해 화분 바닥에 구멍을 뚫는 것도 방법입니다.

 ### 화분을 꼭 소독해야 하나요?

식물은 일상적인 환경에서 무균 상태로 자라기 어려워요. 흙과 화분을 열심히 소독해도 수많은 미생물이 생성되어 살아갑니다. 그중에는 식물에 도움을 주는 균도 있어요. 보통은 그런 균이 더 많기 때문에 식물이 잘 자랍니다.

그러니 화분을 재활용할 때마다 매번 소독할 필요는 없습니다. 나는 화분을 씻어서 보관하지 않는 편이에요. 화분이 필요하면 아무렇게나 쌓아둔 화분 중에서 하나를 골라 그대로 식물을 심습니다. 기존 화분의 잔재나 흙이 남아 있다고 해서 털어내거나 닦지 않아요. 그렇게 해도 식물은 잘 자랍니다.

예외는 있어요. 기존에 심겨있던 식물이 바이러스성 병에 걸린 적이 있거나, 흙의 미생물 상태가 좋지 않은 방향으로 흘러갔을 때에요. 이때는 화분을 깨끗이 씻은 다음 햇빛에 말려 보관합니다. 이런 상황이 아니라면 화분에 흙이 묻은 채로 보관해도 괜찮아요. 씻을 필요도 없어요.

건강한 식물은 '잘 자람 바이러스'를 가지고 있기도 해요. 건강한 식물이 자라던 화분에 새로운 식물을 심으면 '잘 자람'도 감염됩니다.

환경호르몬 문제는 괜찮나요?

딸기 좋아하세요? 현대 농업의 딸기는 땅에 심지 않고 선반에서 재배하는 경우가 대부분입니다. 이 선반에는 흙 역할을 하는 '배지'가 있으며, 그 배지를 담는 그릇은 비닐 또는 스티로폼 소재로 되어 있습니다.

딸기뿐만이 아니에요. 스마트팜과 같은 식물공장에도 비닐, 플라스틱, 스티로폼, 스펀지에 작물이 심겨 있습니다. 그렇다면 우리는 채소를 먹음으로써 얼마나 많은 환경호르몬을 섭취하고 있는 걸까요? 나아가서는 우리의 화분은 안전한 걸까요? 플라스틱 화분에서 먹는 식물을 키워도 괜찮은 걸까요?

화분뿐만 아니라 많은 원예용품이 플라스틱이거나 석유에서 파생된 화학제품으로 되어 있습니다. 이러한 재질은 환경조건에 따라 약간의 환경호르몬을 배출합니다. 하지만 우리의 건강을 해칠 정도로 위험하지는 않습니다. 위험하니'년 농업은 스마트팜으로 발전하지 못했을 거예요.

플라스틱 페트병에는 생수가 담겨 있고, 컵라면의 용기는 스티로폼으로 되어 있습니다. 이런 재질은 일반적인 상황에서는 유해하다고 판단되는 기준치 이상으로 환경호르몬을 발생하지 않습니다. 플라스틱 화분이나 원예용품도 마찬가지예요. 100℃ 이상의 열을 가하거나 강력한 화학약품을 사용하는 게 아니라면 안심해도 돼요.

새벽 배송으로 온 택배 상자가 스티로폼으로 되어 있나요? 그곳에 상추나 대파를 심어서 키워보세요.

흙 선택

식물에 가장 좋은 흙은 무엇일까요? 나는 깊은 산 울창한 숲의 활엽수 아래에 오랫동안 나뭇잎이 퇴적되어 만들어진 까만색 흙이라고 생각해요. 촉촉하지만 손에 묻어나지 않을 만큼 보슬보슬한 이 흙은 '잎이 썩어 만들어진 흙'이라는 뜻의 '부엽토'라는 이름을 가지게 되었어요.

우리가 시중에서 구매할 수 있는 인공적인 부엽토와는 다릅니다. 인공 부엽토는 나뭇잎보다는 파쇄한 나무를 이용한 거라 다르다고 보아야 해요. 부엽토라기보다는 거름(유기물)으로 보는 시선도 있습니다.

하지만 화분의 흙 때문에 깊은 산속까지 찾아가는 것은 너무 수고스러워요. 함부로 흙을 퍼오는 것은 불법이기도 하고요.

다행히 우리에게는 대체 가능한 흙이 있습니다. 부엽토를 인공적으로 흉내 낸 '원예용 흙'입니다. 텃밭의 흙보다 가벼우며, 통기성이 있고, 물과 비료를 머금고 있을 수 있어요. 자연에서 온 원료를 이용하기 때문에 환경문제를 일으키지도 않아요. 텃밭이나 화단에 버리면 오히려 거름이 됩니다.

밭이나 논, 자연의 흙은 무기물이 주인공입니다. 이런 흙은 비료를 주었을 때 양분이 상하로 이동합니다. 반면 우리가 가드닝에서 쓰는 원예용 흙은 유기물이 주인공이라 양분의 수평 이동도 함께 일어납니다. 이건 식물을 키우는 데 있어서 많은 장점으로 작용해요.

당신은 앞으로 식물을 키우게 되면서 두 가지 원예용 흙을 만나게 될 거예요. '상토'와 '배양토'입니다. 얼핏 비슷해 보일 수 있고, 차이가 없다고 여겨질 수도 있어요.

하지만 둘 사이에는 중요한 차이점이 있습니다.

▍일반적인 부분에서 상토와 배양토의 차이

상토(bed soil)는 씨앗을 싹 틔워 키우는 농작물이 한동안 문제없이 자라도록 만들어진 인공 흙입니다.

배양토는 상토보다 범위가 좁습니다. 꽃이나 관상수처럼 특정 식물을 기르는 데 쓰기 위해 인위적으로 거름과 원료를 섞어 만든 흙입니다. 예를 들어 몬스테라와 같은 관엽식물에 알맞게 만들어졌다고 하면 그것은 '배양토'입니다.

식물을 잘 자라게 하도록 만들어졌다는 점에서 상토와 배양토는 큰 차이가 없습니다. 하지만 배양토를 고를 때는 조금 더 신중해야 해요.

블루베리는 산성 흙에서 더 잘 자랍니다. 그래서 블루베리용 배양토는 pH가 낮은 산성 흙임을 기억해야 합니다. 몬스테라 등의 천남성과 식물 그리고 난조에 쓰이는 흙에는 바크(나무껍질, 파쇄 목재)가 들어 있습니다. 파쇄한 나무껍질이나 목재는 공중뿌리가 잘 발달하거나 뿌리가 굵은 관엽식물의 성장에 도움이 됩니다.

하지만 바크가 적합하지 않은 식물도 있습니다. 가는 뿌리가 발달하는 제라늄, 토마토, 유칼립투스, 꿀풀과 식물, 국화과 식물 등이 이에 해당합니다. 바크의 굵은 입자 사이로 바람이 들어와 식물의 뿌리 발달을 방해하고, 이미 발달한 뿌리마저 메마르게 합니다. 반대로 습해진다면 그 틈에서 곰팡이가 발생합니다.

게다가 바크에 함유된 탄닌, 레신, 테르핀 같은 생육 방해 물질 또한 가는 뿌리가 발달하는 식물에는 치명적일 수 있습니다. 같은 이유로 배양토는 씨앗 발아용으로 적합하지 않습니다.

그런데도 많은 식물이 바크를 사용한 배양토에 심겨 있어요. 꽃집이나 화원, 화훼 단지는 분갈이를 배양토로 진행할 때가 많거든요. 당분간 문제를 일으키지 않으며, 배수 관리에 유리하고, 상토보다 저렴하니까요.

▍상　토 : 누루누루 식물에 사용할 수 있는 범용성 흙
▍배양토 : 특정 식물군에 맞춤된 흙

■ 법적인 부분에서 상토와 배양토의 차이

상토와 배양토는 법적인 부분에서 더 명확하게 구분됩니다. 상토 1호 규격은 벼 같은 수도 작물을 키우는 배지이고, 상토 2호 규격은 원예작물을 키우는 배지입니다. 1호보다 2호의 입자가 굵어요.

상토라는 이름을 달고 생산해서 판매하려면 보관창고, 원료투입시설, 검량장치, 동력배합시설, 동력선별시설, 멸균시설, 포장장치 등의 시설(비료관리법 제11조)을 갖추어야 합니다. 상토는 농업에 사용할 목적으로 탄생했어요. 잘못 만들어진 상토는 1년 농사를 망쳐 큰 피해로 이어질 수 있어서 기관에서 관리하고 있습니다.

반면 배양토는 비료관리법에서 정하는 규정이 없어서 조금 더 자유로운 형태로 만들어집니다. 상토보다 다양한 원료를 이용할 수 있고, 원료를 가져오는 지역도 한정적이지 않습니다. 어떤 원료가 들었는지 표시하지 않아도 됩니다. 대신 '상토'라는 이름으로는 판매할 수 없어요. 법적 규격으로 정한 '상토'가 아니므로 '배양토', '분갈이 흙', '용토' 등의 이름으로 판매됩니다.

즉 배양토는 비규격 상토이며, 별도로 기관에서 관리하고 있지 않습니다.

■ 그 밖에 고려해야 할 것

어느 게 좋고 나쁘다고 말할 수는 없어요. 어느 것도 정답은 아니며, 어느 것도 오답이 아닙니다. 어떤 식물에는 맞고, 어떤 식물에는 맞지 않을 수 있을 뿐이에요.

나는 기본적으로 '상토 2호'를 사용해요. 어떤 식물에 꼭 들어맞는 흙은 아니지만, 모든 식물에 포괄적으로 사용할 수 있기 때문입니다. 상토는 식물의 성장과 뿌리 발달에 초점이 맞춰져 있으며 씨앗을 심는 용도로도 활용할 수 있습니다.

내가 배양토를 잘 쓰지 않는 건 사실, 원료에 대한 믿음이 없기 때문이에요. 바닷물에 오랫동안 저장한 나무가 원료라고 생각해보세요. 어떤 원료는 염분이 충분히 제거되지 못했을 거예요. 그러한 원료가 흙에 사용되었을 때 우리는 알 길이 없습니다. 식물이 잘 자라지 않는 이유를 염분이 아닌 다른 곳에서 찾게 될 거예요. 벌레가 알을 낳은 목재가 이용되었을 수도 있어요. 강한 산성의 침엽수인지 약한 산성의 활엽수

인지도 확인이 어려워요. 원예용으로는 쓸 수 없는 생나무가 이용됐을 수도 있고요.

식물을 바크가 있는 흙에 심고 싶은가요? 그렇다면 원예용으로 만들어진 바크만 따로 구매하세요. 그런 다음 상토와 바크를 7:3 비율로 섞는 거예요.

ⓘ 흙과 배지의 차이

상토는 우리가 본격적으로 가드닝에 사용하기 전에는 '배지'로만 이용되었어요. 수경재배에 활용한 거죠. 상토를 수경재배에 활용한다는 말이 이상하게 느껴질 수도 있겠어요.

수경재배는 흙이 아닌 곳에서, 물을 이용해 식물을 키우는 걸 말해요. 엄밀하게 말하면 상토는 자연 흙이 아니며, 인공적으로 만들어진 배지예요.

흔히 '수경재배'라고 말하면 떠올리는 병에 물을 담아서 식물을 키우는 건 일부분이에요. 배지에 비료 녹인 물을 흘리거나 부어서 식물이 자라도록 하는 모든 형태를 수경재배라고 할 수 있어요.

수경재배에 사용되는 배지는 다양해요. 모래, 난석, 스펀지를 이용하기도 하고 암석으로 만든 섬유인 암면을 이용할 때도 있어요. 왕겨와 같은 식물 부산물도 활용돼요.

우리는 화분으로 식물이 자랄 수 있는 공간을 통제해요. 놓는 위치를 조절함으로써 빛을 통제하고요. 바람이나 습도도 당신의 손에 달려있습니다. 마지막으로 비료가 든 물을 주는 것으로 영양을 통제하고 있어요.

맞아요. 우리가 화분에 어떤 고체 물질을 넣어 식물을 고정한 다음 물을 이용해 식물을 키우는 건 사실 '수경 재배'입니다. 우리가 흙이라고 부르는 게 식물이 고정되도록 하는 장치인 '배지'인 셈이에요. 그러니 '실내 식물은 흙이 아닌 물로 키운다'는 점을 이해하고 넘어 갔으면 좋겠어요.

흙이 될 수 있는 것

범용 원예 상토 (pH5~7)

코코피트, 피트모스, 펄라이트, 질석, 제올라이트, 숯, 바이오차, 소석회, 황, 수산 부산물, 비료 등을 일정 비율로 배합하여 만든 배지입니다. 모인 재료가 온전하게 상토로 제품화되기까지는 약 6개월이 소요됩니다. 공정상 살균되며 염도, 산도, 전기전도도(EC)가 식물이 자랄 수 있도록 알맞게 조절됩니다.

무비 원예 상토 (pH5~7)

일반 원예 상토에서 비료를 뺀 거예요. 비료를 통제하거나 맞춤 비료를 주어야 할 때 사용합니다. 재료 자체의 구성 성분이 무기 영양소를 포함하고 있어서 양분이 '제로'인 것은 아닙니다. 추가로 '질소'와 같은 무기질 비료를 넣지 않았다고 이해하는 게 좋아요.

배양토 (pH5~6)

코코피트, 피트모스, 펄라이트, 질석, 제올라이트 외에도 분변토, 점토, 목재, 톱밥, 나무껍질, 왕겨, 훈탄, 수태, 가축 퇴비(우분, 돈분, 계분), 동물 뼈(골분), 유기비료(유박), 난석, 경석 등이 배합에 이용됩니다. 살균, 염도, 산도, 전기전도도(EC)에 관한 규정이 없습니다.

블루베리용토 (pH4~5)

블루베리용 상토와 블루베리용 배양토로 구분됩니다. 상토와 배양토의 차이를 그대로 계승하고 있으며, 완성 제품의 산도가 pH4~5 수준으로 맞춰진 것이 특징입니다. 산성에 가까운 식물을 재배할 때 폭넓게 사용할 수 있습니다. 일반 원예 상토와 블루베리용 상토를 5:5로 섞어서 pH5.5 정도로 맞추는 것도 가능합니다.

부엽토 (pH4~5)

유기 부산물을 썩혀서 만든 용토입니다. 일반 흙에 섞어 사용하는 거름이라는 인식이 강하며, 공정상 살균과정을 거치지 않습니다.

분변토 (pH6.5)

지렁이가 먹고 배설한 흙입니다. 분변토는 유익한 미생물이 살기 좋은 환경으로 만들어줍니다. 하지만 순수한 분변토는 배수성이 나빠서 단독으로 사용하면 과습으로 이어질 수 있습니다.

코코피트 (pH5.5~6.5)

코코넛 껍질 부산물을 가공한 것입니다. 물을 머금고 있는 정도와 비료를 지니고 있는 정도 그리고 통기성이 우수해서 상토나 배양토의 주원료로 이용됩니다.

코코피트를 생산하는 방법은 다양합니다. 가장 대표적인 방식은 코코넛 껍질을 물에 3개월 이상 담가두는 것으로 시작합니다. 이 과정을 통해 식물의 성장을 방해하는 탄닌(폴리페놀)과 같은 성분을 일차적으로 제거합니다. 지역에 따라서는 바닷물을 이용할 때가 있는데, 식물 재배에 이용하려면 염분을 제거하는 추가적인 처리공정이 필요합니다.

코코피트는 칼륨(K)을 많이 함유하고 있습니다. 천천히 분해되어 양분이 됩니다. 하지만 자연 상태에서는 완전히 분해되기까지 약 20년이 걸립니다.

코코칩 (pH5.5~6.5)

코코넛 껍질을 조각으로 잘라 가공한 겁니다. 조각의 크기는 다양해요. 가드닝에서는 흙에 섞어 물리성을 개선하거나 흙을 덮는 용도로 사용합니다. 바크 대용으로도 사용할 수 있어요. 바크가 산성을 띠고 있는 반면 코코칩은 중성에 가까워 더 많은 식물에 활용할 수 있습니다. 마찬가지로 탄닌과 염분이 제거된 것을 사용해야 합니다.

코코화이버

코코화이버 (pH5.5~7)

코코넛 껍질을 파쇄기에 넣어 머리카락 같은 섬유와 입자 형태의 부산물로 분리합니다. 그중 머리카락 같은 섬유가 '코코화이버'이며, 입자 형태의 부산물은 코코피트로 가공됩니다. 코코화이버는 가드닝에서 흙을 덮는 용도인 멀칭재로 사용합니다. 또는 흙에 섞어서 통기성을 극대화할 수도 있어요.

코이어 (pH7~8)

코코넛 겉껍질의 조악한 섬유를 분리한 겁니다. 겉껍질 안쪽의 허스크에서 분리한 코코화이버와 비슷하지만, 더 억세고 질긴 게 특징이에요. 주로 로프(끈), 매트, 네트로 가공되는데 가드닝에는 코코봉 같은 지지대 형태로 널리 쓰입니다.

피트모스 (pH3~5)

물을 머금고 있는 정도나 비료를 지니고 있는 정도 그리고 통기성이 우수합니다. 코코피트와 마찬가지로 상토나 배양토의 주원료로 이용됩니다.

피트모스는 식물체가 퇴적되는 과정에서 산소가 부족해서 썩지 않고 흙처럼 변한 유기물질입니다. 화이트 피트모스, 블랙 피트모스, 레드 피트모스 등 다양하며 주로 이탄 지대에서 채취합니다.

피트모스는 물을 흡수해 팽창했을 때와 건조되어 수축했을 때의 부피 차이가 큽니다. 완전하게 건조된 상태에서는 물을 잘 흡수하지 못하는 단점도 있습니다.

원료가 되는 기본 피트모스는 pH3에 가까운 강한 산성을 띠기 때문에 산성 배양토를 만들 때 주로 활용됩니다. 다른 용토에 활용할 때는 산도조절제를 통해 pH 값을 조절해야 합니다. 분해가 거의 되지 않으며 식물이 이용할 가용 양분이 없다시피 해서 무비 상토의 원료가 되기도 합니다.

하지만 무기물질과 유기물질을 통틀어 피트모스가 가장 큰 양이온 치환 능력을 가지고 있습니다. 비료를 저장하는 창고의 크기가 크다고 생각하면 쉬워요.

피트모스를 채취하는 이탄 지대는 기원전 9만 년에서 기원전 500년 전 형성된 것으로 재생 불가능한 소모성 자원이에요. 그래서 환경 생태 보존 차원에서 피트모스 채취를 금지하는 국가가 늘고 있습니다.

핀스트럽 피트모스 (pH5~6)

원료 자체는 피트모스와 차이가 없습니다. 채취, 생산, 가공 공정을 다르게 해서 전기전도도(EC)와 산도(pH)를 식물 재배에 바로 사용할 수 있도록 개량한 피트모스입니다. 다양한 밀도와 입자의 핀스트럽 피트모스가 있습니다.

펄라이트 (pH7)

진주암을 잘게 부순 후 1000℃로 구워 팽창시킨 걸 펄라이트라고 합니다. 높은 온도에서 구워져 무균, 무취, 무독성인 것이 특징입니다. 팽창과정에 많은 구멍이 생겨나 통기성과 배수성이 좋습니다. 수분 보유력은 떨어집니다.

펄라이트는 가벼워서 물에 뜨는 특징이 있습니다. 그래서 펄라이트가 배합된 원예용 흙에 물을 갑자기 많이 주면, 펄라이트만 떠올라 분리됩니다.

펄라이트의 구성 물질 중 약 10%는 알루미늄입니다. 알루미늄은 산도가 강한 환경에서 활성화되어 식물의 성장을 방해합니다. 따라서 배합된 흙의 pH가 5 아래로 내려가게 된다면 펄라이트에서 알루미늄 이온이 녹아 나와 문제가 될 수 있습니다. 만약 산도가 강한 흙에 펄라이트를 섞어 쓸 생각이라면 한 번 더 고민해주세요.

질석 (pH7~8)

버미큘라이트 광석을 고열에서 팽창시킨 겁니다. 가볍고 통기성과 수분 보유력이 높습니다. 하지만 오래 사용할수록 부스러져 특성이 저하되는 단점이 있습니다.

질석은 규소 40%, 마그네슘 20%, 칼륨 3% 정도의 구성 물질로 되어 있습니다. 단독으로 사용하기보다는 펄라이트, 피트모스, 코코피트와 섞어 쓰는 것이 좋습니다.

제올라이트 (pH7~8)

미세한 구멍이 많이 있는 알루미늄 규산염 광물입니다. 제올라이트는 식물의 성장에 독소가 되는 물질을 흡착합니다. 하지만 많은 양의 제올라이트를 사용하면 비료가 되는 성분까지 흡착해버리는 문제가 생깁니다. 펄라이트와 마찬가지로 산도가 강한 환경에서 알루미늄 이온이 생성될 수 있습니다.

일부 원예 상토나 배양토에서 목적성에 맞게 원료로 투입되기도 하지만 일반적인 가드닝 환경에서는 개별적으로 이용되는 일이 거의 없습니다. 대체가능하고 단점이 적은 재료가 많으니까요.

모래 (pH4~6)

바다나 강에서 흔하게 볼 수 있는 백사입니다. 어항이나 테라리움의 바닥재로 주로 사용합니다. 화분 흙의 물리성을 개선하기 위해 섞어 줄 때는 1~2㎜의 가는 모래가 사용됩니다.

마사 (pH4~5)

화강암을 잘게 분쇄해서 만든 굵은 모래입니다. 마사는 생산 지역에 따라 갈색, 흰색 등 색깔이 달라집니다. 입자크기가 다양하고 세균이 적어서 배수 환경을 개선할 목적으로 정원 조경, 분재, 실내화분 등에 널리 사용됩니다.

마사를 이용할 때는 미세한 가루(흙먼지)를 잘 씻어서 사용해야 합니다. 씻어서 사용해도 시간이 지나면 마모되어 가루가 만들어집니다. 이 가루는 점진적으로 화분의 배수 환경을 악화시켜요. 게다가 마사는 무겁고 표면이 거칠어서 분갈이할 때 뿌리를 손상시키기도 합니다.

상대적으로 많은 단점을 가지고 있어서 가드닝에서는 점점 활용도가 줄고 있습니다.

무거운 난석 (pH7~8)

화산석(현무암), 맥반석(석영반암) 등 자연 암석을 쓰임에 맞는 입자로 부순 것을 말합니다. 마사를 대체할 수 있습니다. 무거우며, 가루가 생기고, 표면이 거친 게 단점입니다.

가벼운 난석 (pH4~6)

일부는 자연석이며 일부는 자연석을 이용해 인공적으로 만든 겁니다. 경석이라고도 불러요. 일본과 독일에서 주로 생산됩니다. 우리나라는 일본에서 생산된 녹소토, 휴가토, 사쓰마토, 동생사, 적옥토 등에 의지하고 있습니다. 이것들을 모아 배합한 것을 '산야초'라 부릅니다.

우리나라도 제주에서 붉은색을 띤 제주 화산석인 화산송이가 생산되지만 환경 파괴 때문에 육지로는 가져올 수 없습니다. 가져오려면 반출 허가를 받는 등 엄격한 규제를 따라야 합니다. 제주에서는 이 용토를 이용해 곰취, 상추, 토마토 등을 재배하기도 합니다.

경석은 가볍고 미세 구멍이 많아 통기성, 흡수성, 물 빠짐이 좋습니다. 약간의 차이는 있지만 공통적으로 잘 부서지며 가루가 발생합니다.

가루가 생성되는 것 말고는 단점이라고 할 만한 것이 없어서 마사를 대체해 단독으로 사용하거나 배수 환경 개선을 위해 흙에 섞는 가드너가 늘고 있습니다.

소성토 (pH5~6)

흙을 구워서 알맞은 크기로 부수거나 모양을 낸 난석입니다. 세라미스라고도 부릅니다. 경석에 황토 성분을 덧씌우거나 경석을 인공적으로 흉내 낸 것으로 토분을 깨서 잘게 부수었다고 생각하면 이해가 쉽습니다. 마찬가지로 미세 구멍이 많아 통기성, 흡수성, 물 빠짐이 좋습니다.

인조 자갈 (pH5~8)

난석을 둥근 형태로 가공하거나 황토를 구워 만든 알갱이입니다. 가드닝볼이라고도 부릅니다. 황토볼, 다육이볼, 칼라 하이드로볼, 포콘 하이드로볼, 제올라이트볼 등 다양합니다. 경석의 특징을 그대로 가지고 있어서 장식, 화분 바닥재, 테라리움, 어항의 수질 정화에 쓰입니다.

식물의 순수경재배에도 쓰이는 데 이때는 식물체를 고정하는 용도로 사용됩니다. 식물의 뿌리는 물에 직접 닿지 않고 인조 자갈에 둘러싸여 있기만 해도 수분 흡수가 가능합니다.

인조 자갈을 이용한 순수경재배는 토양재배보다 여러 가지 면에서 유리해 보이지만, 식물을 오랜 시간 키우기 위해서는 소독, pH조절, 양분조절, 용존산소 관리 등 전문적인 지식이 필요합니다. 통제해야 하는 요소도 많습니다.

고흡수성 수지 (pH7)

수정볼이라고도 부릅니다. 이 수지는 물을 흡수하면 수백 배로 크기가 커집니다. 그만큼 식물이 필요한 물을 오랜 시간 공급할 수 있습니다. 다만 인조 자갈과 마찬가지로 전문적인 지식과 통제가 뒷받침되지 않으면 식물을 오래 키우기 어렵습니다.

고흡수성 수지 (수정볼)
칼라 하이드로볼
제올라이트볼
포콘 하이드로볼
황토볼

바크 (pH4~7)

나무껍질을 '바크(bark)'라고 합니다. 하지만 원예에서 바크는 목재를 가공하는 과정에서 생기는 파쇄 조각 부산물을 포함합니다. 가드닝에서는 공중 뿌리를 내는 식물, 굵은 뿌리를 내는 식물, 착생 식물 등을 키울 때 활용도가 높습니다.

바크는 나무의 종류에 따라 산도(pH)와 독성 정도가 다릅니다. 채취 후 바로 사용할 수 없으며, 3~12개월의 퇴비화와 같은 숙성 과정을 거친 다음 사용해야 합니다. 이 과정에서 '송진'과 같은 물질이 억제되고 탄닌, 레신, 테르핀 같은 생육 억제 물질이 줄어듭니다. 굵은 입자가 작아지고 선충과 같은 벌레와 잡초 씨앗이 제거되기도 합니다.

바크는 그 특성으로 인해 신선한 것보다는 오랫동안 보관된 것을 사용하는 게 좋습니다.

수태 (pH4)

자연 상태의 물이끼(Sphagnum)를 세척 및 건조하여 만든 원예 재료입니다. 물을 지니고 있는 능력과 통기성이 좋으며, 약간의 항균 작용을 해서 곰팡이 발생을 억제합니다.

산성을 띠는 원예 자재이므로 난, 고사리, 베고니아, 싱고니움 등을 키우는 데 활용할 수 있습니다.

왕겨 (생왕겨 pH7~8, 부숙 왕겨 pH6~7)

쌀을 얻기 위해 벼를 탈곡하는 과정에서 나오는 껍질입니다. 화분 위에 얹으면 흙이 빠르게 마르는 것을 방지할 수 있습니다. 왕겨는 다당류를 지니고 있어서 식물에 유용한 미생물의 먹이가 됩니다. 미생물 환경이 식물에게 유리하게 형성되도록 도움을 줍니다.

흙과 섞으면 천천히 분해되어 칼륨(K), 인(P), 칼슘(Ca), 마그네슘(Mg), 규소(Si) 비료를 공급하는 효과가 있습니다. 동시에 흙의 물리성과 통기성이 개선됩니다.

왕겨에 남아 있는 볍씨가 발아해서 잡초처럼 자랄 수 있으므로 몇 달간 두었다가 사용하기도 합니다. 물에 적셔서 공기가 통하는 자루에 보관하면 약 2개월 후 부숙 왕겨가 됩니다. 젖은 왕겨에서 발생한 곰팡이는 식물과 흙에 이롭습니다.

탄소 함량이 높은 유기물은 분해되는 과정에서 많은 질소가 소모됩니다. 왕겨는 탄소율이 높지만 분해가 매우 느려서 단시간에 질소가 소모되는 질소 부족 문제가 발생하지 않습니다.

톱밥 (pH4~6)

톱밥은 나무를 자르거나 깎는 과정에서 생겨난 가루를 모은 겁니다. 톱밥은 반드시 1년 이상 퇴비화를 진행한 다음 사용해야 합니다. 그대로 사용하면 휘발성 유기산이 분해되는 과정에서 많은 질소를 필요로 하게 돼요. 이 때문에 식물이 질소 결핍에 빠질 수 있습니다. 또한 분해가 가속화되어 흙이 빠르게 산성화될 수 있습니다. 따라서 톱밥의 색이 진하고 매운 냄새가 나는 경우는 화분에 사용하지 않는 게 좋습니다.

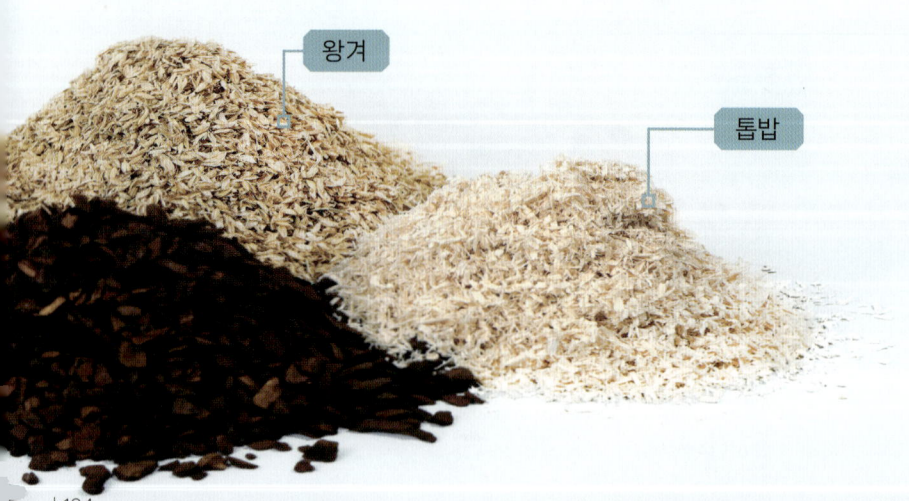

우드 바이오차 (pH6~7)

300℃ 정도의 산소가 거의 없는 조건에서 불완전 연소시켜 인공적으로 얻은 숯입니다. 재료를 완전히 태우지 않고 반만 태웠다고 해서 반탄화라고도 부릅니다.

숯이 높은 pH를 가졌다면, 반탄화는 재료와 숯의 중간 정도의 산도를 가집니다. 타지 않은 부분은 유기질 성질을 그대로 가지고 있어서 천천히 분해되면서 흙을 개량하고 양분이 됩니다. 탄 부분은 숯의 형태를 보여서 흙이 산성으로 변하는 것을 억제하며, 공극이라고 불리는 수많은 미세 구멍이 수분량을 조절합니다.

목재(우드칩)를 이용한 바이오차는 파쇄공정을 통해 입자의 굵기를 조절할 수 있습니다. 흙에 섞어 사용할 경우 바크, 난석, 펄라이트를 대체할 수 있습니다.

왕겨숯 (pH8)

왕겨를 불완전 연소시켜 얻어진 바이오차로 '훈탄'이라고도 부릅니다. 입자가 작고 부스러지기 때문에 바크, 난석, 펄라이트 등을 대체하기는 힘들어요. 산성화된 흙을 개량하는 능력은 뛰어나지만, 그 때문에 산성 흙에서 잘 자라는 식물에는 사용이 어렵습니다.

숯 (pH9~10)

목재가 타고 남은 탄소 덩어리입니다. 탄화, 목탄 등의 이름으로도 불립니다. 염기성을 띠고 있어서 산성토양을 개선할 때 이용할 수 있지만, 활용도가 높지 않습니다. 식물과 공생하는 뿌리균류 미생물이 숯의 미세한 구멍에서 살 수 있지만, 마찬가지로 염기성을 띠어 가드닝에서는 쓰임이 많지 않습니다.

스펀지 (pH6~7)

스펀지는 다른 말로 '폴리우레탄'이라고도 해요. 물을 이용한 순수경재배에 주로 이용됩니다.

암면 (pH8)

현무암이나 안산암과 같은 화성암을 1600℃ 정도에서 녹여 공기와 수증기를 이용해 면섬유처럼 만든 겁니다. 스펀지처럼 물만을 이용한 순수경재배에 주로 이용됩니다.

각 재료가 물을 흡수하는 정도

흙을 이루는 재료는 저마다 고유한 성질과 특성이 있습니다. 그중 가드닝에서는 물을 흡수하는 정도가 중요해요. 비료의 보관 능력과 더불어 물 주는 주기와도 관련이 있으니까요. 물을 자주 주고 싶다면 물을 덜 먹는 재료가 나은 선택일 수 있고, 물을 가끔 주고 싶다면 물을 많이 먹는 재료가 나을 수 있습니다.

다음은 흙을 구성할 때 어떤 재료를 넣을지 설계하는 데 도움이 될 거예요.

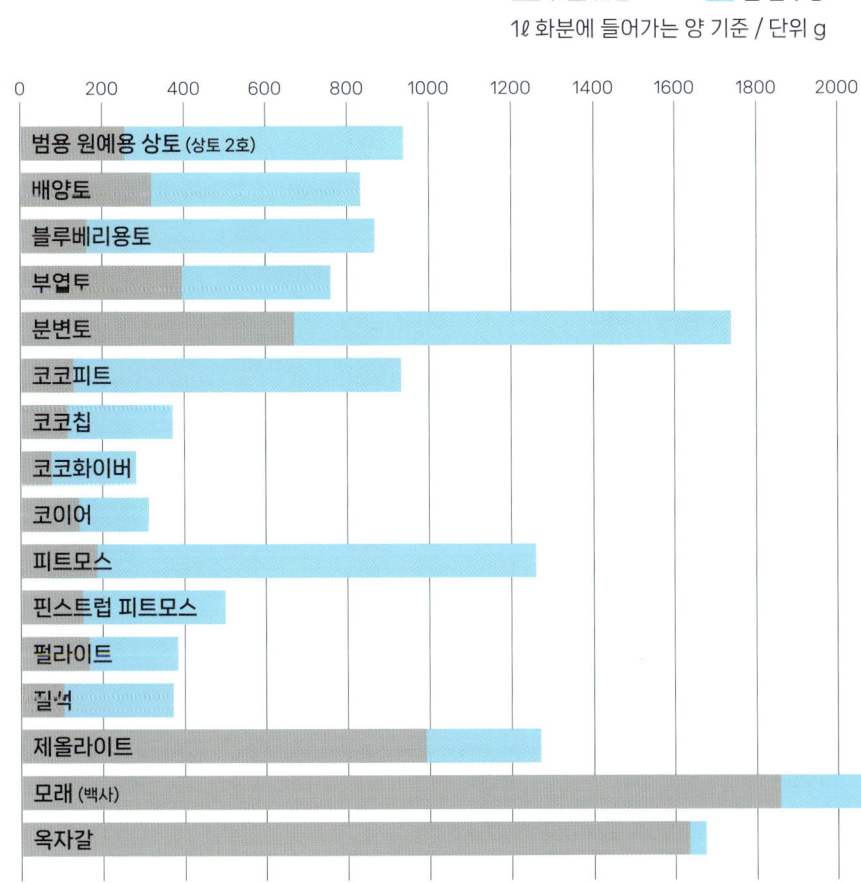

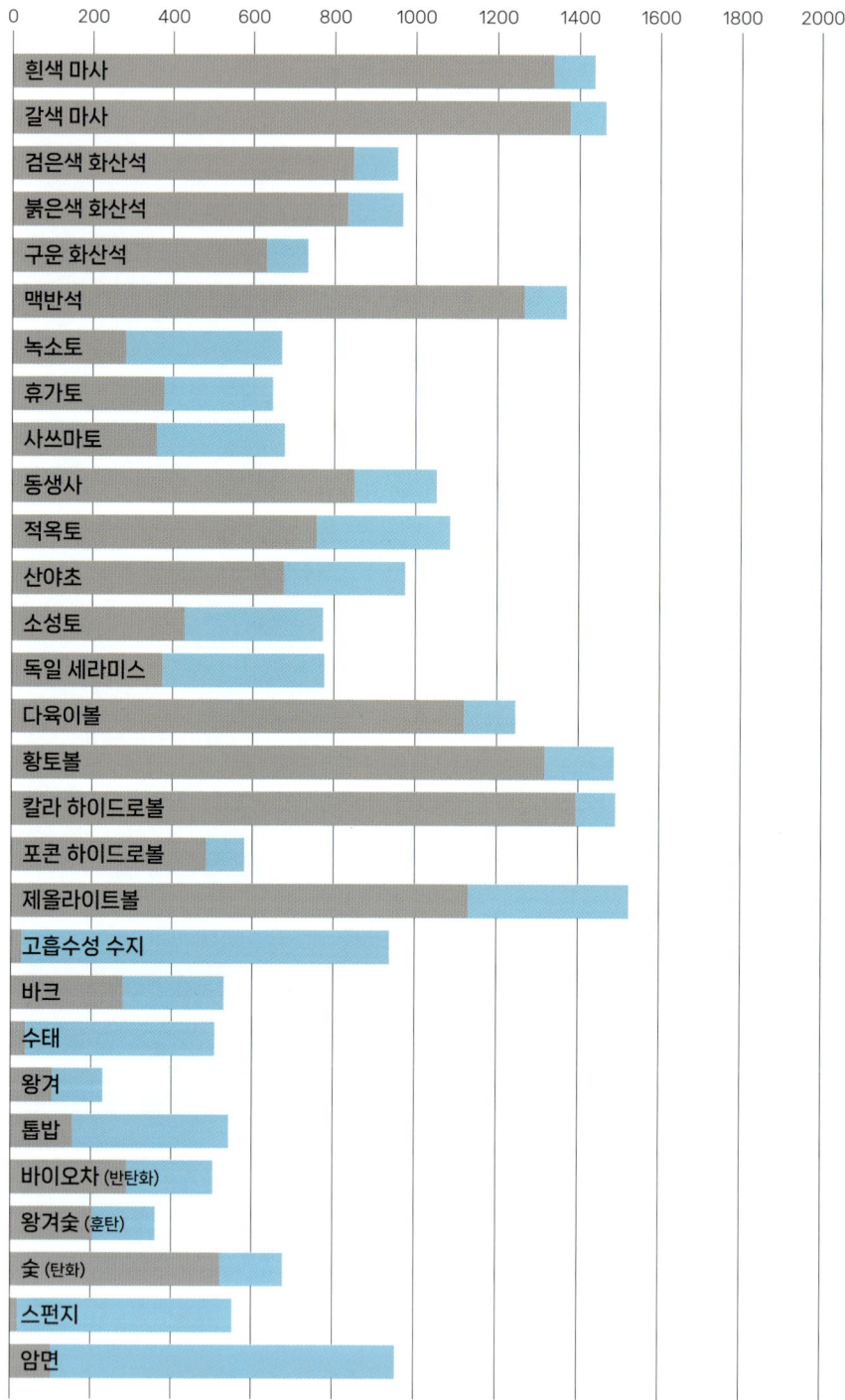

식물에 따라 달라질 수 있는 배합

식물은 종마다 다양한 특성을 가져요. 뿌리가 가늘거나 굵을 수 있고, 공중 뿌리를 낼 수도 있습니다. 흙 속으로 번식 줄기를 내는 경우도 있으며, 어느 정도 자란 다음 헌 줄기를 죽이고 새 줄기를 내는 식물도 있습니다. 다른 식물은 필요로 하지 않는 특정 영양소를 원하는 식물도 있겠죠. 흙의 재료 속에 해당 성분이 있다면 식물은 더 잘 자랄 거예요.

고민하고 있을 당신을 위해 몇 가지 특색 있는 배합을 소개합니다.

원예용 상토 (상토 2호) 100%
- 이 배합을 이용해 대부분의 식물을 키울 수 있습니다.
- 흙 전체가 완전히 마르지 않도록 관리해주세요.
- 물 주기 30회차마다 한 번씩 수용성 복합비료를 정량 희석한 물을 주세요.

코코피트 40% + 펄라이트 40% + 모래(백사) 20%
- 이 배합을 이용해 대부분의 식물을 키울 수 있습니다.
- 흙의 중심부가 마르지 않도록 관리해주세요.
- 물 주기 30회차마다 한 번씩 수용성 복합비료를 정량 희석한 물을 주세요.

핀스트럽 피트모스 60% + 펄라이트 20% + 질석 20%
- 이 배합을 이용해 토마토, 딸기, 상추를 키워보세요.
- 흙의 중심부가 마르지 않도록 관리해주세요.
- 물 주기 30회차마다 한 번씩 수용성 복합비료를 정량 희석한 물을 주세요.

| 원예용 상토 (상토 2호) 60% | + | 바크 30% | + | 바이오차 10% |

- 이 배합을 이용해 천남성과 식물(몬스테라, 에피프레넘, 필로덴드론, 안스리움, 칼라디움, 싱고니움, 알로카시아, 콜로카시아, 아글라오네마, 디펜바키아, 스파티필룸, 금전수)을 키워보세요.
- 흙 전체가 완전히 마르지 않도록 관리해주세요.
- 물 주기 20회차마다 한 번씩 수용성 복합비료를 정량 희석한 물을 주세요.

| 부숙 왕겨 70% | + | 모래(백사) 30% |

- 이 배합을 이용해 민트, 바질, 레몬밤, 오레가노, 타임, 차이브를 키워보세요.
- 흙의 중심부가 마르지 않도록 관리해주세요.
- 물 주기 20회차마다 한 번씩 수용성 복합비료를 정량 희석한 물을 주세요.

| 가는 입자의 적옥토 100% |

- 이 배합을 이용해 꺾꽂이(삽목)에 활용해보세요.
- 흙의 중심부가 마르지 않도록 관리해주세요.
- 비료는 주지 마세요.

| 가는 입자의 사쓰마토 100% |

- 이 배합을 이용해 다육식물, 선인장, 아프리카 덩이뿌리 식물을 키워보세요.
- 흙 전체가 완전하게 마르면 물을 주세요.
- 물 주기 50회차마다 한 번씩 질소가 적은 수용성 복합비료를 물에 정량 희석해서 주세요.

테이크아웃컵, 계란판, 주전자, 싱크대 배수망,
신발, 핸드백, 폐타이어, 욕조, 파이프, 벽돌.

그 어떤 것도 화분이 될 수 있어요.

CHAPTER

5

식물이 오면

고양이를 조심하세요.
원예용 흙은 완벽하고 안전하며 확실한
고양이 화장실이 됩니다.

당신 곁에

축하합니다. 당신 곁에는 이제 식물이 있습니다. 당신만의 공간에 작은 자리를 마련하고 곁을 내주었기 때문이죠. 어떤 존재에게 곁을 내어주고 돌봐줄 마음을 먹었다는 건 그만큼의 여유를 갖기로 했다는 뜻일 거예요.

곁에서 살아가게 될 식물을 위해 가장 먼저 해야 할 일이 있어요. 식물을 화분에서 꺼내 뿌리를 확인하는 거예요.

이때 줄기와 뿌리가 분리되지 않도록 주의하세요. 식물을 화분에서 꺼내기 위해 줄기를 잡아당긴다면 끊어질 수 있어요. 식물의 뿌리는 마치 접착제를 바른 것처럼 화분 벽에 붙어 있는 경우가 많습니다. 이때는 물로 흙을 충분히 적셔주세요. 화분을 5분 정도 물에 담가 놓는 것도 좋습니다. 그것만으로 뿌리의 접착 성분이 윤활유처럼 변할 테니까요.

그런 다음 줄기를 잡아당기지 말고, 흙을 손으로 받친 다음 화분을 뒤집어 중력의 도움을 받아 꺼내 보세요. 그래도 잘 나오지 않는다면 화분 옆을 톡톡 쳐보세요.

뿌리 뭉치를 꺼냈다면 상태를 확인해야 합니다. 뿌리보다 흙이 많은 것 같나요? 그렇다면 다시 화분에 식물을 넣고 알맞은 빛이 드는 장소에 놓아주세요. 새 화분을 이미 준비했다면 옮겨심어 주어도 됩니다. 선택할 수 있어요.

흙보다 뿌리가 더 많은 것 같나요? 뿌리가 화분 모양대로 휘감고 있나요? 그렇다면 조금 더 큰 화분으로 식물을 옮겨 주세요. 여유 공간이 생긴 만큼 뿌리가 더 뻗을 수 있습니다. 그만큼 가지와 잎도 자라게 됩니다.

화분을 교체하는 일

화분의 식물은 잘 자라다가도 일정한 시점이 되면 성장이 느려집니다. 근본적인 원인은 화분 속에 양분이 부족하기 때문이에요.

그렇다면 양분을 추가로 넣어주면 될까요? 나아지기는 하겠지만, 한계는 있습니다. 흙의 양분이 부족해진 다른 이유가 있기 때문이죠. 그 원인을 해결하지 않는다면 비료를 주어도 상황은 나아지지 않아요.

우리가 화분에 넣어주는 원예용 흙은 대체로 유기물로 구성되어 있습니다. 유기물은 시간이 지나면 서서히 양분으로 분해됩니다. 식물은 분해된 양분을 흡수합니다. 미생물도 이 양분을 이용해요. 물을 주면 일부는 씻겨서 화분 아래로 흘러나오기도 하죠. 그렇다면 그만큼 흙이 줄어야 하는데 얼핏 보면 그대로입니다.

뿌리 뭉치를 꺼내 보면 이유는 쉽게 알 수 있어요. 양분을 먹고 자란 식물의 뿌리가 화분 안을 가득 메우고 있기 때문입니다.

이렇게 화분을 가득 채운 뿌리는 다양한 문제의 시작점이 됩니다. 먼저 물을 잘 흡수할 수 없게 돼요. 흙이 부족하면 물을 주어도 쉽게 화분 아래로 흘러내려 가고 맙니다. 그렇게 되면 식물은 물이 흘러내려 가는 찰나에만 물을 흡수할 수 있습니다. 뿌리가 빽빽해서 비집고 늘어갈 틈이 없으면 안쪽 뿌리까지 물이 닿지 않을 수도 있고요. 물을 흡수하지 못하니 당연히 양분도 흡수하지 못합니다.

빽빽한 뿌리가 배수구를 막아버릴 때도 있어요. 식물의 뿌리는 과습과 산소부족으로 고통받게 됩니다. 이런 상태가 이어지면 오래된 뿌리가 퇴화하며 썩는 단계에 접어듭니다. 새로 난 뿌리는 그것을 양분으로 삼아 연명하겠지만, 악순환의 굴레가 시작되는 거죠.

그래서 식물이 어느 정도 크기로 자라면 분갈이를 해주어야 합니다. 화분을 교체하는 것, 식물을 A 화분에서 B 화분으로 옮겨 주는 것을 '분갈이'라 해요.

135

한눈에 보는 분갈이

1. 옮겨심기에 적당한 크기의 화분을 준비하세요. 식물이 심긴 기존 화분 높이의 두 배, 폭도 두 배인 화분이 이상적입니다.

2. 분갈이 과정에서 주변이 흙투성이가 될 수 있어요. 분갈이를 진행할 수 있는 장소를 찾으세요. 마땅한 장소가 없다면 욕실로 이동하거나 커다란 대야를 준비하세요. 김장 매트도 좋습니다.

3. 새 흙을 준비하세요. 분갈이 경험이 없거나 선호하는 흙 배합이 없다면 범용성이 큰 원예용 흙(상토 2호)을 이용하세요.

4. 준비된 도구와 흙을 이용해 식물을 화분에서 꺼내 새 화분으로 옮겨 주세요.

- 배수 깔망이 반드시 필요한 건 아니에요. 화분의 바닥 부분만 흙을 눌러 담아 보세요. 배수구의 구멍이 커서 흙이 쉽게 새어 나오는 경우가 아니라면 깔망을 깔지 않는 것이 통기성에 더 유리합니다.

- 뿌리가 드러나지 않도록 흙을 덮어주세요.

- 너무 깊게 심으면 ④영역이 좁아지기 때문에 주의해야 합니다. 높이 20㎝ 이상 화분에서는 ④영역이 좁아질수록 뿌리 과습 현상이 쉽게 발생합니다.

- 새로운 뿌리가 뻗을 여유 공간이 있어야 해요. ⑤영역이 좁으면 옮겨 심는 의미가 퇴색됩니다.

- 물을 주었을 때 물이 넘치지 않도록 남겨두는 여유 공간 ⑥가 필요해요. 그렇다고 해서 많은 공간을 남길 필요는 없습니다. 이 영역은 가드너에게 필요한 부분일 뿐 식물에는 의미가 없습니다. 최소한으로 남기고 흙을 더 넣어주세요.

- 흙을 너무 꾹꾹 눌러 담지 마세요. 각 재료가 가지고 있는 통기성과 같은 물리적 장점이 사라질 수 있습니다. 부직포 화분이나 옆에 구멍이 많은 통기성 화분은 눌러 담아도 괜찮아요.

- 화분 교체를 완료한 다음에는 흙 전체가 흠뻑 젖도록 물을 주세요. 너무 차갑거나 뜨거운 물은 좋지 않습니다. 15~25℃의 물이 적당해요.

- 흙이 물을 가득 머금고 있다면 배수될 때까지 기다려 주세요. 이 단계에서 흙 높이가 낮아졌다면, 추가로 흙을 보충해주세요.

- 배수구로 더는 물이 떨어지지 않는다면 적당한 햇빛이 머무는 장소로 화분을 옮겨 주세요.

분갈이의 유형

식물은 계속 자라고, 화분 속은 뿌리로 가득 찹니다. 늦든 빠르든 또다시 분갈이할 시기가 올 거예요. 화분이 많다면 분갈이는 일상이 될 수도 있습니다.

분갈이를 마주한 가드너는 크게 세 가지 유형으로 나뉩니다.

- ✅ 최대한 화분을 작게 유지하려는 가드너
- ✅ 되도록 큰 화분으로 옮겨 주려는 가드너
- ✅ 식물이 자라는 정도에 맞춰 다양한 크기의 화분을 수용하는 가드너

매번 상황이 똑같지는 않을 거예요. 식물이 가로로 누운 채 옆으로 뻗어나가며 자라거나, 뿌리가 깊게 뻗으며 자랄 수도 있어요. 식물의 특성 때문에 어쩔 수 없이 평소와 다른 화분을 선택할 때도 있습니다.

어느 쪽이든 괜찮습니다. 식물은 어떤 유형의 가드너를 만나더라도 환경에 맞춰 자랍니다. 가드닝에 정답은 없어요. 내가 처한 상황에 맞춰서 최선을 다하면 됩니다.

식물이 우리의 곁에서 안락하게 머물기를 바라는 마음은 모두가 같잖아요.

▍화분을 작게 유지하는 분갈이

식물은 다양한 방식과 형태로 우리의 곁에 머뭅니다. 보통은 가드너와 합의점을 찾아가지만 '화분을 작게 유지하는' 경우는 식물이 많이 양보한 것처럼 보이기도 해요.

눈치챘겠지만, 화분을 작게 유지하는 것은 분재의 영역과 맞닿아 있습니다. 화분 속에 뿌리가 가득 찼을 때 더 큰 화분으로 옮겨 주는 게 아니라 뿌리를 잘라주는 형태로 진행합니다.

식물은 뿌리가 잘리면 물을 흡수하는 능력이 급격하게 떨어집니다. 물을 제때 공급받지 못한 잎과 가지는 고통받게 될 거예요. 결국 식물 전체가 시들어 죽게 됩니다.

그래서 뿌리를 자를 때는 잎과 가지를 함께 잘라주어야 해요. 뿌리가 흡수할 수 있는 물의 양이 잎 열 개에 공급할 수 있을 정도라면, 잎 열 개만 남기고 나머지는 제거하는 거예요.

뿌리와 잎의 균형이 맞으면 식물은 죽지 않고 살아갈 수 있습니다. 다시 작은 식물이 되었을 뿐이에요. 덩달아 새 뿌리와 새 가지가 나오게 되면서 식물은 젊어집니다.

얼핏 식물을 괴롭히는 것처럼 보일 수 있어요. 누군가는 고통을 준다고 여길지도 모르겠어요. 하지만 식물이 건강하게 자란다는 건 사실입니다.

깜깜한 밤, 모든 인간이 잠든 사이에 식물끼리 모임을 한다고 상상해보세요. 나는 작은 화분에서 오랜 시간 단단하게 자란 식물의 서열이 가장 높을 거라고 생각해요.

같은 식물일 때 작은 화분에 올바르게 분재 된 식물의 수명은 수백 년이 될 수 있어요. 자연에서 자란 식물은 극히 일부를 제외하면 백 년을 채 살지 못합니다.

뿌리가 잘려 나가고 잎과 가지가 잘린 흔적은 어쩌면 식물이 가져야 할 역사인지도 몰라요. 태풍을 만나 바람에 가지가 꺾이고, 동물에 의해 뿌리가 파헤쳐진 나무가 더 튼튼하게 자랄 수 있는 것처럼요. 절벽의 바위틈을 비집고 자라난 소나무가 더 웅장한 것처럼요.

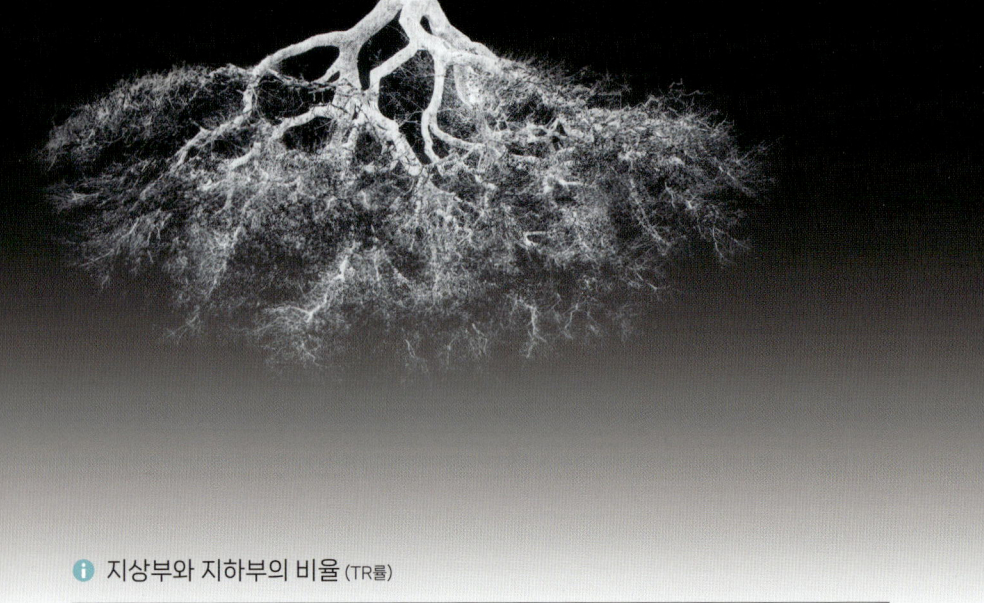

ⓘ 지상부와 지하부의 비율 (TR률)

길가의 가로수를 유심히 본 적 있나요? 사람들이 지나다니는 보도블록 아래는 어떻게 되어 있을지 상상해본 적 있나요?

식물은 흙 위로 드러난 줄기 부분과 흙 아래에 보이지 않는 뿌리 부분으로 구성되어 있어요. 이렇게 둘로 구분할 때 식물은 지상부와 지하부의 비율이 거의 같습니다. 그러니까 우리가 다니는 가로수길 아래로 나무 크기만큼 거대한 뿌리가 자라고 있는 셈이에요.

식물은 지상부와 지하부의 비율이 맞지 않을 때는 같아지려고 노력해요. 어떠한 이유로 줄기보다 뿌리가 더 많이 자라게 된 상황이라면, 식물은 뿌리 성장을 멈추고 잎과 가지를 내는 데 집중합니다. 반대로 잎과 가지가 더 많다면 지상부의 성장을 멈추고 뿌리를 내는 데 집중합니다.

우리의 작은 우주, 화분에서도 같은 일이 일어나요. 어느 날 식물이 몇 달 동안 자라지 않는다면 식물은 뿌리를 만드는 데 집중하고 있는 걸 수도 있어요.

지상부와 지하부의 비율이 깨지는 원인은 다양해요. 계절의 변화 때문일 수 있고, 꽃을 피우고 열매를 맺기 위해 균형이 깨졌을 수도 있어요. 공급된 양분이 차이를 만들어 낼 수도 있겠네요. 벌레가 잎이나 뿌리를 갉아 먹었을 수도 있습니다. 가뭄 피해나 과습 장해로 뿌리가 상했을 수도 있고요. 아니면 식물을 작게 유지하기 위해 당신이 뿌리를 잘라냈을 수도 있습니다.

어쨌든 균형이 깨졌습니다. 뿌리 일부가 상했다고 가정해 볼게요. 그럼 식물은 지상부의 성장을 멈추고 새 뿌리를 내는 데 집중합니다.

그런데 그 정도로는 해결할 수 없을 만큼 많이 상했다면, 식물은 새 뿌리를 만들기 전에 시들 수 있습니다. 이때 식물은 스스로 잎 몇 개를 떨어트리는 선택을 합니다.

더 극단적으로 뿌리가 상했다면 어떻게 될까요? 모든 잎이 시들고 떨어집니다. 광합성과 증산작용, 호흡조차 에너지를 쓰는 일입니다. 식물은 에너지 소모를 최소화해서 뿌리를 내기 위해 노력합니다. 이때 가지 속에 남겨진 에너지가 뿌리를 낼만큼 충분하지 않다면 식물은 죽고 맙니다.

그래서 뿌리를 사 올 때 선제적으로 잎과 가지를 잘라주는 거예요. 남겨진 뿌리만큼만 잎을 남겨두는 거죠.

반대의 경우도 생각해볼 수 있어요. 뿌리는 손대지 않고 가지만 잘라낸다면 어떻게 될까요?

이때도 식물은 균형을 맞추기 위해 노력합니다. 뿌리 성장을 멈추고 새 가지를 내는 일에 집중해요. 그래서 가지치기를 하면 지상부의 성장이 활성화됩니다.

하지만 극단적으로 많은 가지를 자르면 어떻게 될까요? 뿌리는 지상부가 충분히 자랄 때까지 기다려 줄까요?

바로 잎과 가지를 낼 수 있는 상황이라면 뿌리는 기다려 줍니다. 하지만 그렇지 않다면 뿌리를 비활성화시킵니다. 위험을 느낀 도마뱀이 꼬리를 잘라내듯이 식물도 필요 없어진 만큼의 뿌리를 스스로 잘라냅니다. 비활성화된 뿌리는 계약한 미생물의 먹이가 됩니다. 이때 화분에서 뿌리를 꺼내 확인하면 과습 장해가 와서 썩은 것처럼 보일 수 있어요.

알고 보면 그것은 서로 같아지려는 노력입니다. 뿌리와 잎은 언제나 1:1. 더 나은 것이 기준이 되는 것이 아니라 더 부족한 쪽이 기준이 됩니다. 이게 식물이 우리의 곁에서 살아가는 방식이에요.

그리고 그것은 식물 키우기의 처음과 끝이기도 합니다.

▮ 큰 화분으로 미리 옮겨 주는 분갈이

드넓은 테라스, 높고 넓은 거실을 가진 가드너는 이 유형으로 분갈이할 때가 많습니다. 물을 몇 달에 한 번씩 몰아서 주고 싶을 때도 이런 유형의 분갈이를 선택할 수 있어요. 많은 식물을 키우기보다는 거대한 식물 하나만 키우고 싶을 때도 마찬가지이죠.

큰 화분에 식물을 심으면 상대적으로 관리가 쉬워집니다. 비료와 물을 비교적 자주 주지 않아도 됩니다. 식물이 거대해질 때까지 뿌리를 잘라내거나 가지치기를 진행하지 않을 수도 있죠. 햇빛만 충분하다면 식물은 스스로 자라요.

물론 장점만 있는 것은 아닙니다. 식물의 뿌리는 중심부에서 밖으로 뻗어나가려는 성질이 있습니다. 아무리 화분이 넓어도 뿌리는 끝에 도달하고 말 거예요. 그렇게 뻗어나간 뿌리는 화분의 가장자리를 겉돌게 됩니다. 가운데로 잘 되돌아오지 않아요. 그러니 화분의 중심부는 뿌리가 비어있는 형태로 남게 됩니다. 공간 활용도가 좋지 않죠.

만약 식물이 흙을 알뜰하게 사용하고, 더 효율적인 뿌리 시스템을 갖기를 바란다면 단번에 큰 화분으로 옮기는 것보다는 단계적으로 큰 화분으로 옮겨 주는 게 좋습니다. 그것만으로도 식물의 뿌리는 같은 공간을 두 배는 더 효율적으로 사용합니다.

단점은 또 있어요. 화분이 무거워 옮기기 힘들다는 겁니다. 무거운 만큼 문제가 생겼을 때 몇 배는 더 힘들어질 거예요. 흙을 교체할 일이 생긴다고 생각해보세요. 많은 시간과 노동력이 필요할 거예요.

아무리 큰 화분이어도 분갈이 시기는 오게 됩니다. 크게 자란 식물은 꺼내는 것부터가 숙제일 수 있어요. 어쩌면 더 큰 화분을 구하기 힘들 수도 있고요. 분갈이 자체가 어려워 식물을 포기하는 상황에 놓이게 될지도 모릅니다.

뿌리가 비어있는 중심부

▍식물이 자라는 정도에 맞추는 분갈이

특별한 경우가 아니라면 대부분의 가드너는 이 유형으로 시작합니다. 이 유형에 속하면서 필요에 따라 가끔 다른 유형을 시도해보는 거죠. 다양한 시도를 통해 스스로 맞는 가드닝 스타일을 찾아가게 됩니다.

식물이 자라는 정도에 맞추어 분갈이한다고 해서 단순하게 뿌리 뭉치를 조금 더 큰 화분으로 옮겨 심는 건 아니에요. 이때도 뿌리를 선택적으로 자를 수 있습니다.

물론 식물의 가지를 잘라내야 할 만큼 많이 자르는 건 아니에요. 돌출된 부분 또는 빽빽한 부분을 다듬듯이 조금씩 지르는 거예요. 그렇게 뿌리를 조금씩 잘라주는 건 식물에도 좋아요. 잘라낸 만큼 새로운 뿌리가 나오기 때문에 뿌리의 평균 나이가 젊어지는 효과가 생깁니다.

어떤 뿌리를 잘라야 할지 모르겠나요? 그렇다면 몇 가지 힌트를 줄게요.

- 밝은색 뿌리가 더 젊은 뿌리에요. 물과 양분을 질 흡수하는 건강한 뿌리이브로 이런 뿌리는 자르지 마세요.

- 아래쪽에 지나치게 뿌리가 엉켜있다면 밝은색 뿌리일 때도 잘라주는 게 좋아요. 흙의 물 빠짐과 통기성이 개선됩니다. 너무 많이 자른 것 같다면 식물을 일주일간 ☀ 또는 K 영역에서 쉬게 해주세요.

- 끝이 마르거나 짙은 색으로 변한 뿌리는 오래된 뿌리예요. 선택적으로 잘라 내도 괜찮아요.

- 미끌미끌하고 무른 뿌리는 죽어가는 뿌리예요. 자를 수 있다면 잘라주세요. 이러한 뿌리가 보이는 건 흙에 산소기 부족하다는 의미입니다. 흙의 배수성과 통기성을 개선해주세요.

- 흙에서 퀴퀴한 냄새가 나는지 확인해 주세요. 냄새가 난다면 흙의 미생물 환경이 나쁜 쪽으로 변한 겁니다. 나머지 뿌리가 상하지 않도록 흙 대부분을 털어내고 옮겨 심는 게 좋아요.

분갈이가 필요하다는 신호

- ✅ 물을 조금만 주어도 배수구로 흘러나올 때
- ✅ 물을 많이 주었는데도 배수구로 물이 나오지 않을 때
- ✅ 뿌리가 화분의 배수구 또는 위로 돌출되어 나올 때
- ✅ 식물의 성장이 급격하게 느려질 때
- ✅ 잎끝의 색이 연해지거나 노랗게 변했을 때
- ✅ 새로 나온 위쪽의 잎 색이 시간이 지나도 진해지지 않을 때
- ✅ 새로 나온 위쪽의 잎 크기가 시간이 지나도 자라지 않을 때
- ✅ 오래된 잎이 평소보다 빨리 노랗게 물들고 탈락할 때

배수층에 관하여

화분에 자갈을 까는 방법이 소개된 것은 아주 오래전으로 거슬러 올라갑니다. 그때는 피트모스나 코코피트를 이용한 인공 흙이 존재하지 않던 시절이라 철망을 이용해 걸러낸 보드라운 자연의 흙을 사용했습니다.

자연의 흙은 물을 주면 진흙처럼 변하기 때문에 배수가 잘되지 않았습니다. 심지어 배수 구멍으로 흙탕물이 흘러나오기도 했죠. 그래서 자갈과 모래 등을 화분 바닥에 깔기 시작했습니다. 선택이 아니라 그때는 그럴 수밖에 없었습니다.

이런 방법은 시대가 지나도 변하지 않고 사람과 사람의 입을 타고 꾸준히 전해졌습니다. 원예용 흙과 같은 인공 흙이 개발된 이후에도 마찬가지였어요.

하지만 우리는 굳이 그렇게 하지 않아도 되는 시대에 살고 있습니다. 화분 바닥에 자갈을 깔지 않아도 당신이 준 물은 원활하게 배수됩니다.

배수의 문제만은 아니에요. 아이러니하게도 인공 배수층을 만들면 더 많은 흙이 유실됩니다.

우리가 사용하는 원예용 흙은 다양한 자재와 입자로 구성되어 있습니다. 흙 아래에 입자가 큰 자갈을 깔게 되면 그 자갈이 일종의 거름망 역할을 하게 됩니다. 자갈 사이사이의 틈으로 작은 입자들이 물을 타고 빠져나가는 거죠.

하지만 배수층이 없다면 배수 구멍으로 물만 천천히 빠져나가게 됩니다. 흙의 다양한 입자가 서로 맞물려서 작은 입자들이 움직이지 못하게 만들기 때문이에요.

▎문제적 배수층

배수층을 만든 화분과 만들지 않은 화분을 나란히 놓고 물을 충분히 주어보세요. 배수층을 만든 쪽의 흙이 더 많이 유실되는 것을 확인할 수 있습니다.

단지 그렇게 배웠기 때문에 배수층을 만들어 온 거라면 작은 의구심을 품어 보는 건 어떨까요?

진흙 층을 만드는 난석

아이러니하게도 배수층은 장기적으로는 배수에 방해가 됩니다. 자갈 사이사이로 빠져나간 미세한 흙 입자가 시간이 지나면서 화분 바닥에 조금씩 쌓여 말라붙기 때문이에요. 이렇게 쌓인 미세한 가루들은 어느 순간 물을 만나면 진흙처럼 변합니다. 일종의 펄 층을 형성하게 되는 거예요.

진흙 층은 화분에 물이 들어오는 주기에 따라 굳었다가 젖기를 반복하면서 결국에는 배수구를 막아버립니다.

벼를 키우는 논의 물이 땅속으로 스며들지 않는 걸 생각하면 이해가 쉬워요. 진흙 층은 결국 화분을 논과 마찬가지인 상태로 만들어 버립니다.

그래서 배수층을 만든 화분은 시간이 지날수록 과습 문제가 더 잘 발생합니다. 이느날 물을 많이 주었는데도 화분 배수구로 물이 흘러나오지 않는다면 대체로 이런 문제가 원인입니다.

ⓘ 마사, 화산석, 녹소토, 휴가토, 사쓰마토, 동생사, 적옥토, 산야초

난석(사쓰마토) 만을 이용해도 진흙 층이 형성되는 것을 확인할 수 있습니다. 그래서 난석을 바닥재로 활용할 때는 반드시 깨끗이 씻어서 사용해야 합니다. 씻어도 시간이 지나면 조금씩 가루가 발생합니다. 난석은 바닥재로 활용하는 것보다 흙 자체에 섞어서 사용하는 게 나은 선택일 수 있습니다.

분갈이는 봄에 해야 하나요?

온대 식물은 가을에 잎을 떨어트리고 에너지를 저장합니다. 얼지 않기 위해 가지 속에 물을 최소한으로 남겨두죠.

그 상태로 겨울 동안 긴 잠에 빠졌다가 날씨가 따뜻해지면 깨어납니다. 깨어난 다음에는 가지 속의 부족한 물을 보충하기 위해 많은 물을 빨아들입니다. 새 뿌리가 발생하고 싹도 트기 시작합니다.

그래서 온대식물을 이식하거나, 묘목을 심을 때는 이른 봄을 선택합니다. 이식 후에 식물이 깨어나면 새 뿌리가 생겨날 테니까요. 그래야 새로운 장소에 적응하고 잘 자랄 수 있습니다.

하지만 이건 실외 그리고 온대식물에 해당하는 얘기에요. 실내 분갈이에 더 좋은 시기란 없어요. 더 좋은 계절도 없습니다. 화분 속에 뿌리가 가득 차면 분갈이할 때가 온 겁니다.

 상토는 비료가 적어서 화분에 쓰면 좋지 않다던데?

대부분의 원예용 흙(상토 2호)은 적당한 크기의 화분에 적당한 크기의 식물을 심었을 때 25일 정도 소비할 수 있는 비료를 가지고 있습니다. 이후에는 흙의 유기물이 자연 분해되며 천천히 양분이 만들어집니다. 상토 2호뿐만이 아니라 배양토나 텃밭용 흙도 마찬가지입니다.

적정치 이상으로 넣은 인위적인 비료는 오히려 식물의 생장을 방해합니다. 즉 '비료의 양이 적어서 좋지 않다'라는 말은 사실이 아닙니다. 오랜 시간 식물과 함께하다 보면 자연스레 알게 될 거예요. 많은 것보다는 적은 게 낫습니다.

비료는 이후에 추가적으로 조금씩 넣어주세요.

어떤 식물은 화분이 비좁을지도 몰라요.
물 빠짐 재료를 넣어주는 것보다
물 빠짐이 없어도 되게끔
물의 양을 조절하는 게 나을 수 있습니다.

CHAPTER

6

어렵게 느껴지는
물 주기

우리는 흙에서 식물을 키우고 있지 않아요.
당신이 어떤 방식을 선택하더라도
결국 물로 식물을 키우고 있는 거예요.

물 주기

식물에 물을 주는 건 가드너가 가장 많이 하는 일입니다. 그리고 가장 어려워하는 일이죠. 물을 잘못 주면 식물이 죽는다는 공포에 사로잡혀서 '며칠에 한 번씩 물을 주세요'라는 누군가의 조언에 의지하기도 합니다.

나는 '며칠마다 물을 주라'는 이 말을 좋아하지 않는 편이에요. 물 주기와 관련된 나쁜 조언이라고 생각해요. 식물이 놓인 환경이 저마다 다르기에 맞아떨어질 수 없는 말이거든요.

제대로 된 조언이 되려면 '어느 정도 크기의 화분에 어떤 소재의 흙을 채워서 어떤 식물을 심었을 때, 하루에 햇빛을 몇 시간 쬐고 있다면 며칠에 한 번 몇 리터의 물을 주세요'라고 말해야 할 거예요. 하지만 그것도 정확한 것은 아닙니다. 습도나 환기 정도가 고려되지 않았으니까요.

물 주기가 더 어렵게 느껴지나요? 식물에 이상적인 물 주기는 사실 그렇게 어렵지 않습니다. 베이커리에서 사 온 식빵을 떠올려보세요. 촉촉한 식빵의 단면을 만져보았나요? 촉촉하지만 손에는 물기가 묻어나지 않아요.

촉촉하고, 보슬보슬하고, 공기층이 많고, 손으로 만져도 물기가 묻어나지 않는 더도 말고 덜도 말고 식빵 같은 상태.

건조하게 관리하라는 식물이나 습하게 관리하라는 식물 모두 알고 보면 식빵 같은 흙 상태를 유지하라는 뜻이에요.

증산작용을 많이 하는 식물은 흙이 빨리 마르기 때문에 물을 자주 주어야 하고, 반대로 체내에 물을 저장해두는 식물은 증산작용을 거의 하지 않기 때문에 흙이 금방 마르지 않아서 물을 가끔 주어도 될 뿐입니다.

그렇다면 흙을 식빵 같은 상태로 유지하기 위해서는 물을 언제, 얼마큼 주어야 하는 걸까요? 화분에 물을 주는 주기는 대체로 다섯 가지 조건에 따라 달라져요.

첫 번째, 식물의 증산작용 정도가 중요해요

증산작용이 활발한 식물은 더 많은 광합성을 원하는 식물이에요. 기본적으로 햇빛이 잘 드는 곳에 배치하는 게 좋습니다. 이 식물들이 '물 먹는 하마'처럼 느껴질 때도 있을 거예요. 그만큼 물을 자주 주어야 합니다. 만약 화분이 실외의 햇빛 아래 놓여 있다면 매일매일 물을 주어야 할 수도 있습니다.

두 번째, 화분의 크기가 중요해요

화분이 작으면 흙이 물을 지니고 있는 용량도 그만큼 적어요. 상대적으로 물을 자주 주어야 합니다. 반대로 화분이 크다면 물을 더 많이 가지고 있을 수 있습니다. 큰 화분은 흙 표면이 마른 것처럼 보여도 안쪽은 충분히 촉촉한 상태를 유지해요. 그러니 물주기를 결정할 때는 화분의 크기를 고려해야 해요. 이때는 높이를 기준으로 하세요.

- 높이 10cm 정도의 화분은 흙의 겉표면이 약 2cm 깊이까지 마르면 물을 주세요.
- 높이 20cm 정도의 화분은 흙의 중간 부분이 마르면 물을 주세요.
- 높이 30cm가 넘는 화분은 흙 전체가 거의 다 마르면 물을 주세요.

세 번째, 화분의 소재가 중요해요

통기성이 좋은 화분은 흙이 빨리 마릅니다. 플라스틱 화분은 공기와 직접 맞닿아 있는 위쪽 흙부터 천천히 마르지만, 부직포 화분은 옆면도 공기와 닿아있어요. 전체적으로 물이 마르는 거죠. 통기성이 좋은 토분도 비슷합니다.

예를 들어 통기성이 좋은 0.5ℓ 용량의 토분에 식물을 심어서 무더운 여름날 바람이 잘 부는 실외에 내놓게 된다면, 세 시간마다 물을 주어야 할 수도 있습니다.

네 번째, 흙의 소재가 중요해요

코코피트처럼 물을 많이 흡수하는 소재가 있고, 자갈처럼 물을 흘려내리는 소재가 있습니다. 당연히 코코피트처럼 물을 많이 먹는 소재는 마르는 데 오래 걸려요. 이런 소재는 물을 자주 줄 필요가 없습니다.

반대로 자갈 같은 소재는 물을 머금고 있지 않기 때문에 약한 바람에도 전체가 말라버립니다. 이런 소재에 증산작용이 활발한 식물을 심었다면 목말라 하지 않도록 수시로 물을 주어야 합니다.

다섯 번째, 화분의 위치가 중요해요

물 주기는 화분이 어디에 놓였는지에 따라 큰 차이를 보일 수 있어요. 햇빛이 드는 정도에 따라 식물이 증산작용을 하는 양에도 차이가 생기기 때문이에요. 똑같이 흙이 건조되는 시간에도 차이가 생깁니다.

간단한 비교표를 보여드릴게요. 한 자리에서 식물을 키운다고 가정했을 때 1년 동안 화분에 준 물의 양은 다음처럼 차이가 날 수 있습니다.

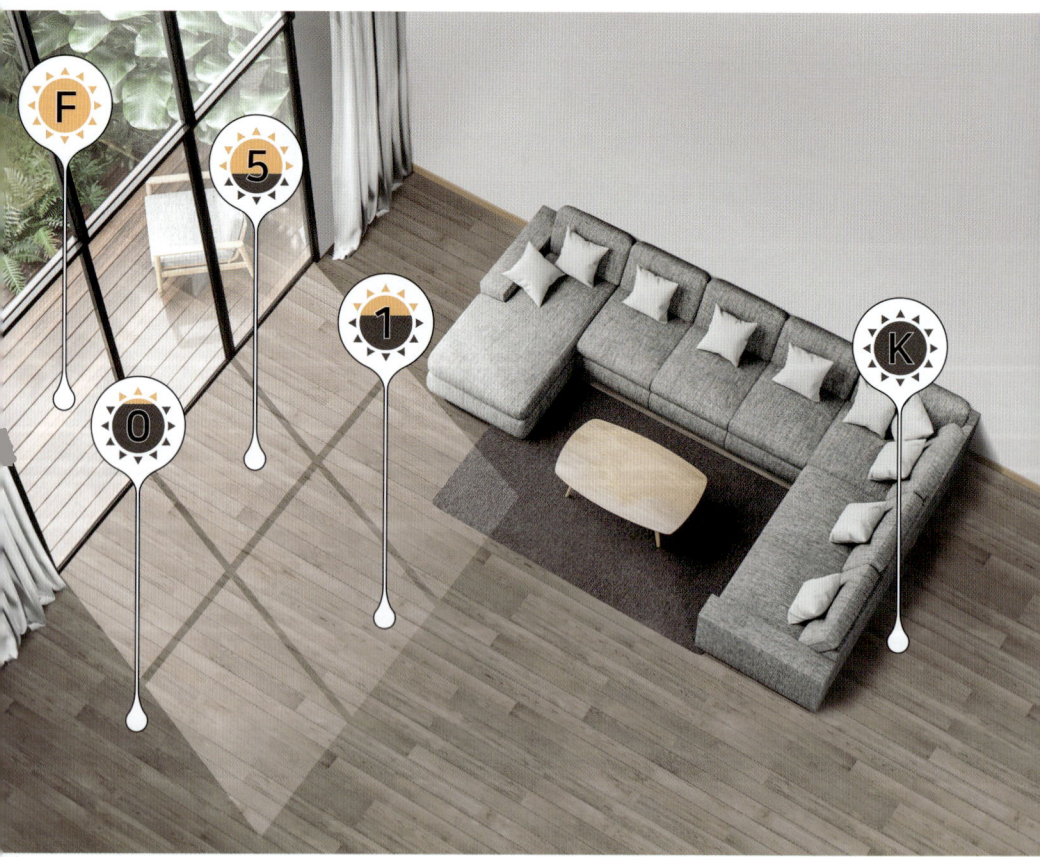

- ⚪(K) 영역에 있는 화분은 1년 동안 **1** 만큼의 물을 주면 충분해요.
- ⚪(O) 영역에 있는 화분은 ⚪(K) 영역에서 주는 물의 ×**2** 만큼 주어야 해요.
- ⚪(1) 영역에 있는 화분은 ⚪(O) 영역에서 주는 물의 ×**2** 만큼 주어야 해요.
- ⚪(5) 영역에 있는 화분은 ⚪(1) 영역에서 주는 물의 ×**2** 만큼 주어야 해요.
- ⚪(F) 영역에 있는 화분은 ⚪(5) 영역에서 주는 물의 ×**2** 만큼 주어야 해요.
- ⚪(F) 영역에 있는 화분은 ⚪(K) 영역에 있는 화분보다 **16** 배 많은 물을 주었어요.

ⓘ 화분 속을 들여다보기 위한 노력

능숙한 가드너는 화분을 들어서 무게를 가늠하는 것으로도 물을 주어야 할지 판단할 수 있습니다. 하지만 막 가드닝을 시작했을 때는 물을 주어야 할 순간을 파악하는 것 자체가 숙제일 수 있어요.

이럴 때는 투명한 화분을 사용하는 것도 괜찮아요. 투명한 화분은 안이 들여다 보이기 때문에 흙이 어느 정도 말랐는지 파악하는 데 도움이 됩니다.

하지만 화분 속 흙에 빛이 스며들면 좋지 않을 수 있어요. 투명한 화분을 이용할 때는 겉에 불투명한 화분을 한 겹 덧씌워서 사용하는 걸 권장합니다.

장기 출장에 대응하는 방법

오랜 시간 집을 비워야 할 일이 생기면, 식물에 물을 주지 못해서 걱정될 거예요. 그럴 때는 식물의 위치를 옮겨 주세요. 식물이 증산작용과 광합성을 하지 않는 어두운 장소로 옮기는 거예요. 그곳이 습하다면 더 좋겠죠. 그것만으로 화분의 흙은 오랫동안 촉촉하게 유지될 거예요.

건강한 식물은 빛이 없어도 금방 죽지 않아요. 일부 식물을 제외하면 2~3개월 정도는 어둠 속에서 살아남을 수 있습니다.

하지만 한여름이고, 2주 이상 자리를 비울 예정이라면 추가적인 조치가 필요합니다.

물받침대에 물을 충분히 부어놓고 화분의 아래쪽이 조금만 잠기도록 담그세요. 물이 탁해지거나 식물의 뿌리가 과습 장해를 일으키기 전에 돌아오는 거예요.

흙에 식물을 심듯이 화분째로 큰 화분에 심으세요. 대야나 김장매트에 심는 것도 좋아요.

큰 화분에 물을 충분히 준 다음 출장을 다녀오세요. 출장이 더 길어질 예정이라면 그 상태로 어두운 장소로 옮겨 주세요. 식물은 당신이 돌아올 때까지 얌전히 기다려 줄 거에요.

이 방식은 통기성 토분, 부직포 화분, 바닥 배수층이 없는 화분에 사용할 수 있습니다.

병원에서 링거 수액을 맞아 보았나요? 식물을 화장실로 옮겨 주세요. 물이 넘쳐도 되는 그늘진 장소가 있다면 그곳도 괜찮아요. 그 다음 큰 병에 물을 채우고 화분의 흙에 링거 주사를 꽂아 물이 가장 천천히 나오도록 하세요.

몇 달 동안 물이 스며들어 물이 화분에서 넘쳐도 괜찮아요. 과습은 물이 고여있거나 움직이지 않을 때 발생합니다. 물이 계속해서 넘치는 동안에는 과습도 발생하지 않습니다.

물의 종류

식물을 키운다면 한 번 정도는 이런 고민을 하게 될 거예요. 지금 주고 있는 물이 내 식물에 적당한가, 라는 물음입니다.

만약 어떤 문제를 마주하거나 선택지를 골라야 하는 상황이 오게 된다면, 우선은 기존의 방식을 유지하면서 상황을 지켜보세요. 다급할 필요는 없습니다. 그다음 다른 가드너가 기록해 놓은 이야기를 들춰보는 거예요.

다른 이들의 경험에서 영감을 받으면 돼요. 저런 게 되는구나, 그럼 나는 이런 걸 할 수 있겠다, 하고요.

그래도 모르겠다면 당신과 같은 고민을 가진 이들이 모인 커뮤니티를 찾아가세요. 그들의 의견을 듣다 보면, 그 안에서 분명 당신만의 해답을 찾을 수 있을 거예요.

그래서, 어떤 물을 주어야 하냐고요? 사실 이것에 관한 의견은 다양해요. 가드너의 숫자만큼이나 다양한 의견이 있습니다.

어떤 가드너는 식물의 고향 환경과 유사하게 만들어주려고 노력해요. 또 어떤 가드너는 비가 오는 날 양동이를 내놓고 빗물을 받죠.

나는 어떻게 하냐고요? 수돗물을 줄 때도 있고 지하수를 줄 때도 있어요. 정수기 물이나 빗물, 생수를 주기도 하죠. 식물이 놓인 장소에서 어렵지 않게 구할 수 있는 물을 줍니다.

너무 고민하지 마세요. 식물은 어떤 물을 주어도 잘 자라요. 수돗물, 지하수, 정수기 물, 생수, 빗물 등 그 어떤 물을 주어도 괜찮아요.

수돗물은 소독제인 염소 때문에 좋지 않다는 말을 들었나요? 그래서 물을 떠 놓고 하루를 기다렸다가 식물에 주고 있나요?

염소(Cl)는 식물에게 필요한 원소잖아요. 그런데 왜 나쁘다는 걸까요? 수돗물에 잔류하는 건 염소 이온(Cl^-)이 아니라 차아염소산($HClO$) 형태이기 때문입니다.

간편하게 '유리염소'라고 할게요. 이 유리염소는 살균력(산화력)이 있지만, 비료에 포함된 질소와 만나면 독성을 가진 결합염소로 돌변해요. 이 독성 염소는 식물의 뿌리를 손상시켜요. 오래 걸리지도 않습니다. 기온이 높으면 불과 30분 만에 잎이 시들게 됩니다. 뿌리는 6시간이면 갈변하고요.

하지만 안심하세요. 수돗물에 있는 유리염소의 농도는 그렇게 진하지 않아요. 우리나라의 수돗물 속에는 약 0.5ppm 농도로 존재하는데요. 이 농도는 식물에 주어도 별다른 문제가 생기지 않는 정도입니다. 금방 공기 중으로 날아가 버리기도 하고요.

아직도 고민스럽나요? 그렇다면 조금 더 쉽게 설명해볼게요. 식물은 당신보다 물에 예민하지 않아요. 당신이 먹거나 샤워에 사용할 수 있는 물은 식물에도 큰 문제가 되지 않습니다.

▌화분에 줄 수 있는 물

수돗물 (pH6.5~7.5)

염소나 불소가 들어있어서 식물에 좋지 않다는 말이 있습니다. 염소는 수돗물과 관계없이 흙과 공기에 이미 존재합니다. 우리나라의 수돗물에 있는 염소 농도는 그렇게까지 높지 않습니다. 흙으로 스며든 수돗물의 염소는 다른 원소들과 결합해서 식물이 흡수할 수 없는 상태가 되거나 공기 중으로 쉽게 증발합니다.

불소의 경우는 더 고민할 필요가 없습니다. 우리나라는 2018년부터 '수돗물 불소화 사업'이 중단되어, 수돗물에 불소가 첨가되지 않습니다. 여전히 걱정스럽다면 수돗물을 하루 동안 받아 놓았다가 사용하세요.

정수기 물 (pH5~6)

정수기 물은 식물에 필요한 각종 미네랄이 걸러진 상태라 식물에 좋지 않다는 말이 지배적입니다. 식물에 물을 주는 목적이 무기질 공급을 위한 것만은 아니라는 점에서 완벽하게 들어맞는 말은 아닙니다.

무기질이 걸러져 순수해진 물의 산도(pH)는 일정 수준까지 내려갑니다. 이러한 물은 흙 속의 식물이 쓸 수 없었던 딱딱한 양분을 녹여내는 작용을 해서 오히려 식물에 장점으로 작용합니다.

지하수 (pH7~8)

지하수에는 나트륨, 칼륨, 칼슘, 마그네슘, 황, 철, 규소 등이 녹아 있습니다. 식물에 이런 비료를 공급하는 효과가 있지만, 몇 가지 단점도 있습니다.

나라와 지역마다 편차는 있지만, 물에 녹아 있는 무기질 성분들이 대부분 염기성을 띠기에 지하수의 pH는 비교적 높은 수치를 보입니다. 따라서 지하수를 오랫동안 화분에 주었을 때는 흙의 pH가 염기로 변하지 않도록 관리해야 합니다. 흙이 염기성을 띠면 철, 아연, 망간 등의 양분 흡수가 어려워집니다.

지하수는 다른 물과 비교했을 때 상대적으로 산소가 적게 녹아 있습니다. 식물의 뿌리가 필요로 하는 산소 공급에는 조금 불리해요. 만약 똑같은 조건에서 물의 종류만 다르게 한다면 지하수를 사용한 화분의 식물이 뿌리 과습에 불리합니다. 하지만 걱정할 만큼 의미 있는 수치는 아닙니다. 화분의 통기성을 개선해서 공기의 순환이 잘되도록 해주면 됩니다.

생수 (pH6~8)

생수는 수원지에 따라 미네랄 함량이 다릅니다. 그중 칼슘 함량에 따라 제품의 산도(pH)에 차이를 보입니다. 생산 처리 공정에서 많은 공기에 노출되기 때문에 지하수보다는 많은 산소가 녹아 있습니다.

생수에 함유된 무기질 구성은 지하수와 그게 다르지 않지만, 생산과정에서 필터링 되기 때문에 그 양은 현저하게 적습니다. 따라서 비료 공급 목적으로 사용하는 것은 바람직하지 않습니다.

빗물 (pH5~6)

미네랄이 걸러진 정수기 물이 약간의 산성을 띠는 것처럼 수증기도 처음에는 미네랄을 포함하고 있지 않아서 약간의 산성을 띱니다.

수증기는 수천 미터 높이에서 빗물이 되어 다시 떨어집니다. 이때 공기 중 '질소'가 빗빗물에 담깁니다. 공기의 약 78%는 질소로 이루어서 있지만, 식물은 호흡으로 질소를 흡수하지 못합니다. 대신 물에 녹아 있는 질소를 잎과 뿌리로 흡수합니다.

빗물에 녹아 있는 질소의 양은 질소비료를 물에 3000배로 희석한 것과 비슷합니다. 따라서 식물의 잎이 7일 이상 빗물을 계속 맞게 되거나 뿌리가 3일 이상 빗물을 흡수 하게 되면 질소 과잉으로 웃자라며, 세포벽이 약해져 벌레와 박테리아의 공격에 쉽게 노출됩니다.

빗물에는 그 밖에도 나트륨, 칼륨, 칼슘, 마그네슘, 황, 염소가 담길 수 있지만, 생수의 1/10 수준에도 미치지 못합니다.

물 주는 시간대

밤에는 식물이 증산작용을 하지 않으니까 저녁에 물을 주면 좋지 않다는 말이 있어요. 흙이 밤새 습한 상태로 남아 있을 테니까요. 식물은 오전에 광합성과 증산작용을 활발하게 하니까 아침에 물을 주는 게 제일 좋다는 말도 있어요.

이론적으로는 맞습니다. 하지만 완벽하게 맞아떨어지는 건 아니에요. 수십 개의 화분과 수십 종의 다른 식물을 키울 때는 더욱 그렇습니다. 화분마다 물을 머금고 있는 상태가 제각각일 테니까요.

자연에 사는 식물을 생각해보세요. 비가 시간을 맞춰서 아침에만 내리지 않아요. 깊은 밤에도 비는 옵니다.

물 주기 좋은 시간대라는 건 없어요. 더 나은 시간대라는 것도 있지 않아요. 저녁에 주거나 아침에 주어도 고작 12시간밖에 차이가 나지 않아요. 그 12시간 때문에 엄청난 변화가 생기지는 않습니다. 심각한 피해도 발생하지 않아요.

그저 화분의 흙이 마르면 물을 주면 됩니다. 식물이 신호를 보내면 주세요. 물 줄 때가 된 것 같으면 주세요. 이 화분에 물을 주는 김에 저 화분에도 물을 주세요. 그러면 됩니다.

물을 담뿍 주어서 며칠간 화분에 물이 너무 많을 수 있어요. 물 주는 것을 잊어서 며칠 동안은 화분에 물이 부족해질 수도 있고요.

괜찮아요. 식물은 비가 내렸다고 생각할 거예요. 때로는 가뭄이 찾아왔다고 생각할 거예요. 지속되는 게 아니라면 식물은 꽤 오랫동안 견딜 수 있습니다.

물의 온도

화분에 주는 물의 온도는 겨울과 여름에 상관없이 16~25℃가 적당합니다.

하지만 추운 곳에서 잠을 자는 식물에는 4~10℃ 정도의 차가운 물을 주어야 해요. 따뜻한 물은 식물을 강제로 깨어나게 할 수 있어요. 그렇게 깨어난 식물이 추위를 마주하면 견디지 못하고 죽게 될 거예요. 만약 깨어났다면 따뜻한 곳으로 옮겨 주세요.

사실 잠을 자는 동안에는 물을 주는 게 좋지 않습니다. 하지만 흙이 바짝 마르는 것도 좋지 않아요. 그래서 약간의 물을 줄 필요는 있습니다.

물을 줄 때마다 온도를 측정하기가 번거롭다면, 화분이 놓인 장소에 하루 동안 물을 떠 놓으세요. 그곳에 놓인 화분에 줄 수 있는 물의 온도로 맞춰집니다.

물 주는 방식

물 말리지 않기

식물을 막 키우기 시작한 가드너는 '과습'을 걱정한 나머지 흙을 지나치게 말리는 경향이 있습니다. 잠시 흙이 바짝 마른다고 해서 식물이 죽는 것은 아니에요. 다육식물이라면 뿌리가 마르는 것 말고는 아무런 영향도 없겠죠. 물은 늦게라도 주면 됩니다.

하지만 나는 당신이 화분의 흙을 바짝 말리지 않았으면 좋겠어요. 우리가 가드닝에서 이용하는 흙은 코코피트와 피트모스를 기본 원료로 하고 있습니다. 이런 소재의 흙은 바짝 마르면 물을 다시 흡수하는 데까지 굉장히 긴 시간이 필요해요.

바짝 마른 흙이라면 물을 주어도 금방 받침대로 흘러나오고 말 거예요. 물이 흘러나온다고 해서 흙에 물이 충분하다고 생각해서는 안 돼요. 정말로 흙이 물을 충분히 흡수했는지 확인해보세요. 흙을 들춰보고, 화분을 들어서 무게도 가늠해보세요.

물을 흡수하지 못한 게 확인된다면, 화분을 통째로 물에 10분 동안 담가두는 조치가 필요합니다. 이때 화분의 절반 높이까지 물에 잠겨야 해요. 그래야 흙이 물을 흡수하는 기능을 되찾습니다.

원예용 흙은 바짝 마르지 않으면 물 흡수 기능을 잃지 않습니다. 그러니 될 수 있으면 화분의 흙이 바짝 마르도록 내버려 두지 마세요. 완전히 마르기 전에는 물을 주세요. 그러면 앞으로도 당신이 주는 물을 쉽게 받아 줄 거예요.

흙이 파이지 않게 주기

강한 물살로 흙이 파이도록 물을 주지 마세요. 물이 지나치게 빨리 아래로 흘러나가게 됩니다. 화분에 물을 줄 때는 천천히, 흙 전체에 골고루 스며들 수 있게 주세요.

특히 피트모스가 주원료인 흙은 마르면서 수축합니다. 이때 흙이 화분 가장자리와 떨어지면서 틈이 생기게 됩니다. 그곳으로 물이 쉽게 통과할 수 있으므로 천천히 물을 주어서 피트모스가 다시 부풀 수 있게 해주세요.

물이 너무 많이 배수되지 않게 하기

물을 줄 때는 충분한 양을 주세요. 흙 전체가 다 젖도록 주어도 됩니다. 하지만 지나치게 많은 물을 주어서 물 받침대가 넘치게 하지는 마세요. 바닥이 지저분해지기 때문은 아니에요.

화분 속에는 많은 유기 양분과 무기 양분이 있습니다. 이러한 양분 중 일부는 물에 잘 씻겨 내려가요. 양분 결핍으로 이어질 수 있습니다. 물 주는 방식을 바꿀 수 없다면 양분을 보충해주세요.

 저면관수가 더 낫다던데?

화분을 물에 담가두는 '저면관수'는 난초과 식물의 관리와 수많은 화분을 관리해야 하는 화훼업 종사자의 편리함 그리고 수경 농업에서 파생된 방법이에요.

화분 위로 물을 주면 흙이 단단해지고 물이 흐르는 통로가 생겨서 좋지 않다는 이유로 저면관수를 선호하는 가드너도 많습니다.

저면관수는 화분을 늘 물에 담가두는 상시 저면관수와 물을 줄 때만 담가두는 일시 저면관수로 나뉩니다.

상시 저면관수는 깊고 큰 화분 또는 통기성 화분일 때에 적용할 수 있는 방법입니다. 화분을 담가두는 물에 산소가 충분해야 하므로 흐르는 물일 때 권장됩니다. 물을 계속 교체해주는 방법도 있어요.

일시 저면관수는 흙이 물을 다 흡수하면 화분을 건져내는 방식입니다. 통기성이 없는 화분은 이 방식으로 진행해야 합니다.

저면관수는 화분의 흙이 물을 완전하게 흡수한다는 장점이 있지만, 흙의 양분이 물에 희석되어 나온다는 단점도 있습니다. 이 단점은 또 다른 문제를 일으키기도 해요.

흙 입자에 붙어 있던 양이온의 무기질이 빠져나가면서 물에 녹아 있던 수소이온이 그 빈자리를 차지합니다. 흙의 산성화로 이어질 수 있어요.

저면관수 방식으로 화분을 관리할 때는 과잉이 되지 않을 수준에서 물에 비료를 미리 희석하는 것이 좋습니다.

땡볕 아래에서 물을 주면 안 좋다던데?

무더운 땡볕 아래에 있는 식물에 물을 주면 좋지 않다는 말이 있어요. 이 말은 사실이 아닙니다.

물론 약품이나 비료를 희석한 물을 잎에 분무할 때는 좋지 않아요. 이때는 햇볕이 내리쬐는 더운 날씨를 피해야 합니다.

농원이나 화훼단지, 과수원은 관수 시설을 이용해 물을 줍니다. 이때는 햇빛에 달구어진 호스 속 물 온도가 80℃까지 올라갑니다. 이렇게 뜨거운 물을 식물에 주는 건 당연히 안 되겠죠. 뿌리가 익어 버릴 테니까요.

이런 말들이 우리의 가드닝에까지 은연중 전파된 게 아닌가 싶어요.

16~25℃의 물을 줄 수 있는 환경인가요? 그렇다면 땡볕이라도 물을 주세요. 호스 속 뜨거운 물이 모두 나오도록 한 다음 주면 됩니다.

식물은 스스로 체온을 조절하지 못해요. 대신 증산작용을 통해 뿌리, 줄기, 잎을 시원하게 유지합니다. 그래서 더위에 허덕일 때는 증산작용도 활발해져요. 낮 동안 기공을 닫고 있는 다육식물은 제외이지만요.

식물의 뿌리, 줄기, 잎은 온도가 올라갈수록 산소가 많이 필요해요. 에너지 소모도 굉장히 커지게 되죠. 광합성을 열심히 하지만, 생산되는 에너지보다 사용하는 에너지가 더 많을 때도 있습니다. 더우면 흙 속에 있는 물의 산소 농도도 줄어들어요. 식물을 괴롭히는 박테리아와 바이러스의 힘이 세지는 것도 문제입니다.

이때 가드너가 16~20℃의 시원한 물을 흙에 부어주면 어떻게 될까요? 식물은 증산작용을 통해 조금 더 쉽게 체온을 내릴 수 있게 됩니다. 흙 속 온도가 내려가서 식물을 괴롭히는 박테리아와 바이러스의 활동도 줄어듭니다.

식물은 그제야 '아, 살겠다'라고 생각할 거예요.

잎에 물방울이 맺히면 타나요?

그렇게 될 수 있습니다. 하지만 그 이유는 우리가 생각하는 것과 조금 다릅니다.

사람들은 잎에 물방울이 맺히면 볼록 렌즈(돋보기) 현상으로 빛이 모여 잎이 타는 것으로 인지하지만, 그건 사실과 다릅니다.

돋보기를 종이에 붙여 놓아보세요. 햇빛이 모이지 않으며 종이는 타지 않습니다. 돋보기를 종이로부터 멀리해서 빛이 모이게 하더라도 그곳에 물이 있으면 타지 않습니다. 물이 다 증발하기 전에는 종이를 태울 수 없죠.

따라서 잎에 맺힌 물방울에는 볼록 렌즈 현상이 일어나지 않습니다. 그게 사실이라면 햇빛을 직접 받는 실외의 나무와 풀들은 비가 내린 다음 잎이 모두 타야하지 않을까요?

잎에 맺힌 물방울이 식물의 잎 세포를 파괴하는 데는 몇 가지 이유가 있습니다.

◎ 질소

물방울에 녹은 질소는 시간이 지나면 암모니아성 질소로 변합니다. 암모니아성 질소는 병원성 미생물을 활성화하는데 이는 잎의 세포 파괴로 이어집니다.

◎ 진균

오랫동안 고여 있는 물방울에는 진균이 증식하게 되고 단계적으로 잎을 감염시킵니다.

◎ 습도

일액현상으로 잎에서 빠져나온 물이 지나친 습도 때문에 증발하지 않고 고여 있게 되면서 점액성 물질, 무기질 등이 스며들고 고착되어 수분샘과 같은 기관을 막게 됩니다. 노폐물 배출이 되지 않아 해당 부분부터 검게 죽으면서 타는 현상이 나타납니다.

실내 식물의 잎에는 하루 이상 물이 고여 있게 내버려 두지 마세요. 빗물처럼 계속 흐르는 상황일 때만 예외로 하기로 해요.

식물의 과습 장해

식물의 과습 장해는 물을 많이 주어서 발생한다기보다는 화분 속에 신선하지 않은 물이 오랫동안 머물면서 시작됩니다. 과습 장해가 온 식물은 오래된 잎부터 시들듯이 처집니다. 잎 가장자리에 검은 얼룩이 생겨 번져가기도 하죠. 심할 때는 어린잎을 제외한 대부분의 잎이 우수수 떨어지기도 합니다.

과습이 찾아온 식물을 구해주고 싶나요? 그럼 과습 증상이 맞는지부터 확인해보아야 합니다. 다른 원인으로 인한 증상인데도 과습을 범인으로 몰 때가 있거든요.

과습은 뿌리에서 시작됩니다. 그러니 과습을 확인하기 위해서는 식물을 화분에서 꺼내야 해요. 꺼냈다면 뿌리 뭉치를 살펴보세요. 뿌리 일부, 특히 아래쪽 뿌리가 물컹거리거나 투명하게 변했다면 과습 초기입니다.

갈색 또는 검게 변한 뿌리가 보이나요? 이건 과습 장해가 몇 주간 지속되었다는 의미입니다. 식물의 잎은 빠르게 노화되고, 양분 결핍이 함께 찾아왔을 거예요.

흙에 코를 가까이 대고 냄새를 맡아보세요. 신선한 흙냄새가 아니라 퀴퀴한 냄새가 나고 있나요? 그렇다면 뿌리와 흙, 물이 함께 썩고 있는 거예요. 식물은 한 달 이상 과습 장해를 견디고 있었던 겁니다.

이처럼 과습은 식물을 단번에 죽이지 않습니다. 그 과정은 긴 시간 동안 천천히 진행됩니다. 그러니 멀쩡하던 식물이 며칠 만에 회색빛으로 변하거나 완전히 말라 죽었다면 과습 때문은 아닐 확률이 높습니다.

과습이 찾아온 식물 구하기

건강한 뿌리

과습으로 손상된 뿌리

가드너는 과습이 찾아온 식물을 구하기 위해 노력합니다. 통과의례처럼 한 번씩은 겪게 되는 상황이죠.

과습 초기 단계라면 무언가를 하기보다는 물 주는 양을 평소보다 줄이기만 하면 됩니다. 식물은 새 뿌리를 내고 건강을 회복할 거예요.

하지만 식물의 과습 장해는 화분의 배수와 통기성이 좋지 않다는 뜻이기도 합니다. 물 주는 스타일을 바꿀 수 없다면, 통기성이 뛰어난 화분으로 교체를 고려해주세요.

넉넉한 크기의 화분을 이용하는 것도 도움이 됩니다. 큰 화분이 오히려 과습 장해를 일으킨다는 주장도 있지만, 사실과는 조금 다릅니다. 작은 화분의 물이 상대적으로 빨리 마르기 때문에 나타나는 결과값 정도로 이해했으면 좋겠어요. 똑같이 신선하지 않은 물이 머물러 있는 상황에서는 작은 화분보다는 큰 화분에서 과습이 덜 발생합니다.

흙에서 퀴퀴한 냄새가 나는 단계부터는 물 주는 양을 줄이는 것만으로 해결하기 어렵습니다. 사람들은 이런 상황에 놓이면 뿌리 뭉치를 꺼내 흙과 뿌리를 말리려고 합니다. 흙을 털어내고 상한 뿌리를 뜯어내기도 하죠.

하지만 식물의 회복에는 도움이 되지 않습니다. 오히려 물을 흡수하지 못해 상태는 더 나빠집니다.

일부 다육식물과 난초 식물을 제외한 대부분 식물의 뿌리는 마르지 않게 해야 해요. 양분과 물 흡수 기능을 갖춘 털뿌리는 마르는 순간 그 기능을 잃게 됩니다. 다시 흙이 촉촉해져도 기능이 회복되지 않습니다. 식물은 다시 양분 흡수가 가능한 새 뿌리를 갖출 때까지 성장하기 어려워집니다. 되도록 화분의 흙을 바짝 말리지 말라고 하는 이유는 여기에 있습니다.

화분의 식물에 심각한 과습 장해가 발생했다면 흙을 털어내거나 뿌리를 말리는 대신 물을 주세요. 신선한 물로 흙 속의 오래된 물이 밖으로 밀려 나오도록 해주세요. 그러기 위해서는 매우 많은 물을 주어야 할 수도 있습니다.

화분 위로 물을 주기보다는 뿌리 뭉치를 꺼내서 흐르는 물이나 신선한 물에 한 시간 정도 담가 놓는 것도 좋은 방법입니다. 그러면 흙 속의 물이 신선한 물로 교체됩니다.

그런 다음 뿌리 뭉치를 통기성이 좋은 화분으로 옮겨 주세요. 기존 화분보다 조금 더 큰 화분을 선택해도 됩니다.

과습 장해로 썩어버린 뿌리 잔재는 흙 속에 남아있어도 괜찮습니다. 신선한 물로 교체되었다면 뿌리 잔해는 미생물의 먹이가 되거나 분해되어 식물의 양분이 됩니다.

각자의 장소에서 잘 살아가고 있던 식물들을
우리는, 우리의 화분으로 옮겨 놓은 기예요.

땅에 심겨진 식물에는 물을 주지 않아도 돼요.
때가 되면 비가 내리니까요.

하지만 화분은 비가 내리지 않는 실내에 있어요.
그래서 우리는 물을 주어야 해요.

CHAPTER

7

따뜻할 때
그리고 습할 때

온도보다 빛이 더 중요해요.
습도보다 빛이 더 중요해요.
온도와 습도는 햇빛 다음입니다.

온도

여기에 두 가지 보기가 있습니다.

15~25°C 또는 25~35°C

어느 쪽에서 식물이 더 잘 자랄까요? 일부를 제외하면 대부분의 실내 관엽식물은 15~25°C에서 더 건강하게 자란다는 사실을 알고 있나요? 식물은 상대적 고온보다 상대적 저온에서 더 건강해질 수 있어요.

사람들은 막연하게 온도가 높으면 식물이 잘 자랄 거라고 생각해요. 생육 속도만 놓고 보면 틀린 말은 아닙니다. 더 많은 물과 이산화탄소, 빛이 충족 됐을 때 온도가 높다면 빠르게 자랄 수 있어요.

하지만 모든 게 충족되지 않은 채 온도만 높다면 전혀 다른 양상을 보이게 됩니다. 식물은 빠르게 자라는 게 아니라, 빠른 속도로 건강을 잃게 됩니다.

기억하세요. 드루이드의 마법이 깃드는 온도는 22°C 입니다.

흙의 온도

작물이 심긴 농지에 비닐이 씌워진 것을 본 적 있나요?

불투명한 검은색 비닐은 빛을 통과시키지 않습니다. 비닐 안을 어두운 상태로 만들어 잡초가 자라지 못하도록 합니다. 검은색은 빛과 열을 흡수하기 때문에 비닐 자체가 뜨거워집니다. 맞닿아 있는 흙 온도도 올라가요.

반면 투명 비닐은 빛과 열이 통과해요. 열은 비닐 안에 갇히게 되고 온실효과가 발생해서 흙 속 공기의 온도가 급격하게 올라갑니다. 빛도 통과하기 때문에 식물이 광합성을 할 수 있어요. 잡초가 비닐 안에서 자라게 됩니다.

불투명한 흰색 비닐은 빛과 열을 반사해요. 흰색의 반대쪽 면에 어두운색 처리가 되어 있으면 빛이 통과하지 못해 잡초가 자라지 않습니다. 그리고 흰색 면에 반사된 빛이 작물의 잎 뒷면에까지 전달되기 때문에 광합성에도 유리해요. 하지만 빛과 열이 반사되기 때문에 흙 온도를 검은색 비닐만큼 올리지는 못합니다. 흙 온도가 지나치게 올라가면 안 될 때 이용합니다.

녹색 비닐은 흰색 비닐과 검은색 비닐의 중간입니다. 적당하게 흙 온도를 올려주지만 적당하게 잡초가 자랍니다.

농업에서는 왜 흙 온도를 올리려고 하는 걸까요?

식물은 지상부와 지하부의 비율이 다르면, 부족한 쪽이 자랄 때까지 기다립니다. 하지만 같거나 비슷한 비율일 때는 뿌리가 조금씩 먼저 자랍니다. 뿌리가 자라는 만큼 잎과 줄기가 따라오는 형더리고 생각히먼 돼요.

그래서 뿌리가 잘 자라도록 해주면, 식물 전체가 잘 자라는 효과를 불러옵니다. 일정한 수준까지는 흙 온도가 올라갈수록 식물이 더 빨리 자란다고 보아도 좋아요.

습도

관엽식물 대부분이 열대지역에서 왔어요. 그래서 사람들은 막연하게 습도가 높으면 식물이 잘 자랄 거라고 생각해요.

기본적으로는 맞는 말입니다. 실내처럼 빛이 부족한 환경에서 높은 습도는 식물을 잘 자라게 할 수 있어요. 습도가 높으면 식물은 기공을 열고 호흡하는 시간이 많아져요. 그렇게 해도 식물은 소중한 물을 공기로 쉽게 빼앗기지 않습니다. 건조할 때처럼 물이 빠르게 증발하지 않으니까요. 식물은 증산작용에 의지하지 않고도 뿌리가 밀어 올려준 만큼의 물과 양분을 이용해서 자랍니다.

하지만 지나치게 높은 습도는 문제가 돼요. 물의 증발이 거의 이루어지지 않아서 식물의 잎에 수분이 남기 때문이에요. 수분이 남아돌아도 뿌리는 계속 물을 흡수해요. 이건 식물이 스스로 조절할 수 없어요. 식물의 체내 수분의 농도가 외부의 수분 농도보다 진하기 때문이에요. 삼투압에 의해 물은 계속 체내로 이동할 수밖에 없습니다.

이때 식물은 잎맥이나 잎끝의 수분샘으로 넘치는 물을 내보내려고 노력하지만 그것만으로는 부족합니다. 결국 식물의 체내에는 양분이 쌓이게 됩니다. 뿌리에서 물과 함께 흡수한 수많은 양분을 잎에서 전부 처리하지 못했기 때문이죠. 햇빛이 충분하다면 광합성을 통해 모두 에너지로 전환하겠지만, 실내에서는 어려워요.

사용하지 못한 양분은 수분샘으로 빠져나가기도 하지만 대부분은 잎에 남아 노폐물이 되어 암모니아 독소 작용과 같은 문제를 조금씩 일으킵니다. 그럼 식물은 건강을 잃게 되어 박테리아의 공격을 방어하지 못하게 됩니다.

반대로 습도가 지나치게 낮아도 같은 문제가 발생합니다. 지나치게 활발한 증산작용으로 인해 많은 물이 흙에서 잎으로 이동합니다. 이때도 햇빛이 충분하지 않으면 실려 온 양분을 모두 처리하지 못합니다. 대부분은 잎에 남아 노폐물이 되고 암모니아 독소 작용과 같은 문제를 일으킵니다.

그래서 습도가 지나치게 높거나 낮을 때는 햇빛이 충분해야 해요. 그렇지 않으면 잎에 노폐물이 쌓여 문제가 됩니다. 식물은 잘 자라지 못하고, 잎에는 하얗거나 검은 반점이 생기게 됩니다. 잎끝이 마르거나 타들어 가는 증상도 보일 거예요.

기억하세요. 드루이드의 마법이 깃드는 습도는 77% 입니다.

ⓘ 암모니아 독소 작용

암모니아는 식물에 중요한 질소화합물인 동시에 생물 독이기도 해요. 지나치게 축적되면 다양한 문제의 원인이 됩니다.

예외로 말산, 옥살산과 같은 유기산을 이용해서 제독할 수 있는 능력을 갖춘 식물도 있습니다. 다육식물(선인장), 베고니아, 괭이밥이 대표적이에요. 이러한 식물은 다른 식물보다 더 많은 암모니아 독소를 해독할 수 있어서 30% 이하 혹은 90% 이상의 극단적인 습도에서도 별다른 문제 없이 자랄 수 있습니다.

식물의 방어력

어떤 식물은 곰팡이와 벌레에 공격당해도 오래 버틸 수 있습니다. 잎 몇 개를 내어주고 아무런 일도 없었던 것처럼 살아가기도 해요. 하지만 어떤 식물은 쉽게 병듭니다. 곰팡이에 쉽게 잡아먹히고 성장을 방해하는 벌레가 생기면 금방 생기를 잃습니다.

맞아요. 온도와 습도는 식물의 '방어력'과 관계가 있습니다. 대부분의 실내 관엽식물은 햇빛의 농도가 적절하다면 온도 22℃, 습도 77%에서 방어력이 가장 높아요.

온도가 22℃에서 1도씩 낮아지게 되면 방어벽을 쌓는 속도도 한 단계씩 느려져 방어력이 감소합니다. 반면 22℃에서 1℃씩 올라갈 때는 방어력이 그다지 감소하지 않습니다. 다만 높은 온도는 박테리아와 바이러스가 살기 좋아요. 온도가 1℃ 증가할 때마다 식물을 공격하는 박테리아와 바이러스의 숫자가 약 100배씩 증가합니다.

습도도 비슷해요. 지나치게 습도가 높으면 증산작용을 방해합니다. 지나치게 낮아도 증산작용이 과해집니다. 두 경우 모두 햇빛이 부족할 때 잎에 필요 이상으로 양분이 쌓이게 됩니다. 사용하지 못한 양분은 노폐물로 변합니다.

습도는 박테리아와 바이러스의 증식에도 깊게 관여합니다. 습도가 낮으면 이들의 증식이 억제되지만, 습도가 높으면 일정 수준까지 증식합니다.

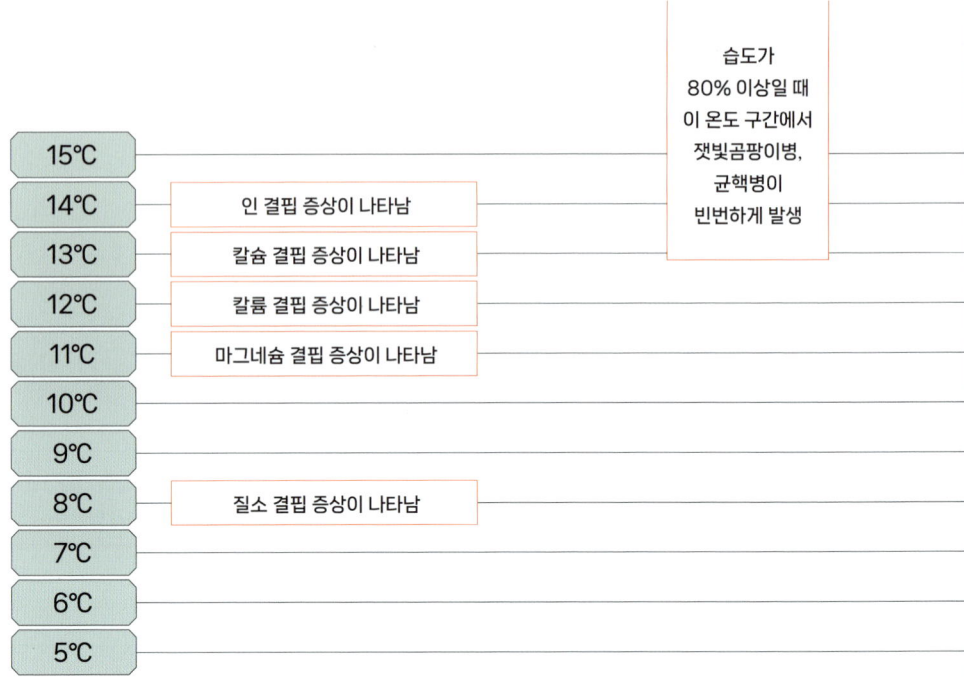

ⓘ 온대식물과 열대식물

- ✓ 봄에 일찍 꽃피우는 나무가 더 건강해요. 그리고 가을에는 늦게 단풍 드는 나무가 더 건강합니다.

- ✓ 열대식물보다 온대식물이 저온에 더 민감해요. 온대식물은 겨울을 준비해야 하기 때문입니다.

- ✓ 다년생 온대식물에게 겨울은 휴식이에요. 충분히 휴식할 수 있도록 겨울 동안 7℃ 미만에서 보낼 수 있게 해주세요. 그러나 뿌리가 얼게 해서는 안 돼요.

다들 하나쯤은 문제를 안고 살아가고 있어요.
그게 당연해요.

식물도 그렇습니다.

— CHAPTER

8
볼 수 없는 것들

당신은 화분에서 무슨 일이 일어나는지 알지 못할 거예요.
무언가를 상상하고 있다면 그건 착각일 확률이 높습니다.

식물의 친구

비 냄새를 좋아하세요? 저는 좋아합니다.

사람은 다른 동물보다 냄새를 맡는 능력이 떨어집니다. 하지만 비 냄새를 맡는 능력만은 그 어떤 동물보다 뛰어나다고 해요. 그래서 본능적으로 멀리서 비가 내리는 것을 감지할 수 있대요.

정확하게 말하면 비를 감지하는 건 아니고, 흙 속의 유기물과 미생물에 의해 만들어진 지오스민(Geosmin)이란 물질을 감지하는 겁니다. 비가 내릴 때면 지오스민이 공기 중으로 잘 퍼지기 때문에 우리가 느끼는 거죠.

사람은 생수 1ℓ 안에 지오스민이 0.00001㎎만 존재해도 알아차릴 수 있습니다. 이건 상어가 바다에서 피 냄새를 맡는 것보다 민감한 수준입니다.

지오스민은 흙 냄새에요. 만약 당신이 비 냄새를 좋아한다면 지오스민에 반응한 것일 수 있습니다.

맞아요. 흙과 미생물에 관한 이야기를 해볼까 해요. 이건 당신이 데려온 식물이 얼마나 오래 살아갈 것인지와 매우 밀접한 관련이 있습니다.

식물은 빛, 물, 이산화탄소, 산소 그리고 무기질을 필요로 합니다. 하지만 이외에도 수많은 자연 현상을 필요로 해요. 곤충, 동물의 부대낌, 이슬 그리고 바람까지도요.

실내로 이주한 식물은 그런 부분을 전적으로 사람에게 의존합니다. 당신은 때로 꿀벌이 되어야 하고, 때로는 바람이 되어주어야 해요.

그렇게 하려면 먼저 기본이 되는 흙의 시스템을 이해할 필요가 있습니다. 눈에 보이지 않아서 그냥 지나칠 수 있는 것들이에요.

식물의 잎이 노랗게 변했는데 어떻게 해야 할까요, 와 같은 질문이 아니에요. 식물의 잎이 노랗게 변한 이유가 무엇일까요, 에 관한 대답입니다.

무생물과 생물

> 💬 물이 부족한 걸까요?

> 💬 양분이 부족한 걸까요?

나는 위의 질문을 자주 받습니다. 하지만 이런 궁금증을 갖기 전에 당신이 먼저 생각해 보았으면 하는 게 있어요.

> 💬 이 흙은 살아 있나요?

흙은 무생물입니다. 무생물이란, 살아 있지 않다는 뜻이에요. 이산화탄소, 물, 햇빛, 산소는 무생물의 좋은 예입니다.

흙의 입자도 그 자체는 살아 있지 않습니다. 마사, 모래, 점토는 자연에 존재하는 무기물입니다. 무생물이에요. 물론 우리가 사용하는 코코피트나 피트모스 같은 유기물은 이전에는 살아있던 것들입니다. 현재는 분해되는 과정에 들어선 물질이죠.

흙에서 살아가는 미생물을 포함한다면 어떨까요? 그럼 흙을 생물이라고 할 수도 있을 거예요.

오랫동안 농부와 가드너는 흙을 '식물을 고정해 주는 장치' 정도로 여겼어요. 과학자들에 의해 흙이 더 많은 역할을 한다는 게 밝혀진 건 고작 몇십 년 전입니다. 어쨌든 과학자들은 흙 속에 생태계가 있다는 걸 발견했어요. 이건 정말 중요한 발견입니다.

왜 중요하냐고요? 흙은 식물을 돌보는 거대한 생명 덩어리입니다. 당신은 그 흙을 살릴 수도 있고 죽일 수도 있어요. 흙이 죽으면 식물도 살지 못합니다. 그래서 중요해요.

만약 흙이 병든 걸 알아차리지 못한다면 당신은 식물에 생긴 이상 증상의 원인을 다른 데서 찾게 될 거예요. 물이나 비료가 부족하다고 판단할 수도 있겠죠.

유익한 미생물

➕ 뿌리균 (근균)

흙에는 식물과 공생하거나 유익한 관계를 맺고 있는 미생물이 많습니다. 그중 하나가 '뿌리균'입니다. 뿌리균은 식물의 뿌리와 매우 닮은 모양으로 모여서 자랍니다. 뿌리에 붙어서 자라기 때문에 현미경으로 관찰하면 뿌리의 일부처럼 보일 수 있어요.

이 곰팡이 실은 매우 멀리, 곳곳으로 퍼질 수 있습니다. 그렇게 뿌리가 닿지 못하는 곳에 있는 양분을 흡수합니다. 뿌리균은 버섯과 같은 균사체이므로 스스로 에너지를 만들지 못합니다. 그래서 식물의 뿌리로 양분을 배달해주는 대가로 에너지원인 '당'을 받습니다.

당은 식물이 광합성을 통해 만든 겁니다. 앞에서 내가 당신에게 들려준 이야기를 기억해 보세요. 식물은 총 5의 에너지를 사용하고 있지만, 광합성을 통해 10의 에너지를 얻습니다. 남는 에너지 중 3은 뿌리로 내려보내 계약을 맺은 미생물에게 나눠주고 남은 2를 창고에 저장한다고 했어요. 식물은 에너지를 저장하는 것보다 미생물에 나눠주는 것에 더 많이 투자합니다. 그만큼 미생물과 식물의 관계는 중요합니다.

식물은 뿌리균이 흡수할 수 있는 특정 영양소를 필요로 합니다. 흙 알갱이에 딱딱하게 붙어 있는 인(P)이 특히 그렇습니다. 그러니까 인(P)이 부족해서 느리게 자라거나 꽃이 피지 않는 식물이 있다면, 공생하는 뿌리균과의 관계가 파괴된 건 아닌지 의심해 보아야 해요.

➕ 질소고정균

질소고정 박테리아는 식물의 성장에 매우 중요한 유기체입니다. 질소는 공기 중에 많이 존재하지만, 식물이 바로 이용할 수 없습니다. 이걸 해소하는 게 질소고정균입니다. 질소고정균은 질소를 채집해서 식물이 사용할 수 있는 형태로 만들어 붙잡아 둡니다.

질소고정균에는 뿌리혹박테리아처럼 식물의 뿌리에 붙어 공생하는 박테리아가 있는가 하면 독립적으로 활동하는 박테리아도 있습니다.

➕ 바실러스균 (고초균)

식물은 유기물 덩어리를 그대로 흡수할 수 없습니다. 유기물 비료도 무기질 형태로 바뀌어야 흡수할 수 있어요. 그 일을 바실러스균이 수행합니다. 바실러스균은 유기물을 분해해서 무기질 형태로 바꿔 놓습니다. 흙 속에 굳어진 질소, 인, 칼륨, 칼슘 등의 무기질도 이온화시켜 이용률을 높입니다.

또 바실러스균은 식물을 괴롭히는 균을 죽이거나 억제합니다. 동시에 끈끈한 항생 물질을 분비해서 흙을 작은 알갱이 단위로 뭉쳐놓습니다. 수경재배 때는 수질 정화에 관여하기도 합니다.

바실러스균은 산소를 필요로 합니다. 호흡을 통해 산소를 소비하고 이산화탄소를 배출합니다. 따라서 과습으로 흙 속 산소가 부족해지면 바실러스균도 대부분 죽습니다. 바실러스균이 부족하면 식물은 무기 양분을 원활하게 공급받지 못합니다. 양분 결핍으로 이어질 수 있습니다.

➕ 광합성균

햇빛과 이산화탄소, 물을 에너지원으로 합니다. 식물처럼 빛에너지를 이용해서 탄소동화작용을 하는 세균이라 광합성균이라 부릅니다.

광합성균은 식물의 성장에 방해되는 탄화수소, 황화수소 등의 환원물질을 먹이로 합니다. 이때 악취가 제거되며 식물에 이로운 아미노산과 인산화합물을 분비해 뿌리에 제공합니다. 동시에 유기물을 마지막까지 분해할 수 있고, 식물을 병들게 할 수 있는 적대 병원균을 죽입니다.

광합성균은 이산화탄소를 자원으로하기 때문에 산소가 적은 환경에서도 잘 증식합니다. 식물의 뿌리나 바실러스균과 산소경쟁을 하지 않으며, 바실러스균이 배출한 이산화탄소를 소비합니다.

빛이 닿기 어려운 깊은 땅속이나 이산화탄소가 부족한 곳에서는 증식하지 못하지만, 높이 40cm 이내의 화분에서는 깊이와 관계없이 증식할 수 있습니다. 광합성균이 많은 화분은 상대적으로 과습 장해가 덜 발생합니다.

ⓘ 미생물 분양

지역마다 조금씩 차이는 있지만, 농업기술센터에서 바실러스균, 광합성균, 효모균 등의 미생물을 무료로 받을 수 있습니다. 가까운 농업기술센터에 문의해보세요.

ⓘ 유익한 벌레

뿌리균, 질소고정균, 바실러스균, 광합성균은 식물의 건강에 중요하지만, 토양에 이들만 사는 것은 아닙니다. 토양에는 수많은 유기체가 살고 있어요. 좋은 흙 1g에는 약 20억 마리의 미생물이 존재하니까요.

그리고 벌레도 살고 있습니다. 오랫동안 식물을 키운다면 '톡토기'가 돌아다닐 때 화분의 흙이 건강하다는 신호임을 알아차릴 수 있어요.

톡토기는 코코피트 같은 흙의 유기물을 잘게 쪼개서 뿌리균과 식물이 사용할 수 있는 양분으로 분해합니다. 흙에 터널을 만들고, 공기나 물을 담을 수 있는 공기주머니도 만듭니다. 이런 터널과 공기주머니는 토양을 느슨하고 폭신하게 해서 뿌리에 산소가 잘 전달되도록 합니다.

톡토기는 식물과 뿌리균이 번성하도록 도와주는 대표적인 벌레입니다.

식물과 하는 계약

식물이 뿌리로만 양분을 흡수하기에는 그 양에 한계가 있습니다. 양분 흡수 기능을 갖춘 뿌리가 흙으로부터 양분을 얻을 수 있는 범위는 머리카락 두께 정도밖에 되지 않으니까요. 말 그대로 뿌리와 붙어 있는 흙에서만 양분을 얻을 수 있습니다. 게다가 이 뿌리는 그리 오래 살지 못합니다.

그래서 식물은 도움을 줄 파트너를 찾기 위해 뿌리를 뻗습니다. 뿌리를 힘껏 뻗은 다음에도 파트너를 찾지 못하면 뿌리는 죽습니다. 하지만 흙이 살아있다면 식물은 화분 속에서 파트너를 쉽게 찾아낼 거예요.

지구상의 모든 생물처럼 식물도 독립적으로 생존할 수 없습니다. 식물은 포도당을 제공하고 박테리아와 곰팡이로부터 양분을 배달받습니다. 이런 도움으로 식물의 뿌리는 7배 이상 흡수력이 좋아집니다.

그리고 뿌리 주위에 일종의 방어 시스템을 만들어 냅니다. 계약을 맺은 박테리아가 적대하는 병원균을 녹여 죽이기도 합니다. 근본적으로는 계약 박테리아가 자리를 차지하고 있어서 질병을 일으키는 박테리아가 있을 공간이 없어지는 것에 더 가깝습니다.

당신의 화분 속은 이처럼 환상적인 파트너 공생관계로 얽혀있습니다. 이러한 공생관계는 당신이 물을 주는 것만으로 충분히 활성화됩니다. 하지만 반대로 당신의 행동으로 언제든지 파괴될 수도 있습니다.

화분의 흙을 단순히 식물에 필요한 양분과 물을 담는 스펀지라고 생각하지 마세요. 흙 안의 모든 것이 살아 있다는 것을 기억하세요.

ⓘ 솜털 뿌리

식물의 뿌리에서 양분 흡수 기능을 갖춘 솜털 뿌리가 자랍니다. 사람의 눈에는 잘 보이지 않지만, 발견하게 된다면 곰팡이가 핀 것으로 오해할 수 있어요.

솜털 뿌리는 식물에 매우 중요한 기관이지만 수명이 그리 길지 않습니다. 3~5일이 지나면 소멸합니다. 그래도 괜찮아요. 곧 새로운 솜털 뿌리가 자랍니다. 이때 소멸한 뿌리는 일종의 '당'이며 미생물에게 제공하는 먹이가 됩니다.

ⓘ 공중 뿌리에서 발생하는 솜털 뿌리

몬스테라, 필로덴드론, 에피프레넘, 싱고니움과 같은 덩굴성 식물은 흙 밖의 줄기에서도 뿌리가 나옵니다. 이렇게 나온 공중 뿌리는 벽이나 나무를 타고 오르기 위한 장치입니다. 강력한 접착제 성분을 분비해서 매끈한 벽에도 붙을 수 있습니다.

공중 뿌리 역시 습도가 높은 환경에서는 솜털 뿌리가 발생해 공기 중에서 물과 양분을 흡수합니다. 하지만 습도가 낮아지면 솜털 뿌리는 말라서 죽습니다. 죽은 솜털 뿌리는 흡수 기능을 잃지만, 비가 내릴 때 물을 받아들여 저장해두는 스펀지 역할을 합니다.

솜털 뿌리가 스펀지처럼 물을 머금고 있을 때는 그곳에 유익한 미생물이 번성하게 되어 새로운 뿌리가 발생하도록 돕습니다.

ⓘ 유익한 미생물의 먹이가 될 수 있는 것

왕겨, 바크, 당밀, 흑설탕, 원당, 쌀뜨물, EM액

계약을 파기하는 여덟 가지 방법

❶ 유기물이 없는 흙으로 만들기

흙이 살아서 숨 쉬게 만들면 그곳에 많은 탄소가 저장됩니다. 이것은 식물에도 지구의 환경에도 긍정적입니다. 어쩌면 석유와 석탄을 쓰지 않는 것보다 훨씬 더 기후 변화에 이바지할지도 몰라요.

과거의 농업인들은 유기물을 땅으로 되돌려 주지 않았습니다. 그래서 땅이 메마르게 되었죠. 흙이 붙잡고 있던 탄소가 세상으로 흩어지게 됐습니다.

흙은 죽어갔고, 작물은 알 수 없는 병에 시달렸습니다. 죽어서 메마른 흙에 비가 내리면 양분이 씻겨 내려가 산성화가 가속화되었습니다. 관행 농업이 지속 불가능해지고 나서야 농업인과 과학자는 이유를 찾기 시작했습니다.

다행히 지금은 수많은 사람의 노력으로 유기물을 공급하는 농업방식으로 변했고, 흙은 점점 되살아나고 있습니다.

안심하세요. 우리가 가드닝에서 활용하는 흙은 유기물 함량이 50%를 넘습니다. 당신이 밖에서 흙을 퍼온 게 아니라면, 따로 유기물을 넣어줄 필요는 없습니다.

❷ 무기질 비료에 의존하기

지속적으로 무기질 비료를 사용하는 건 좋지 않습니다. 흙에 끼치는 장기적인 영향에 대한 이해가 없던 시대에 나온 방식이에요. 무기질 비료를 사용하면 농작물의 수확량이 두 배가 되었고, 이는 식량 부족에 시달리던 인간에게는 기적과도 같은 일이었습니다.

하지만 무기질 비료를 광범위하게 사용하면 흙이 가진 생물학적 특성이 조금씩 사라집니다. 박테리아와 곰팡이의 보호를 받지 못하게 된 식물은 빠르게 약해지고 병에 걸리게 되었죠.

질소비료는 많은 박테리아가 살 수 있게 하지만, 너무 많이 공급하면 탄소와 질소 사이의 균형이 깨집니다. 이걸 막으려면 더 많은 유기물질이 소비되어야만 합니다.

흙에 무기질 비료만 넣으면 식물은 결국 병든다는 걸 기억해야 해요. 그렇다고 해서 화학비료 사용을 중단하고 유기물만으로 식물을 키우라는 건 아닙니다. 그 방식으로는 식물에 균형 잡힌 영양을 공급하기 어렵습니다.

이렇게 생각하면 좋아요. 무기질은 식물에 주는 양분이며, 유기질은 흙에 주는 양분입니다. 흙과 식물의 생명을 함께 유지하고 싶다면 한쪽으로 치우침이 없어야 합니다.

❸ 숙성되지 않은 퇴비 주기

신선한 톱밥, 신선한 나무껍질, 신선한 가축 배설물, 신선한 음식물 쓰레기, 신선한 커피 찌꺼기….

어떤가요? 흙에 넣으면 도움이 될 것 같나요? 생물질이 썩어서 완전히 분해가 된다면 흙은 생명을 가지게 될 거예요. 하지만 썩어가는 동안에는 얘기가 다릅니다.

생물질을 분해하는 미생물은 대부분 식물에 도움을 주는 미생물과 적대 관계에 있습니다. 생물질을 공급함으로써 그것을 썩히는 부패균과 같은 미생물의 힘이 세지면 일시에 많은 질소와 산소가 소모되고 가스가 발생합니다. 썩어가는 생물질을 먹이로 하는 벌레도 꼬일 거예요.

이런 환경은 식물과 계약을 맺은 미생물이 살 수 없게 만들고, 발생한 가스는 식물을 병들게 합니다. 부패균은 병든 식물마저 공격해서 썩게 만듭니다.

그러니 화분의 흙에는 생물질을 넣지 마세요. 반드시 숙성시켜서 사용해야 합니다. 부패가 아닌 숙성입니다. 그렇게 할 수 없다면 주지 않는 게 낫습니다.

이미 당신의 흙에는 코코피트, 바크와 같은 숙성된 유기물이 충분히 들어있다는 걸 기억하세요.

❶ 생왕겨는 사용해도 괜찮아요

왕겨는 일반적인 흙 환경에서는 썩지 않습니다. 수분을 만나면 천천히 부숙되어, 조금씩 분해됩니다. 탄소율이 높지만 분해 속도가 매우 느려서 질소나 산소를 일시에 소비하지 않습니다.

④ 유기농 약제 사용하기

어느 날 초록 씨는 화분에 날달걀을 주면 벌레가 죽는다는 정보를 듣게 됩니다. 초록 씨는 바로 행동으로 옮겼고, 정말로 벌레가 죽은 것을 확인하며 기뻐했습니다.

하지만 흙에 유입된 날달걀은 '생물질'이며 곧바로 부패균들이 좋아하는 먹이로 바뀝니다. 50마리뿐이던 부패균에게 먹이를 준 셈이기에 그들은 하루 만에 50억 마리의 대군단이 되어버립니다.

나쁜 균 50억 마리 vs 좋은 균 1000마리. 이제는 싸움이 되지 않습니다. 초록 씨는 고작 날달걀 하나로 화분 속의 보이지 않던 전쟁을 끝냈습니다.

난황유, 님오일과 같은 유기농 약제가 처음에는 매우 효과적일 수 있습니다. 하지만 그런 물질로 인해 흙이나 잎에서 생기는 변화를 알아차리기는 쉽지 않습니다. 대부분은 수개월 지난 뒤에 이상 증상이 나타나기 때문입니다.

그래서 이런 유기농 약제는 8개월 이내에 수확하는 작물에 주로 활용합니다. 작물을 뽑고 다시 심기 때문에 장기적인 문제는 중요하지 않으니까요.

하지만 실내 관엽식물은 얘기가 다릅니다. 우리는 식물을 1년만 키우지 않습니다. 잎에 누적되어 눌어붙은 유기물은 우리의 눈에 잘 보이지 않을 뿐 어떤 식으로든 문제가 될 수 있습니다.

그곳에 숨죽여 기생하고 있던 곰팡이 포자는 식물이 약해지거나 잎에 상처가 나는 순간 곧바로 공격할 거예요. 진딧물이나 총채와 같은 벌레를 더 쉽게 불러들여 치유가 어려운 바이러스를 식물 내부로 잠입시키기도 합니다.

식물의 병해는 대체로 이런 역학적 과정에 의해서 시작됩니다.

⑤ 살균제 사용하기

흙에 곰팡이가 생겼을 때 살균제를 이용할 수 있습니다. 하지만 살균제는 좋은 균과 나쁜 균을 구분해서 죽이지 않습니다. 나쁜 병원균을 물리치기 위해 흙에 살균제를 넣는다면 당장은 도움이 되는 것처럼 보일 거예요. 그런데 식물에 도움이 되는 균도 죽게 되면서 손해가 발생합니다.

물론 균은 시간이 지나면 다시 생깁니다. 다만 환경이 좋지 않다면 식물에 해가 되는 나쁜 균이 '더 빨리 더 많이' 생기게 될 거예요.

그래서 살균제를 사용한 뒤에는 쌀뜨물이나 왕겨 같은 먹이를 넣어주면 좋습니다. 유익균의 먹이가 풍부한 토양환경을 만들어 주는 거죠.

❶ 무름병에는 살균제가 도움이 되지 않아요

박테리아와 곰팡이는 균류이므로 살균제로 제거할 수 있어요. 식물이 건강을 되찾는 데도 도움이 됩니다.

하지만 줄기와 뿌리에 발생한 무름병은 바이러스가 원인인 경우가 대부분입니다. 안타깝게도 이미 식물에 침투한 바이러스를 해결하거나 감염 부위를 치유할 수 있는 약제는 없습니다. 이러한 바이러스에 대항하거나 방어하려면 항생제 계열의 약품(스트렙토마이신)을 이용해야 해요.

무름병이 더 번지지 않도록 발생한 부분을 칼로 도려낸 다음 잘 말려주세요.

❻ pH 변화를 알아차리지 못하기

우리의 주변에는 다양한 미생물이 있습니다. 미생물은 각각 pH 조건에 큰 영향을 받고 있어요.

김치 담갔을 때를 생각해볼까요. 김치를 담글 때 사용되는 원료는 pH를 낮춥니다. 이때 젖산균이 제일 먼저 김치를 점령해서 pH를 4~5 정도로 낮춥니다. 그러면 해로운 균들이 활동하기 어려워요. 김치가 오랫동안 상하지 않는 이유입니다.

해로운 균들이 활동하기 어려워지면 이번에는 효모균의 세력이 커지게 됩니다. 효모균에 밀려난 젖산균은 점점 줄어들게 되죠. 하지만 효모균이 많아지면 pH는 더 내려갑니다. 이제는 초산균의 힘이 강해집니다. 효모균의 세력이 약해지면서 초산균이 모든 자리를 차지하고 나면 김치의 신맛이 강해집니다.

흙에서도 똑같은 일이 일어납니다. 당신이 주는 물, 당신이 주는 비료, 당신이 섞어주는 유기물이나 무기물. 모든 게 흙의 pH를 변화시킬 수 있어요. 그럴 때마다 세력이 커지는 균은 달라질 수 있습니다. 어떨 때는 식물을 공격하는 균의 힘이 세질 수도 있겠죠.

미생물 환경만을 놓고 보면 pH4~5 정도의 산성 영역일 때가 가장 좋아요. 이때 계약을 맺고 있는 박테리아 친구들이 살기 좋아지며, 반대로 식물을 공격하는 박테리아는 살기 어려워지거든요. 하지만 pH가 너무 낮으면 펄라이트, 제올라이트, 난석 등에서 식물의 성장을 방해하는 알루미늄 이온이 녹아 나오게 됩니다. 그리고 어떤 양분들은 흡수가 어려워집니다.

다행히 유기질이 많은 원예용 흙은 그런 부분을 어느 정도 보완해 줄 수 있어요. 유기물 함량이 높을 때, 흙과 식물은 더 넓은 영역의 pH를 감당합니다. 그렇다고 해도 가능하면 흙의 pH는 5~7로 관리해주세요.

❼ 따뜻한 온도에서 키우기

이제는 당신도 알게 되었을 거예요. 높은 온도는 실내 식물이 살기에 그다지 좋은 환경이 아닙니다. 낮은 pH에서 유해균들이 활동하기 어려운 것처럼, 온도가 낮으면 유해균들이 활동하기 어려워집니다.

냉장고에 넣어 둔 음식물을 더 오래 보관할 수 있다는 걸 생각해보세요. 식물은 낮은 온도에서 느리게 자라지만, 그만큼 적들의 공격도 덜 받습니다.

❽ 흙을 바짝 말리기

흙 전체가 완전히 마른 다음에 물을 주는 경우가 있어요. 이렇게 되면 흙 속을 뻗어 나가며 자리 잡은 뿌리균이 죽게 됩니다. 흙이 촉촉해진 다음에 이전만큼의 세력을 확장하려면 오랜 시간이 걸려요.

식물의 입장에서는 양분을 원활하게 배달받지 못해 손해가 일어납니다. 될 수 있으면 화분의 흙이 바짝 마르지 않게 해주세요. 식빵 같은 상태를 유지하면 좋습니다.

계약관계가 아닌 미생물

● **잿빛곰팡이병** (잿빛곰팡이균)

20도 아래에서 습도가 높을 때 강해지는 특징이 있습니다. 한번 감염되면 온도나 습도에 영향을 받지 않고 퍼져나갑니다. 습도가 높을 때는 솜털 같은 회색 곰팡이 형태로 구분되지만, 습도가 높지 않으면 잘 보이지 않습니다.

습도가 낮을 때는 잎 가장자리부터 갈색이나 검은색으로 변하거나, 잎 안쪽부터 반점이 생겨 물결 모양의 주름이 생기듯이 말라갑니다. 겨울철 잎끝 마름으로 오해하는 때도 종종 있습니다. 살균제를 이용해서 억제할 수 있습니다.

● **흰가루병** (20여 종의 흰가루균)

따뜻하고 습할 때 강해지는 특징이 있습니다. 통풍이 잘되지 않을 때 발생하며, 감염된 뒤에는 습도와 상관없이 식물의 잎과 줄기 위로 계속 퍼져나갑니다. 살균제를 이용해서 억제할 수 있습니다.

🔴 탄저병 (식물 병원성 탄저균)

따뜻하고 습도가 높을 때 줄기나 잎에 검은 점이 생기고 나이테 모양으로 번져갑니다. 높은 습도가 유지되면 연한 살색의 포자 덩이리가 함께 관찰됩니다. 흙에서 물이 튀어 잎으로 감염되므로 물을 줄 때는 주의해야 합니다. 줄기의 아래쪽 잎을 미리 제거해서 감염되는 걸 최소화할 수 있습니다. 살균제를 이용해서 억제할 수 있습니다.

🔴 노균병 (조균, 사상균)

병원균이 식물에 기생하면서 생기는 병으로 습도가 높은 환경에 놓이거나 비를 오랫동안 맞았을 때 발생합니다. 노란색, 주황색, 갈색의 작은 점이 형성되고 잎 뒷면에 곰팡이가 발생하면서 번져갑니다. 살균제를 이용해서 억제할 수 있습니다.

➖ 녹병 (녹병균)

녹이 슨 것처럼 잎에 황갈색의 포자 덩어리가 발생해서 번지게 됩니다. 살균제를 이용해서 억제할 수 있습니다.

➖ 모자이크병 (수십 종의 바이러스)

진딧물이나 총채, 응애 같은 벌레가 데리고 다니는 바이러스가 원인입니다. 식물로 옮겨붙어 병에 걸리게 합니다. 잎이 투명해지거나, 어린잎이 말리고 오그라들거나, 얼룩얼룩한 무늬가 나타납니다. 감염된 뒤에는 항생제와 살균제를 동시에 이용해야 하고 병에 걸린 잎을 제거해야 합니다. 치료되지는 않지만, 번지는 것을 억제할 수 있습니다.

🔴 무름병 (수십 종의 바이러스)

다육식물, 덩이뿌리 식물에서 주로 나타닙니다. 바이러스가 원인이시만, 생육 환경이 안 좋은 쪽으로 변했다는 의미이기도 합니다. 원인을 찾아서 개선하지 않으면 계속 발생하게 됩니다. 발생 부위를 제거하고 항생제를 이용해야 합니다.

🔴 버섯균

유기질 흙에는 다양한 버섯균사가 발생해서 퍼져나갈 수 있습니다. 버섯균은 곰팡이라기보다는 벌레알처럼 생긴 경우가 많습니다. 그대로 두면 버섯이 자랍니다. 대부분은 먹을 수 없는 버섯입니다.

버섯균은 흙에 분해될만한 유기질 양분이 많다는 긍정적인 신호이기도 해요. 충분히 퇴비화되지 못한 원료에서 시작되며, 오랫동안 물을 주지 않은 채 밀폐 보관해둔 원예용 흙에서 잘 나타납니다.

원예용 흙에서 퇴비화되지 못한 원료는 군데군데 뭉쳐있거나 밝은 갈색을 띠는 경향을 보입니다. 그러니 흙을 화분에 넣을 때 뭉쳐진 부분이 있다면 손으로 잘게 부수어서 사용하는 게 좋습니다.

버섯은 일종의 곰팡이입니다. 막걸리나 장을 만들 때 보게 되는 누룩곰팡이와 마찬가지로 사람과 식물에 직접적인 해를 끼치지 않는 곰팡이죠. 하지만 버섯균이 뒤덮게 되면 흙이 수분을 흡수하는 걸 방해합니다. 간접적으로는 식물의 성장에 영향을 줍니다.

버섯균이 화분을 점령했다면 바로 흙을 교체해줄지 아니면 버섯균에 의해 퇴비화될 때까지 기다릴지 선택해야 합니다.

질소질 비료는 버섯균의 퇴비화를 촉진합니다. 버섯균을 먹고 사는 벌레를 넣어주는 방법도 있습니다. 살균제는 효과적이지 않습니다.

ⓘ 탄소를 저장하는 방법

알고 있나요? 축구장 면적의 토양에 유기물 함량을 1%만 높여도 탄소 10t이 저장된다는 것을요.

가드너는 유기물 함량이 50%가 넘는 흙을 사용해요. 그렇다면 100명의 가드너가 생길 때마다 몇 톤의 탄소가 화분에 저장되는 걸까요?

당신이 화분에 물을 주는 행동을 사소하다 여기고 의미 없이 지나치는 사람도 있을 거예요. 하지만 당신은 매일매일 조금씩 탄소를 저장하며 지구를 살리고 있는 건지도 몰라요.

식물에 어떤 이상 증상이 나타난다면
어제 있었던 일 때문은 아닐 거예요.
그 일은 삼 개월 전에 일어났을 확률이 높습니다.

— CHAPTER

9
당신이 주는 것

비료를 많이 주는 것보다
안 주는 게 더 나아요.

식물에도, 사람에게도
가장 좋은 비료는 기다림입니다.

비료를 주기 전에

'비료'로 지칭하는 식물의 양분은 '유기질'과 '무기질'로 구분되고는 합니다. 유기질은 '풀'과 같은 생물인 것만 같고, 무기질은 '광물'처럼 비생물인 것 같은 느낌이 듭니다. 이렇게 구분하면 어떨까요. 유기물은 탄소(C)를 포함하고 있는 물질이에요. 그래서 불로 태우면 연기가 발생하며 탑니다. 무기물은 불로 가열해도 잘 타지 않고, 거의 변화가 없어요.

식물이 필요로 하는 건 무기질입니다. 유기질은 분자가 커서 뿌리가 직접 흡수하기 어려워요. 미생물에 의해 분해되어 무기질로 바뀌어야만 식물이 활용할 수 있죠. 예를 들어 동물의 뼈는 유기물입니다. 이 뼈가 분해되면 식물이 이용할 수 있는 인, 칼슘과 같은 무기질이 남겨집니다.

그렇다면 식물은 어떤 무기질을 필요로 할까요? 질소(N), 인(P), 칼륨(K)은 너무나 유명합니다. 질소(N)는 잎과 줄기의 비료, 인(P)은 꽃의 비료, 칼륨(K)은 뿌리의 비료라는 말은 정설처럼 느껴집니다. 하지만 이건 완전하게 맞아떨어지는 말은 아니에요. 식물이 필요로 하는 원소는 약 21가지입니다. 이 원소들은 서로 상호작용합니다. 만약 어떤 성분이 과잉되면, 어떤 무기질은 흡수되지 않습니다.

우리는 식물학자가 아닙니다. 농업인도 아니죠. 그러니 너무 깊게 파고들지는 않기로 해요. 약 21가지 원소가 필요한데 그중 질소와 인, 칼륨은 많이 필요로 한다는 정도만 이해해도 실내 가드닝에는 큰 문제가 없습니다. 알아서 맞춰놓은 비료가 이미 많이 있으니까요. 우리는 구매해서 사용하기만 하면 됩니다.

물론 사용하는 대상은 다릅니다. '실외의 농작물'과 '실내의 관엽식물'은 달라요. 둘을 구분하지 않고 논과 밭에 주는 것처럼 비료를 준다면 식물은 초록별로 가버릴 거예요.

ⓘ **포타슘, 소듐, 망가니즈, 몰리브데넘**

학계에서 칼륨은 포타슘(Potassium), 나트륨은 소듐(Sodium), 망간은 망가니즈(Manganese), 몰리브덴은 몰리브데넘(Molybdenum)으로 명칭이 변경되었습니다. 하지만 가드닝과 농업에서는 아직 칼륨(가리), 나트륨, 망간, 몰리브덴이 주로 사용되고 있습니다. 이 책에서는 이해를 돕기 위해 이전 이름으로 표기하거나 함께 표기했습니다.

식물이 원료로 사용하는 것

식물은 광합성을 통해 만든 에너지를 사용해서 뿌리, 잎, 줄기를 건설합니다. 광합성 공장도 추가로 건설하죠. 이때 건설 자재로 쓰이는 게 '무기질'입니다.

학교에서 과학 시간에 원소주기율표에 대해 배운 적이 있을 거예요. 많은 원소가 나열되어 있습니다. 그중 식물이 건설 자재로 활용하는 원소는 약 21가지입니다.

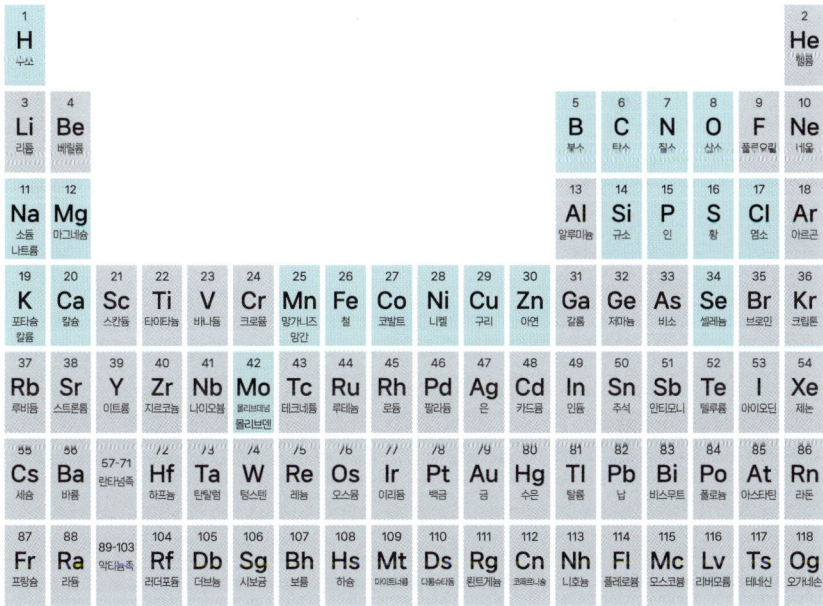

모든 식물이 이 원소를 전부 필요로 하는 건 아니에요. 19가지만 있어도 되는 식물도 있고, 21가지 중 한 가지라도 부족하면 잘 자라지 않는 식물도 있습니다. 절대적인 기준은 아니고 '대부분'이라고 이해하면 될 것 같아요.

필요로 하는 원소를 같은 양으로 고르게 제공해야 하는 것도 아니에요. 어떤 원소는 많이 필요로 하지만, 어떤 원소는 아주 조금만 필요합니다.

건축에 비유해 볼게요. 건축을 위해서는 시멘트가 가장 많이 필요하겠죠. 외벽을 바르는 페인트는 조금만 있어도 됩니다. 식물을 건설하는 데 가장 많이 필요한 자재는 바로 '탄소'와 '산소'입니다.

식물의 건설 자재

원소	비율
탄소 (C)	약 45%
산소 (O)	약 45%
수소 (H)	약 6%
질소 (N)	약 1.5%
칼륨 ◆ 포타슘 (K)	약 1.0%
칼슘 (Ca)	약 0.5%
인 (P)	약 0.2%
마그네슘 (Mg)	약 0.2%
황 (S)	약 0.1%
철 (Fe)	약 0.01%
염소 (Cl)	약 0.01%
망간 ◆ 망가니즈 (Mn)	약 0.005%
붕소 (B)	약 0.002%
아연 (Zn)	약 0.002%
구리 (Cu)	약 0.0006%
몰리브덴 ◆ 몰리브데넘 (Mo)	약 0.00001%
니켈 (Ni)	약 0.00000001%
그 밖의 원소	약 0.47039%

식물은 건설 자재 중 탄소, 수소, 산소를 물과 공기에서 흡수합니다. 필요한 건설 자재의 약 96%에 해당해요. 나머지 원소들은 뿌리를 통해 흙에서 흡수합니다.

즉 우리가 비료로 줄 수 있는 건 전체 건설 자재의 4% 정도 밖에 되지 않습니다. 그 4% 안에서 또 비율을 나눴을 때 질소(N), 인(P), 칼륨(K)이 많을 뿐이에요.

하지만 이 또한 우리의 가드닝에는 적합하지 않습니다. 이 자료는 농업에 근거한 산출이거든요. 농업은 단거리 달리기예요. 더 빨리 더 많은 수확량을 올리는 것이 목적입니다. 수확을 마친 다음에는 식물이 죽어도 관계가 없습니다. 어차피 뽑고 다시 심으니까요. 과수원의 과일나무도 마찬가지입니다. 가을이 되면 에너지를 저장하고 잎을 떨어트리니까요.

실내 가드닝은 100m 달리기가 아닙니다. 우리는 매우 긴 장거리 코스를 달리고 있어요. 농업에 근거한 방식으로 비류를 주면 식물이 처음에는 빨리 자랍니다. 짙은 녹색 잎이 건강해 보일 수 있어요.

길고 긴 마라톤 코스를 최고 속력으로 달린다고 생각해보세요. 100m 지점을 통과한 다음부터는 지치게 될 거예요. 어느 순간에는 천천히 달리는 선수에게 추월당할 테고, 힘을 너무 많이 당겨 쓴 탓에 완주가 어려워질 수도 있습니다.

안타깝지만 화훼 산업에서도 식물을 대부분 그렇게 키웁니다. 빠르게 번식해서 팔기 위한 게 목적이니까요. '지금' 건강하고 예뻐 보이는 게 더 중요해요. 그래서 식물을 데려온 뒤에는 급격하게 건강을 잃을 수도 있습니다. 식물이 시드는 이유가 여러분의 실수가 아닌 경우도 많아요.

다시 원점으로 돌아가 볼게요. 건축을 위해서는 건설 자재가 필요합니다. 약 96%는 식물이 스스로 공기와 물에서 흡수합니다. 나머지 4%는 당신이 주어야 해요.

장거리 마라톤을 하기 위해서는 '어떤 비율로, 어떤 비료를' 주어야 할까요?

안타깝게도 식물의 뿌리에는 눈이 없습니다. 필요한 양분을 골라서 흡수하지 못해요. 이 부분은 학자마다 의견이 조금씩 다르다는 걸 말해 둘게요. 일부 학자는 식물이 필요한 양분만 선택적으로 흡수한다는 주장을 펴기도 하거든요.

나는 필요한 양분을 골라서 흡수하지 못한다고 보고 있어요. 식물은 독으로 작용하는 성분을 주어도 잘 흡수해서 문제가 되거든요. 만약 양분을 선택적으로 흡수할 수 있다면 우리가 비료를 주는 일로 이렇게 고민하지 않아도 되었을 거예요.

식물에 비료를 주기 위해서는 '일반 토양'과 화분에 담긴 '원예용 흙'을 분리해서 생각해야 해요. 우리가 흙으로 사용하는 '상토'와 '배양토'는 일반 토양보다 양이온 치환 능력이라고 부르는 양분 저장 능력이 월등히 높습니다. 약 150배 가량 차이가 나요.

원예용 흙에 농업에서 사용하는 방식으로 비료를 계속 준다면 어떻게 될까요? 양분이 과하게 축적될 수밖에 없습니다.

게다가 화분 아래로 흘러나온 물에는 양분이 녹아 있다고 했잖아요. 그러니까 물을 줄 때마다 잘 녹는 양분 위주로 배출되고, 나머지 양분은 화분에 남아 있게 됩니다. 같은 비료를 또 준다면 화분 안은 물에 씻기기 어려운 양분의 비율만 높아질 수밖에 없습니다.

화분 속에 특정 양분이 과하게 많아지게 되면 어떤 문제가 생길까요? 그 양분과 친하지 않은 다른 양분이 따돌림당하고 흡수되지 못합니다.

A 양분과 B 양분이 1:1 비율로 있을 때 식물은 1:1 비율로 양분을 흡수합니다. 하지만 A 양분과 B 양분이 9:1로 있으면 A 양분을 9만큼 흡수할 때 B 양분을 1밖에 흡수하지 못합니다. 결국 B 양분 결핍 증상이 나타나고 맙니다.

화분 아래로 흘러나오지 않도록 물을 주는 게 더 바람직하다고 말하는 이유입니다. 그렇게만 해도 비료 주는 횟수를 줄일 수 있고, 특정 양분만 과하게 축적되는 것을 막을 수 있습니다.

생각해야 할 것은 또 있습니다. 농업에 근거한 일반 토양은 광물성 물질을 많이 포함하고 있습니다. 황, 철, 칼슘, 마그네슘, 규소 등이 기본적으로 존재합니다. 하지만 원예용 흙은 대부분 유기질 성분으로 되어 있어서 그런 성분이 부족해요. 자연적으로 공급되기도 어렵습니다.

그래서 당신이 챙겨주어야만 합니다.

비료의 쓰임과 역할

탄소 (C)

식물의 모든 유기 분자에 포함됩니다. 햇빛과 더불어 광합성 공장에서 생산하는 에너지의 원료가 됩니다.

산소 (O)

식물의 모든 유기 분자에 포함됩니다. 잎, 줄기, 뿌리의 신선함을 유지하고 광합성 공장의 직원들이 숨 쉬는 데 필요합니다. 더울수록 신선도가 떨어지고 직원들의 숨이 가빠지므로 더 많은 산소가 필요합니다.

수소 (H)

식물의 모든 유기 분자에 포함됩니다. 무기물 형태의 재료를 유기물 형태(잎, 줄기, 뿌리, 열매, 포도당, 단백질, 핵산, 엽록소, 아미노산, 비타민)로 변환하는 모든 과정에 필요합니다.

질소 (N)

잎과 줄기를 자라게 합니다. 식물의 구성체 중 안 쓰이는 곳이 없을 정도로 모든 건설 과정에 사용됩니다. 엽록소, 핵산, 단백질, 아미노산, 효소의 구성물질입니다.

인 (P)

식물의 기획실입니다. 상황을 인지하고 에너지를 어디에 저장할지, 뿌리를 만들지, 새 가지를 만들지, 추위를 대비할지, 더위를 대비할지, 기공을 열지, 기공을 닫을지, 언제 꽃을 피울지 등의 문제를 결정하고 명령합니다. 실질적으로 식물의 모든 시스템을 통제합니다.

하나의 기획실은 가지 하나와 뿌리 하나를 담당합니다. 기획실이 많아지면 더 많은 가지와 뿌리를 운영할 수 있습니다. 씨앗과 열매를 맺는 데도 꼭 필요합니다.

반대로 인이 부족하면 효율적인 교통 통제가 이루어지지 않아 다른 양분의 이용률이 떨어집니다. 그러면 식물의 생장점 형성이 느려지고 단백질과 비타민, 에너지를 다른 세포로 전달하지 못하게 됩니다. 가지와 뿌리 발달이 느려지고 건강한 꽃 생산도 어려워집니다.

칼륨 ◇ 포타슘 (K)

칼륨은 인의 심부름꾼입니다. 기공을 열어 증산작용이 이루어지도록 해서 물과 비료를 잎으로 이동시킵니다. 증산작용이 제대로 이루어지지 않을 때는 스스로 삼투압 조절제가 되어 뿌리 안으로 물이 흡수되도록 만듭니다.

잎에서 만들어진 에너지를 전분으로 만들어 다시 잎과 가지, 뿌리, 열매로 보내는 배달 트럭의 역할도 합니다. 이산화탄소도 트럭에 실어서 광합성 공장으로 가져갑니다.

칼륨을 많이 제공한다는 것은 더 많은 배달 트럭을 운영한다는 의미이기도 합니다. 배달 트럭이 많아지면 더 빨리 더 많은 양분과 에너지를 배달할 수 있어서 뿌리와 줄기가 튼튼해지며 과일이 커지게 됩니다.

칼슘 (Ca)

세포벽의 구성성분입니다. 칼슘이 사람과 동물의 뼈를 튼튼하게 하듯이 식물의 조직을 튼튼하고 단단하게 만듭니다. 식물이 웃자라지 않게 하며 효소를 활성화해서 면역력을 높입니다.

마그네슘 (Mg)

광합성 공장의 재료입니다. 엽록소 전구물질(5-ALA)을 형성합니다.

마그네슘이 잘 공급되면 잎 색이 진해지고 일정 수준까지는 광합성 효율이 높아집니다. 부족하면 새 광합성 공장을 짓기 위해 기존 공장을 철거해서 재료로 보냅니다. 이때 기존 잎에서 녹색이 빠지게 됩니다.

황 (S)

단백질, 아미노산, 비타민, 효소의 구성성분으로 광합성 공장의 공장장입니다. 황이 부족하면 광합성 공장이 추가로 만들어지지 않으며, 오래되어 낡은 광합성 공장도 점점 문을 닫습니다. 광합성 공장이 부족해지면 잎이 노랗게 변합니다.

황은 파, 마늘, 양파, 겨자, 무, 배추, 후추, 민트 등의 매운 향을 구성하는 성분이기도 합니다. 아스파라거스는 황을 질소만큼 필요로 합니다.

철 (Fe)

철은 광합성 공장(엽록체)의 기계입니다. 철이 잘 공급되면 기계의 성능이 좋아집니다. 하지만 성능이 지나치게 좋으면 일하는 속도를 따라가지 못한 직원들이 지치고 맙니다. 철이 부족하면 새 광합성 공장에 기계를 들일 수 없습니다.

염소 (Cl)

옥신 계통의 호르몬 구성성분입니다. 물을 수소와 산소로 광분해하고 세포의 삼투압 능력을 승가시킵니다. 물이 부족할 때는 증산작용을 억제합니다. 병해에 대한 저항성이 올라가고 섬유질이 많아집니다.

망간 ◈ 망가니즈 (Mn)

망간은 2, 3, 4가로 존재하는 데 3가 이온만 식물에 유용합니다. 망간은 광합성 공장(엽록체)의 직원이며 수소 분리 효소를 활성화합니다. 비타민C 합성과 신맛에 관여합니다. 직원이 너무 많으면 임금이 줄어서 파업합니다.

붕소 (B)

꽃가루 공장입니다 씨앗이 설계와 생장점 분열에도 관여합니다. 붕소가 결핍되면 꽃가루가 부족해지고 세포가 균일하지 않게 커져서 식물체의 모습이 기형으로 발달합니다. 줄기나 과일의 표면에는 갈라짐이 나타날 수 있습니다.

흙이 건조하거나 흙에 질소가 많으면 붕소결핍이 쉽게 발생합니다.

아연 (Zn)

성장 호르몬 합성, 단백질 합성, 효소 반응을 촉진합니다. 계절이나 시기에 알맞도록 식물의 부위별로 성장 속도를 디자인합니다.

구리 (Cu)

산화와 환원을 일으키는 효소의 구성성분입니다. 광합성 공장 직원들의 복지를 담당하며, 먹을 것과 화장실을 제공해 공장이 잘 가동되도록 합니다. 너무 많이 제공하면 직원들이 나태해집니다.

몰리브덴 ◈ 몰리브데넘 (Mo)

흙 속 뿌리 주변부에서 유용 박테리아를 모집합니다. 흡수한 질산태 질소를 다시 암모니아태 질소로 바꿔 비타민을 합성합니다.

니켈 (Ni)

요소를 분해해서 독소가 쌓이지 않게 합니다. 씨앗 발아에도 관여하지만, 이미 씨앗에 포함되어 있고 매우 적은 양만 있어도 충분하기에 비료로 공급하지 않아도 됩니다.

나트륨 ◈ 소듐 (Na)

칼륨이 부족할 때 그 역할을 대신합니다. 야근하는 C4 식물, 산소와 이산화탄소를 창고에 저장하는 CAM 식물(다육식물)에는 필수적입니다.

규소 (Si)

잎의 노화를 억제하며, 세포벽을 강화해서 줄기를 단단하게 만듭니다. 바람을 이겨내야 하는 식물과 고사리류 식물에 유용합니다. 칼륨, 칼슘, 마그네슘이 물에 씻겨 내려가지 않도록 붙잡고 있다가 뿌리에 공급하는 창고 역할을 합니다. 유일하게 과잉 공급으로 인한 장해가 발생하지 않는 원소입니다.

셀레늄 (Se)

인산 독성 흡수를 억제하는 방식으로 식물의 생장을 돕습니다.

코발트 (Co)

미생물이 질소를 붙잡고 있을 때 필요합니다. 콩과 식물에 매우 유용합니다.

어떤 비료의 특이점

질소 (N)

많은 양의 질소를 주면 잎이 두꺼워지며 짙은 녹색이 됩니다. 얼핏 식물이 잘 크는 것처럼 보이지만, 실내에서는 문제가 될 수 있습니다.

실내에서 빛이 부족하면 식물은 스스로 잎을 넓게 만듭니다. 질소가 더해지면 잎은 더 넓어지죠. 잎이 뻥튀기된 겁니다. 이때 잎과 줄기의 세포벽은 오히려 약해집니다. 쉽게 꺾이고, 잘 무르죠. 질소를 좋아하는 병과 해충도 따라옵니다. 먹는 채소에 질산염이 과하게 축적되면 사람의 건강에 해로울 수도 있고요.

햇빛 수집도 불리해집니다. 질소가 과잉된 잎 한 장만 놓고 보면 더 많은 빛을 받는 것처럼 보여요. 하지만 식물 전체를 놓고 보면 효율은 오히려 떨어집니다. 위쪽 잎이 빛을 가리기 때문이에요. 에너지를 소모만 하는 잎이 많아집니다.

그러니 질소 비료를 많이 주지 마세요. 작고 단단하며 효율 좋은 잎이 많을 때 전체 에너지 생산량이 증가하고 식물도 튼튼하게 자랍니다.

인 (P)

인은 식물의 건설 자재 중 약 0.2%를 차지합니다. 그런데도 다량원소로 분류해서 약 1.5%를 차지하는 질소와 비슷한 수준으로 비료를 줍니다.

인이 모두에게 사랑받기 때문이에요. 흙 입자뿐만 아니라 다른 원소의 사랑도 받습니다. 흙에 인을 넣어주면 모두가 데려가려고 해요. 어떤 원소는 데려가서 놓아주질 않습니다. 그래서 원소 중에서 인이 식물에 흡수되기 가장 어렵습니다.

그렇다고 해서 흙에 지나치게 많은 인을 넣어줄 수는 없어요. 인도 축적되면 문제가 되거든요. 공급보다는 흡수에 초점을 맞추는 게 좋아요.

흡수량을 늘리려면 흙의 미생물이 살기 좋은 환경으로 만들어야 합니다. 미생물은 다른 양분이 끌어안고 있는 인을 강제로 분리해서 식물에 보내주거든요.

가면을 쓰고 '나는 인이 아니야'라고 말하는 '폴리인산'과 같은 인을 공급하는 방법도 있습니다. 그럼 다른 원소는 인이 아니라고 여기고 데려가지 않습니다. 반면 식물은 선택적으로 흡수하지 않기 때문에 가면을 쓴 인도 흡수합니다.

철 (Fe)

철은 pH가 낮을 때 물에 녹아 나옵니다. 그렇다고 흙의 pH를 극단적으로 낮춰 관리할 필요는 없어요. 대신 화분에 물을 줄 때마다 2ℓ 물을 기준으로 구연산 가루 0.5g을 희석하세요. 그럼 흙의 pH가 며칠 동안 철을 흡수하기 좋은 환경으로 바뀝니다. 구연산은 철분만 아니라 다른 원소의 흡수도 돕습니다. 소량의 구연산은 사람과 식물에 해롭지 않으며 자연 분해됩니다.

염소 (Cl)

염소는 4종 복합비료에 포함된 경우가 많아 따로 공급하지 않아도 됩니다. 흙에서는 결핍 증상이 거의 나타나지 않으며, 물만을 이용하는 수경재배에서는 잎이 노랗게 변하고 시드는 형태로 나타납니다.

염소를 적당히 흡수한 식물은 섬유질이 많아지고 병해 저항성이 올라갑니다. 하지만 농업에서는 삭물에 섬유질이 많아지면 질겨지기 때문에 공급과잉을 경계합니다.

흙에 염소가 과잉되면 칼슘의 흡수가 나빠집니다. 수년간 누적되면 뿌리를 상하게 하는 형태로 피해를 주지만, 유기질 흙이 바탕이 되는 화분에서는 거의 발생하지 않습니다.

칼슘 (Ca)

칼슘은 물에 의해서만 이동해요. 증산작용이 일어날 때 뿌리에서 흡수되어 물관을 통해 잎으로 이동하는 거죠. 잎에 도착한 뒤에는 다른 곳으로 거의 이동되지 않아요. 칼슘은 식물의 체관을 통해 이동하지 못한다고 보아야 해요.

많은 이들이 칼슘 공급을 위해 석회(탄산칼슘)를 이용합니다. 하지만 단기적인 관점에서는 도움이 되지 않습니다. 석회 1㎏을 **녹**이려면 물 66000ℓ가 필요하기 때문이에요. 달걀 껍데기나 조개껍데기를 갈아서 주는 것도 마찬가지입니다. 식물이 양분으로 이용하는 것은 몇 년 후가 될 거예요. 그러니 화분에는 물에 잘 녹는 칼슘 비료를 이용하세요.

그림으로 보는 비료 결핍 증상

실내 가드닝 환경에서 양분이 결핍되었을 때 식물에 나타나는 증상을 참고할 수 있도록 그림을 그렸습니다.

이런 증상은 며칠 사이에 나타나지 않습니다. 몇 달 전부터 차츰 진행되다가, 어느 날 갑자기 이런 모습을 당신 앞에 드러낸다고 보아야 해요.

🛈 이동성 원소

질소, 인, 칼륨, 마그네슘은 식물의 체관을 통해 잎에서 잎으로 이동할 수 있는 원소입니다. 부족해지면 기존 잎에서 질소, 인, 칼륨, 마그네슘을 뽑아 새로 만들어지는 잎으로 보냅니다. 그래서 큰 잎(오래된 잎)에서 먼저 결핍 증상이 나타납니다.

🛈 부동성 원소

칼슘, 철, 망간, 붕소, 구리, 아연은 식물 체내에서 이동이 어렵습니다. 부족해져도 새로 나는 잎으로 보낼 수 없습니다. 어린 잎에서 먼저 결핍 증상이 나타납니다.

비료 결핍 증상의 오해

식물에 비료 결핍 증상이 나타날 때 사람들은 해당 비료를 제공하려 합니다. 하지만 흙에 해당 원소가 없어서 결핍이 찾아오는 경우는 우리의 생각보다 적습니다.

햇빛 부족

햇빛이 부족하면 광합성으로 에너지를 많이 만들지 못합니다. 에너지가 부족하면 흡수된 무기질을 건설 자재로 변환하지 못해 양분 결핍 증상이 찾아옵니다.

지나치게 건조한 흙

흙이 지나치게 메마르면 식물이 물을 흡수할 수 없습니다. 물이 흡수되지 않으면 흙 속의 비료도 식물 체내로 이동하지 못합니다. 양분이 물리적으로 이동하는 게 어려워져 잎의 노화가 빠르게 진행되는 동시에 결핍 증상이 나타납니다.

지나치게 많은 양분

양분이 많다는 건 식물이 흡수하는 물속의 비료 농도가 진하다는 뜻입니다. 그 농도가 식물의 체액보다 진하면 뿌리는 삼투압으로 물을 흡수하기 어려워집니다. 여기서 흙 속 물의 비료 농도가 더 진해지면 증산작용으로 물을 빨아당기는 힘보다 흙에서 물을 빼앗는 힘(삼투압)이 더 강해지게 됩니다. 이때 식물에 다양한 비료 결핍 증상이 나타나며 물을 주지 않은 것처럼 서서히 말라 죽게 됩니다.

미생물 활동 중단

어떠한 이유로 흙의 미생물 생존 환경이 나빠지면 양분 결핍으로 이어집니다. 인, 철, 칼슘, 마그네슘 결핍이 대표적입니다. 흙에 해당 양분이 충분히 존재해도 흡수하지 못해서 결핍이 생기는 경우입니다.

적절하지 않은 pH

흙이나 물의 pH는 양분 흡수를 통제합니다. 어떤 pH 구간에서는 특정 양분이 흡수 불가능한 형태로 바뀝니다. 또 어떤 pH 구간에서는 특정 양분의 흡수가 잘 됩니다. pH가 지나치게 낮아지면 뿌리가 자라지 못하고, 질소 결핍으로 이어집니다.

너무 낮은 흙 온도

흙 온도가 지나치게 낮으면 뿌리의 기능이 약해집니다. 양분은 물에 녹지 못하거나 흡수 불가능한 상태가 됩니다. 증산작용과는 무관하며, 저온 환경에 노출되어 20일 이상 양분을 흡수하지 못하면 결핍 증상으로 이어집니다.

예컨대 온대식물은 흙의 온도가 14°C 아래에 머물게 되면 인(P) 흡수가 어려워지면서 단풍이 들기 시작합니다. 그렇게 겨울을 준비합니다.

양분의 흡수 한계 온도는 다음과 같습니다.

일반적인 식물의 뿌리가 양분을 흡수할 수 있는 최저 온도

질소	마그네슘	칼륨◇포타슘	칼슘	인
8°C	11°C	12°C	13°C	14°C

✓ 흙 온도 기준

모든 식물이 이 조건에 부합하는 것은 아닙니다. 보리, 시금치, 냉이, 마늘, 추식 구근류 식물처럼 5°C 내외의 환경에서 뿌리를 잘 내리는 식물도 있습니다.

대신 이들은 뿌리에서 점액성의 다당류 같은 분비물을 더 많이 내보냅니다. 그런 분비물은 낮은 온도에서 활동하는 미생물의 먹이가 돼요. 미생물은 양분을 흡수가 잘되도록 만들어서 식물에 가져다줍니다.

결핍된 양분을 공급하는 방법

특정 양분이 결핍되었을 때 비료를 물에 희석해서 잎으로 빠르게 공급할 수 있습니다. 하지만 임시방편일 뿐이라서 근본적인 원인을 찾아 개선해야 합니다. 흙에서 해당 양분이 흡수되지 않는 이유를 찾는 게 바람직하죠.

만약 흙에 해당 양분이 부족한 것 같다면, 비료를 주어야 합니다. 이때 해당 양분만 물에 희석해서 넣어주면 흙 속 양분비가 순간적으로 불균형을 이루게 됩니다. 이건 또 다른 문제를 일으킬 수 있어요. 그러니 결핍된 양분만 선택 공급하는 것보다는 다른 양분이 포함된 복합비료를 제공해주는 게 좋습니다.

ⓘ 길항작용

어떤 원소는 다른 원소와 쉽게 결합해서 식물이 흡수하기 어려운 상태로 변합니다. 또 어떤 원소는 다른 원소가 식물에 흡수되는 걸 방해합니다. 이러한 현상을 '길항작용'이라고 해요.

칼륨은 칼슘의 흡수를 방해하고, 철은 인의 흡수를 방해하는 등 수많은 길항작용이 존재합니다. 하지만 화분에 비료를 줄 때 이런 부분을 염려한 나머지 스트레스를 받지 않았으면 좋겠어요.

유기질이 가득한 화분의 흙은 길항작용을 막는 '댐'의 역할을 합니다. 비료의 홍수나 가뭄의 완충지대가 되어주는 거죠. 하나의 양분만을 지나치게 공급하지 않는다면 일반적인 화분 환경에서는 길항작용이 거의 발생하지 않습니다.

ⓘ 양분 불균형이 발생한 흙을 재생하는 방법

보리, 호밀, 수단그라스, 헤어리비치, 네마장황 등을 심어 자라게 하세요. 이런 식물은 흙 속의 굳어진 양분을 보다 효율적으로 흡수해서 뿌리와 잎에 유기태로 저장합니다. 양분을 대부분 빨아들인 뒤에는 죽게 되겠지만, 분해되고 나면 다른 식물과 미생물이 이용할 수 있는 건강한 흙으로 회복됩니다.

엽면시비

비료나 약제가 희석된 물을 잎에 뿌려주는 걸 '엽면시비'라고 해요.

식물은 무기질 양분을 잎으로도 흡수할 수 있습니다. 비료가 희석된 물이 잎에 닿으면 확산작용으로 흡수해요. 비를 맞은 식물이 빨리 자라는 이유도 빗물에 녹아있는 '질소'를 흡수하기 때문입니다.

하지만 그렇게 흡수할 수 있는 양은 뿌리로 흡수하는 양의 50분의 1도 되지 않습니다. 따라서 엽면시비로는 식물이 필요한 양분을 충분하게 공급할 수 없어요. 엽면시비로만 식물을 키우는 것은 불가능합니다. 다만 식물에 양분결핍증상이 생겼을 때는 빠르게 공급할 수 있는 수단이 됩니다.

엽면시비로 결핍되기 쉬운 양분을 미리 공급할 수도 있습니다. 실내 화분은 황, 철, 칼슘, 마그네슘이 부족해지기 쉽습니다. 해당 비료를 물에 1000배로 희석해 1년에 2~3회 잎에 뿌려주면 결핍 예방에 도움이 됩니다. 하지만 흙으로 비료 공급이 잘 이루어지는 상황에서는 필요치 않습니다.

ⓘ 칼슘의 엽면시비

칼슘은 이동이 느립니다. 증산작용이 활발할 때도 뿌리에서 흡수되어 잎으로 이동하기까지 15~30일이 걸립니다. 비료를 주어도 효과는 한참 후에 나타나는 거죠. 그러니 평소에 결핍되지 않도록 주의하는 게 좋겠습니다.

이미 결핍 증상이 나타났다면 엽면시비가 일시적으로 도움이 됩니다. 하지만 지나친 칼슘의 엽면시비는 어린 잎을 태울 수 있습니다.

ⓘ 잎의 수용 한계

잎의 역할은 광합성과 호흡입니다. 비료를 흡수하거나 약제를 흡수하는 기능은 처음부터 상정되어 있지 않아요.

엽면시비는 일종의 식물 해킹입니다. 방화벽의 허술한 부분을 파고들어 그곳으로 양분과 약제를 밀어 넣는 거예요. 하지만 해킹에도 한계는 있습니다. 약제나 비료를 잎에 분무하면, 그 약제와 비료 성분이 잎 안으로 모두 스며들지 않아요. 물에 잘 섞이도록 만든 유화제, 첨가제, 가루, 이물질 등이 잎 표면에 남습니다.

이렇게 남은 물질 일부는 빗물과 이슬에 씻깁니다. 한 번에 씻기지 않고 오래 걸리는 게 문제에요. 실내 식물의 경우는 씻기도 어렵습니다. 남아서 눌어붙은 이물질은 식물의 잎이 제 기능을 하는 걸 조금씩 방해합니다.

식물의 잎에는 분무 한계 용량이 존재해요. 약 4회 정도가 한계치입니다. 4회 이상 분무하면 식물의 잎은 오그라들거나 생기를 잃게 됩니다. 이렇게 망가진 잎은 광합성과 호흡 능력 등 전반적인 기능이 떨어집니다.

식물마다 다르지만, 식물의 잎도 본래의 수명이 있어요. 자연적으로 노랗게 변해서 아래쪽 잎부터 탈락합니다. 잦은 분무는 잎의 기능을 떨어트려서 수명을 단축합니다. 통상적으로 잎의 수명이 1년이라고 본다면 1년에 4회 이상 엽면시비하지 않는 게 좋습니다. 단기간에 키워서 수확하는 농작물이 아니라면 말이죠.

예외적으로 이물질이 섞이지 않은 맹물, 질소 성분만 포함된 물은 횟수와 관계없이 분무할 수 있습니다.

ⓘ 잎의 흡수 한계

잎은 일정 기간 안에 비료를 수용할 수 있는 흡수 한계가 있습니다. 엽면시비 농도를 진하게 하거나 짧은 기간 안에 여러 번 시비하게 되면 잎 떨어짐, 말림, 마름, 타들어 가는 등의 이상 증상이 나타나고 생육이 나빠집니다.

비료를 공급하는 시기와 양

- 질소 (N)
- 인 (P)
- 칼륨 ◈ 포타슘 (K)
- 칼슘 (Ca)
- 마그네슘 (Mg)
- 황 (S)
- 철 (Fe)
- 염소 (Cl)
- 망간 ◈ 망가니즈 (Mn)
- 붕소 (B)
- 아연 (Zn)
- 구리 (Cu)
- 몰리브덴 ◈ 몰리브데넘 (Mo)
- 나트륨 ◈ 소듐 (Na)
- 규소 (Si)
- 셀레늄 (Se)
- 코발트 (Co)

표는 내가 화분의 흙(상토 2호)에 넣어주는 비료의 대략적인 비율입니다. 비료를 주는 일이 더 어렵게 느껴지나요?

많은 가드너가 비료를 몇 개월에 한 번씩 주어야 하는지를 묻습니다. 여기에 대한 정확한 답은 존재하지 않습니다. 가드너마다 물을 주는 주기, 물을 주는 방식, 사용하는 흙의 특성이 모두 다르니까요.

어쩌면 당신은 위의 표를 보고 그대로 맞춰서 주려고 할지도 모르겠어요. 계산해서 비료를 주는 건 매우 번거로운 일입니다. 권장하고 싶지 않아요.

조금 수월한 방법을 안내할게요. 적절한 수용성 복합비료를 선택하세요. 그다음

물에 1000배로 희석해서 1년에 4회(3월, 6월, 8월, 10월) 화분에 부어주세요. 흙 전체가 충분히 젖도록 하면 됩니다.

1년에 4회는 기준이 되는 주기입니다. 화분 아래로 흥건하게 흘러나올 만큼 물을 주는 가드닝 스타일이라면 정도에 따라 최대 10회까지 횟수를 늘리세요.

물을 많이 먹는 식물은 그만큼 빨리 자랍니다. 성장 속도가 높다는 건 많은 건설 자재가 필요하다는 뜻이기도 해요. 그만큼 비료도 많이 필요합니다. 이때는 물 주기 30회차 마다 한 번씩 비료를 주세요.

그리고 약 100회 물을 줄 때마다 한 번씩 대부분의 미량요소가 포함된 복합 미량 요소 비료를 1000배로 희석해서 흙에 부어주세요.

실내 화분에 사용하는 비료는 전기, 중기, 후기의 개념이 없습니다. 잎보기 식물, 꽃 피는 식물, 열매를 맺는 식물로 구분 지을 필요도 없습니다. 언제나 질소, 인, 칼륨의 비가 1:1:1에 가까운 비료를 사용하는 걸 권장해요.

비료 사용이 처음이거나, 스스로 진단하기에 드루이드 레벨이 낮은 것 같나요? 그렇다면 비료 선택부터가 숙제일 거예요. 이때는 수경재배에 쓸 목적으로 만들어진 양액 비료를 선택하세요. 이 비료는 A액과 B액으로 나뉘어 있습니다. 둘 다 사용 하면 사실상 식물이 필요로 하는 양분을 대부분 공급할 수 있습니다.

ⓘ 분갈이 직후에는 비료를 주지 마세요

식물은 분갈이를 통해 새 흙을 만나면 계약을 맺을 미생물을 찾기 위해 바깥으로 뿌리를 뻗습니다. 이때 비료를 주게 되면 식물은 양분을 찾아 떠날 필요가 없다고 판단하고 새로운 뿌리를 비정상적으로 천천히 만듭니다.

그러니 비료는 식물의 뿌리가 새 흙에 자리 잡은 다음에 주세요. 뿌리를 잘라내는 등의 추가 조치가 진행되었을 때도 당분간 비료를 주지 않는 게 좋습니다. 감염을 막기 위한 일입니다.

알비료를 주었는데 식물이 시들어요

우리는 비료의 성분표를 유심히 볼 필요가 있습니다. 그중 질소에 관심을 두어야 하죠. 질소 비료는 유기태(요소), 암모니아태, 질산태로 나뉩니다. 유기태가 분해되면 암모니아태로 바뀌고 암모니아태가 더 분해되면 질산태가 됩니다.

하지만 식물의 뿌리는 요소태를 흡수할 수 없어요. 분해되어 암모니아태나 질산태가 되어야 흡수할 수 있습니다. 둘 중에서도 질산태를 더 빠르게 흡수합니다.

질산태는 공기나 다름없어서 흙에 머무는 시간이 짧습니다. 지속성이 짧은 것은 단점이 될 수 있지만, 화분에서는 장점이 되기도 합니다. 잘못해서 많이 주어도 과잉될 우려가 적은 거죠.

그래서 화분의 흙에는 지속 시간이 조금 긴 '암모니아태' 또는 지속 시간이 짧은 '질산태' 위주로 넣어주는 것이 좋습니다.

반면 요소 비료는 유기질 비료처럼 분해 과정에서 가스가 발생합니다. 이 가스는 식물의 뿌리와 잎을 망가트리며 순간적으로 물의 흡수를 방해해서 잎과 줄기를 시들게 합니다.

그러니 질소가 요소태인 비료를 사용할 때는 매우 적은 양을 물에 희석해서 사용하세요. 알비료나 고체 형태의 요소비료를 흙에 넣거나 얹어주면 식물은 그 양에 비례하는 만큼의 피해를 입습니다.

요소 비료를 포함하여 분해되지 않은 모든 유기질 비료는 식물의 뿌리 끝으로부터 20㎝ 이상 떨어트려서 주어야 합니다. 이 원칙을 대입하면 식물이 심긴 화분 대부분에는 요소태 비료, 유기질 비료를 줄 수 없습니다.

요소 비료와 유기질 비료는 식물을 심기 두 달 전, 흙에 섞어서 분해되도록 해야 합니다.

 비료는 흙을 산성화시키나요?

흙(물)에 수소 이온이 많아지는 걸 산성화라고 해요. pH가 1 만큼 차이 난다는 건 수소 이온 농도가 10배 차이 난다는 뜻입니다. 2만큼 차이 난다는 건 100배 차이가 난다는 말이 됩니다. 3만큼 차이 나는 건 1000배 차이입니다.

과거의 농업은 과학적 근거가 부족해서 부정확한 정보가 사실처럼 전파되는 경우가 많았습니다. 그런 정보는 관행처럼 후세대의 농업인에게 전파되었죠. 결론부터 말하면 비료 때문에 산성화가 일어난다고 볼 수 없습니다.

무기질 비료는 염기에 가까운 물질도 많습니다. 철, 붕소, 아연, 황과 같은 산성 요소를 지닌 것이 있지만 그것이 산성화의 직접적인 원인이라고 볼 수는 없습니다.

흙이 산성화되는 가장 큰 이유는 '물에 의한 씻김'입니다. 많은 물(빗물)로 인해 비료 성분들이 씻겨 내려가게 되면 그 빈 자리를 수소 이온이 차지하게 됩니다.

흙의 구성 물질은 기본적으로 산성입니다. 빗물조차 산성이며, 식물이 먹고 배설하는 노폐물이나 당과 같은 유기산도 산성입니다. 여기에 흙에 붙어 있는 양분을 내쫓고 그 자리로 들어간 수소 이온마저 쉽게 떨어지지 않습니다.

한 번 자리를 차지한 수소 이온은 추가로 넣은 비료가 자리를 잡지 못하게 버팁니다. 흙에 붙지 못한 비료는 다시 물에 씻기게 되고, 산성화가 가속화되어 알루미늄 이온마저 생성됩니다. 알루미늄 이온은 뿌리를 망가뜨려 물과 양분의 흡수를 나쁘게 만듭니다.

이 과정이 흙의 산성화입니다. 따라서 산성화를 막는 가장 확실한 방법은 흙에 붙어 있는 비료와 유기물질이 물에 씻기지 않게 하는 겁니다.

 사람이 먹는 영양제를 식물에 줄 수 있나요?

철분이 필요하다고 해서 우리가 철사를 먹을 수는 없습니다. 먹어도 몸에 흡수되지 않으니까요. 그래서 사람이 먹는 철분제는 위산에 녹아 몸이 흡수할 수 있도록 가공처리되어 있습니다.

식물의 비료도 마찬가지입니다. 녹슨 못을 화분에 넣는다고 해서 식물이 철을 흡수하는 건 아닙니다. 적당한 흙의 산도에서 유기산에 의해 철이 녹아 나와야 식물이 이용할 수 있죠.

효과가 빠른 비료는 그러한 과정을 미리 진행해 놓아서 식물이 바로 흡수할 수 있도록 만든 겁니다. 이것을 '킬레이트화'라고 해요.

사람이 먹는 영양제(철, 마그네슘, 아연, 염산염, 비타민, 아미노산 등)도 이러한 과정을 미리 거친 상태라서 식물이 비료로 흡수할 수 있습니다. 500㎎ 알약(캡슐) 하나를 물 1ℓ에 희석해서 화분의 흙에 부어주면 부족한 양분을 보충해줄 수 있습니다.

하지만 영양제에 함께 들어있는 일부 물질(폴리페놀, 카페인, 니코틴 등)은 식물의 성장을 방해합니다. 게다가 사람이 먹는 영양제는 식물 비료와 수천 배 가격 차이가 납니다. 식물에는 전용 비료를 주는 게 어떨까요?

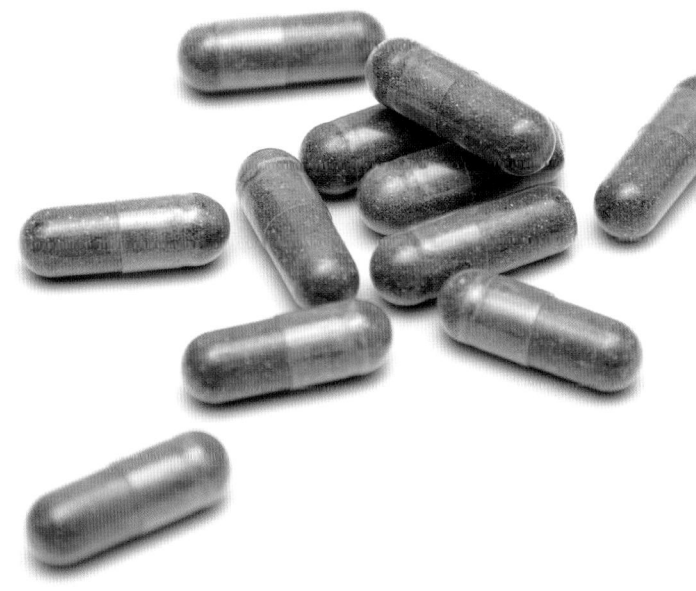

엄마 가드너들의 힘

사실 식물에는 비료를 공급하지 않아도 됩니다. 들판에 그리고 산에 있는 나무들을 보세요. 누군가 비료를 주었기 때문에 그렇게 건강하게 자라고 있는 걸까요?

햇빛을 보지 못하는 상황만 아니라면 대부분 식물은 무리해서 크게 자라날 필요가 없습니다. 씨앗을 퍼트려 줄 동물이나 새를 부를 정도면 충분하니까요.

식물의 입장에서는 인간이 먹는 부분인 과일이 커지지 않아도 됩니다. 씨앗을 만들 정도의 양분만 있으면 되는데, 그 정도는 비료 공급이 없어도 충분히 수급할 수 있거든요.

'작물의 생육에서는 칼륨 공급이 중요해'라고 말하는 건 칼륨이 키우는 열매를 수확하고 판매하고 유통하는 인간(생산자)의 관점일 뿐입니다.

식물의 관점에서 '결핍'되는 것만 아니라면 비료를 주지 않아도 그 자리에서 잘 살아갑니다. 햇빛을 잘 보여주고, 적당히 물만 주어도 죽지 않아요. 단지 사람의 욕심으로 인해 비료를 주는 것뿐입니다. 더 예쁘게 자랐으면 해서, 조금 더 빨리 자랐으면 해서, 조금 더 번식이 잘 되었으면 해서.

나쁘다는 게 아닙니다. 비료가 우리와 함께 하는 식물을 더 건강하고 튼튼하게 해준다는 건 명확한 사실이니까요.

그저 결핍되지 않도록 관리해도 충분하다는 겁니다. 식물은 각자의 시간을 살아갑니다. 그 시간의 흐름은 우리의 속도와 같지 않아요. 어쩌면 우리는 식물에 빨리 자라달라고 보채고 있는 건 아닐까요.

엄마 가드너들이 물만 주고도 거실의 식물을 풍성하게 키워내는 것을 떠올려 보세요. 그런 다음 식물에 비료를 주는 목적에 대해 잠깐이나마 생각해 보는 시간을 가져보는 건 어떨까요.

역설적이게도 화학비료는
그 어떤 재료보다 순수하며 천연에 가깝습니다.

CHAPTER 10

드루이드는
가위를 들고

어쩌면 식물과 나는
서로에게 투정부리고 잔소리를 늘어놓는 관계인지도 몰라요.
나는 미세먼지를 먹어달라고 조르고, 녹색 빛을 더 달라고 투정 부립니다.
식물은 물을 달라고 조르고, 햇빛이 부족하다며 투정 부려요.

그래서 식물과 대화 하려면 연장을 챙길 필요가 있어요.
가지를 자르는 가위는 협박용 무기일 수 있고
벌레에 공격당하지 말라며 주는 약제는 선물일 수도 있습니다.

내가 활용할 수 있는 도구는 많아요.
흙, 화분, 비료 심지어 바람까지.

물론 언제나 협박은 식물이 더 잘합니다.
죽어 버릴 거야, 라면서.

식물의 외과 의사

식물의 줄기에 일부러 상처를 만들어 싹이 돋아나도록 유도할 수 있다는 걸 아세요? '아상처리'라 부르는 이 기술은 대부분의 쌍떡잎식물에 적용할 수 있습니다. 멀쩡한 가지에 상처를 내는 거라서 의문이 생길지도 모르겠어요. 식물의 가지를 자르거나 잎을 떼는 것도 마찬가지죠.

식물도 고통을 느낀다는 연구자료가 있는데 굳이 아프게 해야 하는 걸까요?

원초적인 이 질문에 대해 명확하게 답할 수 있는 사람은 없을 거예요. 식물은 지구상의 모든 생물을 지탱하고 있습니다. 잎, 과일 그리고 가지를 다른 생물에게 내어주는 건 그들의 생존방식인 동시에 역할이기도 하니까요.

자연 속의 식물을 유심히 관찰해본 적 있나요? 식물은 바람에 가지가 꺾이고, 벼락을 맞아 줄기가 타버리기도 해요. 초식 동물은 식물의 잎과 줄기를 뜯어 먹습니다. 그런 모습을 가만히 관찰하다 보면 적당히 가지가 부러지고, 잎이 뜯어진 식물이 더 잘 자란다는 걸 알 수 있어요.

여기에 또 하나의 자연 현상이 추가됩니다. 사람이 어떤 목적으로 식물의 가지를 자르는 거죠. 이걸 인위적이라고 하지 않을게요. 사람도 결국 자연이니까요. 사람들은 습관처럼 인간을 자연에서 분리하지만, 인간도 자연 일부임을 망각하지 않았으면 좋겠어요.

사람은 재료로 활용하려고 나무나 식물의 가지를 자릅니다. 농업인들은 더 많은 수확을 위해 가지를 자릅니다. 작물이 건강해야 수확량이 좋아지거든요.

이렇게 이해하면 좋겠어요. 우리도 어릴 때는 치과에 가는 걸 싫어했잖아요. 그래도 어른들은 우리를 달래서 치과에 데려갑니다. 아이의 치아가 튼튼하길 바라니까요.

가드너가 칼과 가위를 들고 식물을 자르는 것도 비슷합니다. 가지를 잘랐을 때 식물이 더 건강하고 튼튼하게 자랄 수 있기 때문이에요. 하지만 우리는 식물을 병원에 데려갈 수 없습니다.

그래서 당신이 식물의 외과 의사가 되어야만 합니다.

새로운 길

대부분 식물의 가지는 햇빛을 쫓아 중력을 거스르면서 위로 향합니다. 하지만 자라는 속도에는 한계가 있어요. 이럴 때 잎에서 만들어진 에너지와 뿌리에서 흡수한 건설 자재가 넘쳐나면 어떻게 될까요?

고속도로에 빗대어 볼게요. 이동하는 자동차의 수가 적을 때는 1차로만으로도 교통이 원활합니다. 하지만 이동하는 자동차의 수가 많아지면 병목현상이 생겨요.

이렇게 꽉 막혔을 때 식물은 스스로 차로를 확장합니다. 새로운 가지가 뻗어 나와 차로를 두 개로 확장하는 거죠. 배달 트럭이 차로 두 곳을 이용하기 때문에 에너지와 건설 자재가 분산되고 속도도 빨라집니다. 당연히 식물의 전체적인 부피 성장도 촉진됩니다.

만약 우리가 다니는 고속도로의 길이 끊긴다면 어떻게 될까요? 맞아요. 공사 표지판이 세워지고 우회도로가 생깁니다.

식물도 똑같아요. 줄기가 동물에 먹이거나 바람, 벼락 등과 같은 외부 요인으로 가지가 부러지면 우회해서 자라기 위한 새로운 가지가 만들어집니다. 사람이 가위로 잘라도 마찬가지이죠.

이런 원리를 이용해서 가지의 개수와 방향을 임의로 조절하는 것을 '가지치기' 또는 '전정'이라고 해요.

❶ 새로운 길을 만드는 아보카도 나무

식물마다 다른 우회 성장법

자른 부분 아래쪽에서 새 가지가 나옵니다. 이런 식물은 가지의 어떤 부분에서도 새로운 싹이 틀 수 있습니다. 망고가 대표적입니다.

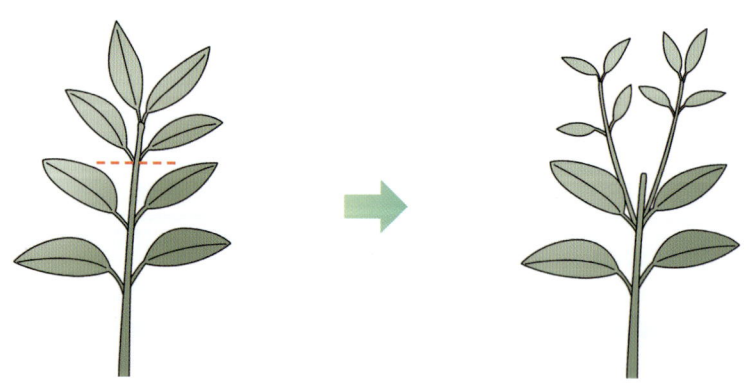

자른 부분의 아래쪽에 있는 잎과 가지 사이에서 새로운 가지가 나옵니다. 떡잎이 발생한 지점보다 아래쪽을 자르면 새 가지가 발생하지 않습니다. 레몬이 대표적입니다.

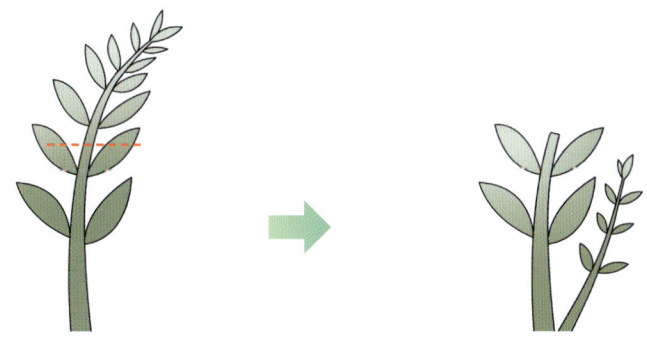

일부 식물들은 가지를 자르면 새 가지가 나오지 않고 성장하지 않습니다. 대신 뿌리에서 새 가지가 나와 성장합니다. 금전수가 대표적입니다.

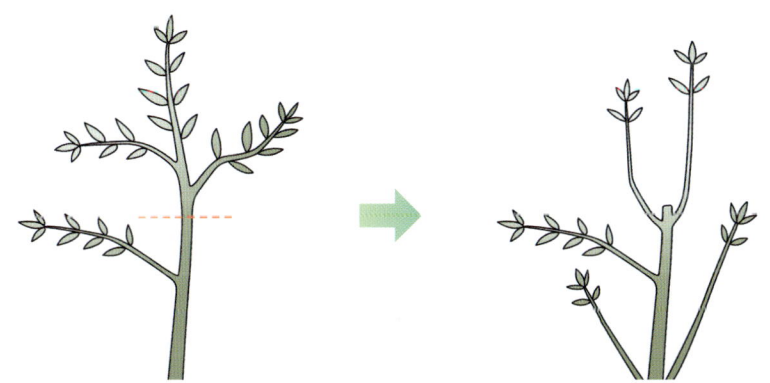

가지를 자른 곳에서 새 가지가 나오고, 뿌리에서도 새 가지가 나오는 식물도 있습니다. 블루베리가 대표적입니다.

ⓘ 식물의 가지에 저장된 에너지양

줄기에 저장된 에너지양이 많고 뿌리가 잘 발달한 식물의 가지를 자르면 더 많은 가지가 발생합니다. 하지만 저장된 에너지의 양이 적거나 뿌리가 적으면 새로 발생하는 가지는 하나에 그칩니다.

만약 저장된 에너지양이 새로운 가지를 낼 수도 없을 정도로 부족하면 식물은 죽게 됩니다. 따라서 너무 어린 식물의 가지는 자르지 않는 게 좋아요.

가지자르기를 하는 이유

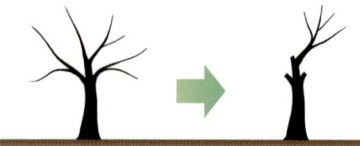
양분을 한 곳으로 몰아주려고

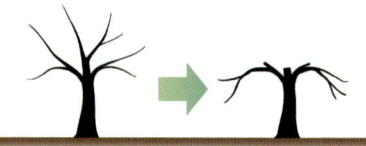
높게 자라지 않게 하려고

가지를 적게 만들어 큰 열매가 달리게 하려고

가지가 많아지도록 해서 많은 열매가 달리게 하려고

모든 잎이 고루 햇빛을 받게 하려고

잎 사이로 통풍이 잘되게 하려고

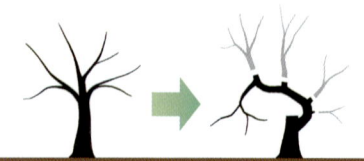
원하는 모양으로 자라게 하려고

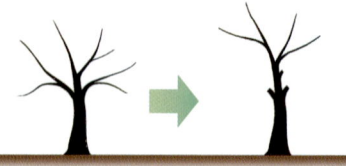
사람의 통행에 방해되지 않게 하려고

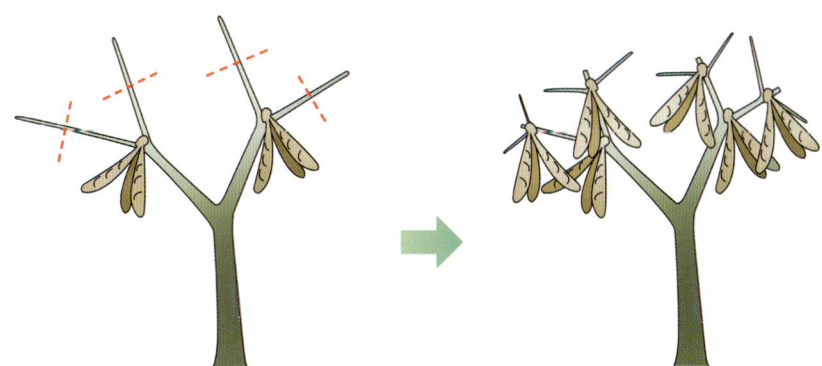

콩(내누)은 가지와 가지기 갈리지는 사이에시 열매기 달립니다. 콩은 알맹이가 작으므로 열매를 만드는 데 많은 에너지가 필요하지 않습니다. 따라서 가지 끝을 잘라주면 더 많은 가지가 발생하고 열매 수도 많아져 수확량이 증가합니다.

도마도나 수박은 열매를 만드는 데 많은 에너지기 필요합니다. 가지가 많아지면 열매도 많이 달리지만, 그만큼 에너지를 나눠 가집니다. 이때 열매는 작고 상품성이 없어집니다. 그래서 너무 많은 가지가 만들어지지 않도록 새로운 가지를 적절하게 잘라줍니다.

실내 식물의 가지자르기

가지자르기의 목적은 다양하지만, 실내 식물의 가지를 자르는 이유는 몇 가지로 좁혀집니다.

실내 식물이 너무 높게 자라면 위쪽 잎은 창으로 들어오는 햇빛을 받지 못하게 됩니다. 광합성을 하지 못하는 잎은 에너지를 소비만 하는 형태로 다른 잎에 의존하게 됩니다.

그래서 가지를 잘라주면서 잎을 떼어 줍니다. 에너지를 생산하는 잎을 늘리고, 에너지를 소비만 하는 잎을 줄이면 빛이 부족한 실내 환경에서도 식물이 건강하게 자랍니다.

ⓘ 실내 식물의 가지자르기 목적

✅ 모든 잎이 고루 햇빛을 받게 하려고
✅ 잎 사이로 통풍이 잘되게 하려고

위쪽 잎은 창문으로 들어오는 빛을 수집할 수 없습니다.

가지치기와 도포제

가지치기를 마친 우리는 절단면이 이상하다며 발을 동동 구르기도 합니다. 사실 식물의 가지가 부러졌을 때 절단면이 마르는 것은 정상이에요. 식물의 가지에 큰 구멍이 생길 수 있고 때때로 썩어들어갈 수도 있지만, 그것마저 정상적인 일입니다.

건강한 자연의 순리에요. 우리도 상처가 나면 치료되는 과정에서 부어오르기도 하고, 딱지가 생기기도 합니다. 그와 같아요. 심각한 상황이 아니라면 자연적으로 치유됩니다.

이런 자연치유 과정을 기다리지 못하고 식물의 가지를 자른 다음 단면에 도포제를 바르는 사람이 많아요. 상처 부위가 감염되지 않도록 하기 위해서라던가, 벌레가 들어가지 않게 하기 위해서라던지 이유는 많습니다.

그런데 그건 식물 스스로 상처를 치유하는 걸 방해합니다. 보호 물질이 생성되는 걸 막을뿐더러 그 안에 수분을 가둬두게 돼요. 식물을 보호하기 위해 붙인 반창고 안은 곰팡이와 벌레들이 살기 좋은 서식지가 됩니다. 식물을 돕는 게 아니라, 식물에 해로운 미생물을 돕고 마는 거예요.

식물을 돕는 게 나쁘다는 건 아닙니다. 하지만 우리도 과잉진료는 경계하잖아요.

> ⓘ 나무를 보호하는 관행

코르크 분말로 만든 인공 나무껍질(수피)

오래된 보호수의 가지가 부러지면, 인공 나무껍질을 제삭해 보호합니다. 하지만 이건 너무 오래된 방식이에요. 이런 방식은 오히려 나무의 안쪽부터 썩게 합니다. 많은 나무가 이런 관행적 보호 속에 죽어가고 있습니다. 앞으로는 나무들이 필요로 하는 도움을 주었으면 좋겠어요.

힐링 티슈

가위를 들고 식물의 외과 의사가 되기로 마음먹었다면 우선 거리로 나가보세요. 자동차와 사람이 뒤섞여 다니는 길에 줄지어 서 있는 가로수를 살펴보는 거예요.

인간에 의해 길가로 이주한 나무는 계속 자라납니다. 일정 이상 자라면 통행을 방해하기 때문에 매년 가지를 자릅니다. 그래서 길가의 나무에는 그 흔적이 남아 있습니다.

사실 가지를 자르는 건 어렵지 않아요. 그냥 자르면 되니까요. 가로수의 가지치기를 담당하는 사람들 대다수는 말 그대로 가지를 자르고 떠납니다. 그래서 거리의 나무는 우리가 알지 못하는 사이에 조금씩 죽어갑니다. 100년 넘게 살 수 있지만, 20년을 넘지 못하고 교체되는 일도 흔하죠.

가지치기를 잘해놓으면 식물은 상처를 스스로 치료합니다. 하지만 그냥 가지를 자르기만 하면 길가의 가로수들처럼 서서히 죽어갈 거예요.

여기서 당신이 주목해야 할 것은 나무의 '힐링 티슈'입니다. 식물이 만들어 내는 새살 조직을 힐링 티슈라고 해요. 잘못된 가지자르기는 식물을 서서히 죽이지만, 올바른 가지자르기는 새살 조직이 자라게 합니다.

ⓘ 나무의 새살 조직

가지가 잘 잘리면 새살 조직인 '힐링 티슈'가 자라나 상처 부위를 완전히 덮습니다.

🛈 가지자르기가 잘못되어 죽어가는 나무들

🛈 가지자르기가 잘되어 힐링 티슈가 만들어진 나무들

힐링 티슈의 이해

힐링 티슈 섬유

가지가 갈라지는 부위에는 주름진 형태 또는 볼록하게 자란 형태의 '힐링 티슈 섬유'가 있습니다. 힐링 티슈 '섬유'는 방어물질 에너지가 저장된 창고입니다. 올바르게 가지가 잘렸을 때 이 방어 에너지 섬유가 자라나 상처 부위를 덮게 됩니다.

ⓘ 힐링 티슈가 나타나는 식물

힐링 티슈는 목본성(나무) 식물에서 나타나는 특징입니다. 천남성과 같은 외떡잎식물 및 초본성(풀) 식물에서는 그 특징이 적거나 나타나지 않습니다.

가지자르기 방법에 따라 달라지는 결과

가지를 너무 바짝 잘라서 방어물질 에너지 저장창고(힐링 티슈 섬유)도 함께 잘려 나갔습니다. 힐링 티슈가 상처를 다 덮지 못합니다. 방어물질 에너지가 부족해서 더 자라지 않으며, 나무는 절단면을 중심으로 조금씩 썩게 됩니다.

올바르게 잘린 것처럼 보이지만, 아래쪽 힐링 티슈 섬유가 많이 잘렸습니다. 많이 잘린 쪽에서 힐링 티슈가 발생하지 않아서 상처를 전부 덮지 못할 수 있습니다.

가지를 올바르게 잘랐습니다. 힐링 티슈가 상처 부위를 모두 덮습니다. 상처가 덮이면서 가지가 잘린 부분은 격리처리 됩니다. 침투한 세균과 벌레는 산소 공급이 차단되어 죽습니다.

그루터기(잘리고 남은 가지)를 길게 남겨두었습니다. 힐링 티슈는 긴 가지를 덮을 수 없습니다. 남겨진 가지에서 새 가지가 나와 활성화되지 않는다면 서서히 썩기 시작합니다.

흙으로부터 떨어트려 놓는 기술

실외에는 비정기적으로 비가 내립니다. 그런데도 실외의 나무들은 수십 년이 지나도 건강하게 자랍니다. 하지만 장마처럼 오랫동안 비가 내리면, 실외의 식물들도 조금씩 병이 듭니다. 숨죽이고 있던 병원균이 높은 습도에 기대어 활동을 시작하는 거죠.

다행히 실내는 비가 내리지 않습니다. 그래도 화분의 흙에 가까운 잎은 비를 맞은 것처럼 병들 수 있습니다. 물을 줄 때 흙물이 튀어서 잎에 병원균이 달라붙기도 하고, 처진 잎이 저절로 흙에 닿는 경우도 있습니다. 그렇게 아래쪽 잎에서 시작된 병은 식물 전체로 번질 수도 있습니다.

그래서 첫 가지치기는 보통 아래쪽 잎과 가지를 정리해주는 것으로 시작합니다. 단지 병원균 때문은 아닙니다. 아래쪽 잎과 가지를 제거해서 흙으로부터 떨어트려 놓는 것만으로도 통기성이 많이 좋아지기 때문이에요.

별것 없어 보이는 이 일은 화분에서 자라는 식물에 매우 유용합니다. 당신의 식물이 앞으로 만나게 될 수많은 환경적 문제를 이겨 낼 수 있도록 예방 주사를 놓는 것과 같아요.

- 흙에 닿은 줄기마다 뿌리를 내리는 포복성, 덩굴성 식물은 이 과정을 생략할 수 있습니다. 하지만 잎이 흙에 직접 닿지 않게 해준다면 더 건강하게 자랍니다.

- 잎 수가 부족한 어린 식물의 잎을 제거하면, 광합성을 하지 못해서 성장이 느려집니다. 성장이 나빠질 정도라면 아랫잎 떼기는 나중에 하는 것이 좋습니다.

- 잎은 가위로 제거하세요. 손으로 잡아떼면 줄기 껍질이 벗겨질 수 있습니다.

중심 줄기가 굵어지는 가지치기

사람들은 식물의 뿌리와 연결된 줄기(목대)가 굵어지기를 원해요. 그래서 비료를 더 많이 주기도 하죠.

하지만 중심 줄기를 포함한 가지가 굵어지는 것은 비료와 직접적인 관련이 없습니다. 비료가 건설 자재인 건 맞지만, 궁극적으로는 증산작용과 광합성이 더 중요합니다.

식물은 증산작용이 활발할 때 더 많은 물을 잎으로 실어나르기 위해 물관을 확장합니다. 잎의 수가 많을수록 더 많은 물을 올려보내야 하므로 가지가 굵어집니다. 광합성을 통해서 만들어진 에너지가 가지를 타고 얼마나 많이 아래로 이동하는가도 중요합니다. 이때는 체관을 확장하는 형태로 줄기가 굵어집니다.

하지만 이 모든 건 햇빛이 충분한 실외에 해당하는 일입니다. 실내에서는 통하지 않을 수 있어요. 깊숙한 곳에 파묻힌 잎은 빛을 수집할 수 없어서 에너지의 생산자가 아닌 소비자가 될 수도 있으니까요. 가능하면 더 많은 잎이 빛을 수집해서 생산자가 될 수 있도록 해주세요.

ⓘ 빛이 부족한 장소에서

식물의 가지가 옆으로 넓게 퍼질 수 있도록 가지치기 하세요. 많은 잎이 햇빛을 수집하기 때문에 중심 가지가 조금 더 빨리 굵어집니다.

ⓘ 빛이 충분한 장소에서

곁가지를 모두 제거하고 1자로 키우세요. 키가 커져도 상관없습니다. 만족할 만한 굵기가 될 때까지 하나의 줄기로만 키우다가, 충분하다 싶으면 가지를 잘라 아래쪽부터 새로 키우세요. 빛이 충분한 장소에서 가장 빠르게 중심 가지를 굵게 할 수 있는 방법으로 주로 분재에서 활용됩니다.

벤자민 고무나무로 보는 가지치기

벤자민 고무나무는 저장된 에너지가 충분하다면 어느 부분에서도 새 가지가 발생할 수 있습니다. 당신의 고무나무가 더 건강하게 자랄 수 있도록 가지를 잘라보세요.

1 아래쪽 가지를 제거해서 흙에 잎이 닿지 않도록 해주세요. 흙으로부터 잎을 멀리 떨어트려 놓을수록 잎 사이로 바람이 잘 통해서 곰팡이성 병해에 대한 저항성이 좋아집니다. 하지만 너무 많은 가지를 제거하면 광합성을 수행할 잎이 부족해지므로 주의해야 합니다.

2 가지치기가 처음인가요? 그렇다면 예쁜 모양을 생각하지 마세요. 지금은 어떻게 하면 잎 사이로 바람이 잘 통하고, 모든 잎이 고루 빛을 받을 수 있을지만 생각하기로 해요.

필요해 보이다면 가운데의 가장 굵은 가지를 자르세요. 필요해 보이다면 가지 수를 절반 이하로 줄이세요. 필요해 보인다면 잎 수를 절반 이하로 줄이세요. 실내에서는 큰 잎보다 작은 잎을 남기는 게 더 좋아요.

3 안쪽에 있어서 빛이 닿기 어려운 잎, 병든 잎, 광합성을 하지 못하는 흰색의 고스트 잎을 제거하세요. 이것으로 기초적인 가지치기가 완료됩니다. 식물에 알맞은 빛이 드는 장소로 옮겨 주세요.

30일 후

새 가지를 유도하는 방법

❶ 아상처리

원하는 부분에 칼집을 내놓으면 식물은 위쪽의 줄기가 절단되었다고 착각합니다. 식물은 우회해서 자라기 위한 새 줄기를 생성합니다. 이런 방법을 활용하면 줄기를 자르지 않고도 새로운 가지 발생을 유도할 수 있습니다. 쌍떡잎식물에만 적용할 수 있으며 대부분 외떡잎식물은 이 방법이 통하지 않습니다.

❶ 도장지(세력이 왕성한 가지) 받기

식물은 중력을 거스르고 위로 향하려는 성질이 있습니다. 그래서 가지를 휘어서 고정해 놓으면 가장 위쪽 부분에서 새로운 가지가 발생합니다.

식물은 하루를 주면 좋아지고
일 년늘 수년 대단해져요.

당신도 분명 그럴 거예요.

CHAPTER 11

당신의 마법

식물이 쉬기로 했다면 그대로 쉬게 두세요.
시들기를 선택했을 때도 마찬가지예요.

호들갑 떨지 않기.
물 더 주지 않기.
걱정하지 않기.
가만히 앉아서 응원하기.

가지를 이용하는 복제술

식물의 가지나 덩이뿌리를 잘라서 잎과 뿌리가 발생하도록 하는 것을 '삽목' 또는 '꺾꽂이'라고 해요. 이렇게 증식된 식물을 흙에 심으면 독립된 개체로 자랍니다. 독립된 개체이지만 모체 식물의 DNA와 100% 일치하기에 일종의 복제술이라고 할 수 있습니다. 클론(clone)을 만들어 내는 거죠.

식물을 키우다 보면 자연스레 삽목을 시도하는 날이 올 거예요. 씨앗으로 키운 개체보다 건강한 식물을 얻을 수 있어서, 가지치기하고 나온 가지가 아까워서, 번식으로 식물을 늘리고 싶어서 등 다양한 이유가 당신의 손을 움직이게 할 겁니다.

나는 애착 식물을 친구들에게 공유하고 싶을 때 클론을 만들어 내는 편이에요.

클론을 만들어 내는 방법은 다양합니다. 식물의 생장점 분열을 이용해 쌍둥이 개체를 만들어 낼 수 있고, DNA 특성이 비슷한 식물끼리 가지를 이어붙여서 일부분만 클론의 특성을 가지게 하는 것도 가능해요.

맞아요. 가지를 자르기 위해 식물의 외과 의사가 되었다면, 이번에는 복제술을 펼치기 위한 마법사가 되어야 합니다.

유전적 전파의 이해

품종 보호를 위해 과일의 씨앗이 발아하지 않도록 처리해서 판매한다는 이야기가 있습니다. 하지만 그건 사실이 아니에요. 어려울 뿐만 아니라, 그렇게 하려면 지나치게 많은 비용이 들어갑니다. 그런 일에 시간과 돈을 쓰는 농업인이나 종자 회사는 없습니다. 간혹 과일을 먹기 좋게 하려고 씨앗이 생기지 않도록 하는 경우가 있을 뿐이에요.

그렇다면 왜 이런 이야기가 퍼지게 된 것일까요? 이유는 생각보다 간단합니다. 씨앗을 심어도 우리가 먹은 것과 같은 열매가 달리지 않기 때문이죠.

아보카도를 예로 들어볼게요. 아보카도는 원래 맛이 없었습니다. 그런데 어떤 꿀벌이 멕시코산 아보카도의 꽃가루를 과테말라산 아보카도의 꽃으로 옮겼습니다. 이렇게 두 품종이 교배되어 새로운 아보카도가 만들어졌습니다. 그 아보카도는 너무나 맛있었죠.

사람들은 맛있는 아보카도의 씨앗을 심었습니다. 하지만 나무가 자라서 달린 열매는 같은 맛이 나지 않았습니다. 다른 아보카도처럼 맛이 없었죠.

사람들은 유전자 정보 분석을 통해 과테말라와 멕시코의 아보카도가 교배된 걸 알아차렸습니다. 그래서 두 품종을 열심히 교배했지만, 이번에도 맛있는 아보카도는 달리지 않았습니다. 그제야 알게 됩니다. 맛있는 아보카도는 어쩌다 만들어진 돌연변이라는 것을요.

씨앗에는 부모 식물의 유전적 특성이 잘 저장되지 않습니다. 1대, 2대, 3대, 4대, 5대가 지나고 6대가 된 식물의 씨앗 DNA를 파헤쳐 보면 여전히 1대의 유전적 형질만 기억되어 있습니다.

그래서 씨앗을 이용해서는 부모 식물과 100% 같은 나무가 자라게 할 수 없습니다. 이때는 식물의 가지를 이용해 번식하면 됩니다. 가지를 잘라 뿌리가 나오게 하면 100% 똑같은 유전적 특징을 가진 클론이 전파되는 거죠.

즉 드넓은 아보카도 농장의 나무들은 알고 보면 단 하나의 나무에서 얻은 가지로 번식된 겁니다. 부모와 자식처럼 다른 세대가 아닌, 완전하고 완벽하게 같은 세대의 복제 식물입니다.

이것을 '영양번식'이라 해요.

ⓘ 8만 살의 사시나무

미국 유타주에는 4만 7천여 그루의 사시나무 군락지가 있습니다. 이 4만 7천여 그루의 사시나무는 사실 한 그루입니다. 축구장 60개 면적 넓이의 땅속으로 모든 나무가 연결되어 있기 때문이죠. 사시나무 한 그루가 '영양번식'으로 증식한 겁니다.

사시나무는 땅속으로 뿌리를 펼치다가 좋은 환경을 만나면 그 지점에서 나무줄기를 땅 위로 세워 뻗어 올립니다. 땅 위에서 보면 그 줄기가 새로운 한 그루의 사시나무처럼 보입니다.

이 한 그루처럼 보이는 사시나무는 다시 뿌리를 뻗어 같은 방법으로 다른 곳에 줄기를 올려 또 다른 한 그루의 사시나무를 만듭니다. 그렇게 하나의 뿌리로 연결된 채 약 8만 년 동안 옆으로 뻗어나간 겁니다.

삽목

절단된 가지에서 뿌리가 나오도록 하는 삽목은 모체의 유전적 특성을 그대로 가져오는 영양번식이에요. 가지에 저장된 에너지를 이용하는 기술이죠. 가지치기할 때 에너지가 부족하면 새 가지가 나오지 않는 것처럼, 잘린 가지의 뿌리 발생 또한 에너지가 중요해요.

절단되어 떨어져 나간 식물의 가지는 먼저 상황을 이해하려고 합니다. 대부분은 꺾인 채로 메마른 바닥을 나뒹굴기 때문에 가지는 죽음에 이릅니다.

하지만 '몇 가지 환경적 조건'이 맞아떨어져 다시 살아갈 수 있겠다는 생각이 들면 에너지를 호르몬으로 바꿔 뿌리가 나오도록 합니다. 뻗어나간 뿌리는 광합성 할 잎을 만들기 위해 물과 양분을 찾죠. 남아 있는 에너지로 뿌리를 내리고, 물과 양분을 찾아 광합성 할 잎을 만드는 데까지 성공한다면 가지는 하나의 식물체가 되어 계속 살아갈 수 있습니다.

그렇기에 당신 역시 에너지가 충분히 저장된 가지를 이용해 복제된 식물체를 만들 수 있습니다. 물론 몇 가지 조건이 충족되어야 합니다.

삽목의 환경 조건

1 절단된 가지가 뿌리를 내리려면 에너지가 충분해야 합니다. 광합성을 충분히 해서 에너지 저장을 많이 해둔 식물에서 떨어져 나온 가지일수록 유리합니다.

2 가지를 채취할 때는 해당 식물이 어떤 방식으로 새 가지를 내는지 알아볼 필요가 있습니다. 새로운 가지가 나오는 곳을 예상하고 가지를 길게 사용하세요. 가지가 길수록 에너지도 많습니다.

3 온대식물은 겨울 가지를 이용하는 게 유리합니다. 겨울을 나기 위해 가지 속에 많은 에너지를 저장해두기 때문이에요. 하지만 온대식물은 추위가 지나가지 않으면 뿌리를 내리지 않습니다. 겨울이 지나고 봄이 왔다고 생각할 때 비로소 뿌리와 잎을 만듭니다. 필요하다면 가지를 냉장고에 한 달 이상 넣어 두세요.

4 오래되어 딱딱하고 나무형태로 변한 가지보다는 녹색을 유지하고 있는 젊은 가지가 더 유리합니다. 나무형태로 변한 가지의 안쪽 세포는 뼈대 역할을 할 뿐 죽은 세포입니다. 반면 녹색 가지는 모든 세포가 살아있습니다.

5 너무 어린 가지는 에너지를 저장할 만큼 충분한 시간을 살아오지 못했습니다. 이런 가지는 뿌리를 내는 호르몬보다 잎을 내어 자라는 데 초점이 맞춰진 호르몬을 가득 품고 있습니다. 물과 양분 요구량도 많아서 삽목되기 어렵습니다.

6 뿌리가 없는 가지는 당분간 물과 양분을 흡수할 수 없습니다. 가지 속에 있는 수분은 생명을 유지하는 데 중요합니다. 증산작용과 광합성이 일어나지 않도록 잎을 모두 제거하거나 최소한만 남겨주세요. 필요하다면 위쪽 절단부를 실리콘 또는 파라핀으로 마감 처리해서 수분 증발을 최소화해주세요. 필요하다면 햇빛도 가려주세요.

7 증산작용과 광합성이 일어나지 않아도 가지는 자연적으로 마릅니다. 필요하다면 습도를 높게 해서 가지 속 수분을 공기 중으로 빼앗기지 않도록 해주세요.

8 온도가 높으면 산소가 더 필요하고 에너지 소모가 빨라집니다. 세균의 증식 속도도 증가합니다. 온도가 낮으면 세포분열이 느리며 뿌리 발생도 느립니다. 15℃ 이하, 25℃ 이상이 되지 않게 해주세요. 권장은 20℃입니다.

⑨ 절단된 가지는 병원균에 대항할 힘이 없습니다. 따라서 흙에 부패균이 없어야 합니다. 살균된 흙과 깨끗한 물을 사용하세요.

⑩ 흙이 마르지 않도록 관리해주세요. 잠깐의 흙 마름조차 삽목 실패로 이어질 수 있습니다.

⑪ 삽목 기간이 길거나, 삽목이 잘되지 않는 식물일수록 흙의 통기성이 중요합니다. 흙에 묻힌 가지의 절단면까지 산소가 도달할 수 있는 환경을 만들어 주세요. 필요하다면 입자가 굵은 흙을 사용해 공기층을 만들어 주세요.

⑫ 비료가 없을 때 뿌리가 더 잘 발생합니다. 삽목할 때는 비료를 주지 마세요. 발근제는 대부분 뿌리가 있는 식물에 주기 위한 비료입니다. 호르몬제와 구분해주세요.

⑬ 침투이행성 살균제와 항생제(스트렙토마이신)는 가지가 오랫동안 생명을 유지하는 데 도움이 됩니다. 필요하다면 1000배로 희석하여 흙에 부어주세요.

⑭ 양파즙과 알로에 겔은 천연 보호제로, 바나나 과육은 천연 발근 영양제로 활용할 수 있습니다. 필요하다면 절단면을 포함한 가지 전체에 발라주세요.

⑮ 상처는 방어물질 분비와 뿌리 발생을 촉진합니다. 필요하다면 흙 속으로 묻히는 가지 부분에 세로로 상처를 내주세요.

⑯ 흙에 묻히는 가지의 절단 형태에 따라 뿌리 발생 형태가 달라질 수 있습니다. 대각선으로 절단하면 뿌리 방향이 아래로 향하므로 일반적인 화분 환경에 유리합니다. 수평으로 자르면 뿌리 방향도 옆으로 퍼지게 됩니다. 낮은 화분을 사용하는 분재에 유리합니다.

페트병으로 삽목 화분 만들기

Ⓐ 깨끗한 흙(원예 상토, 질석, 제올라이트, 난석 등)을 사용하세요. 삽목이 어려운 식물일수록 산소 공급이 중요합니다. 옆에 구멍을 뚫어주세요.

Ⓑ 물탱크의 물과 가지 끝이 닿지 않게 하는 안전 영역이 필요합니다. 식물의 가지 길이를 조절해주세요.

Ⓒ 아래쪽에도 구멍을 뚫어주세요. 넘치는 물은 빠져나와야 합니다. 물이 부족하면 물을 빨아들입니다.

Ⓓ 물탱크가 있으면 한동안 물을 주지 않아도 됩니다. 녹조가 생기지 않게 관리해주세요.

한눈에 보는 삽목

온도	필요한 습도	필요한 빛 차단	필요한 산소	세균 번식	살균 관리	삽목 기간	뿌리와 잎 발생	삽목 실패율
24℃	90%	90% 차광	매우 많음	매우 빠른 번식	상시 관리	보통	잎이 먼저 나옴	매우 높음
23℃	85%	85% 차광	많음	빠르게 번식	집중 관리	보통	비슷하게 나옴	높음
22℃	80%	80% 차광	많음	빠르게 번식	집중 관리	보통	비슷하게 나옴	높음
21℃	75%	75% 차광	보통	보통 번식	보통 관리	보통	비슷하게 나옴	보통
20℃	70%	70% 차광	보통	보통 번식	보통 관리	보통	비슷하게 나옴	보통
19℃	65%	65% 차광	보통	보통 번식	보통 관리	보통	비슷하게 나옴	보통
18℃	60%	60% 차광	조금	느리게 번식	조금 관리	오래 걸림	뿌리기 먼저 나옴	보통
17℃	55%	55% 차광	조금	느리게 번식	조금 관리	오래 걸림	뿌리가 먼저 나옴	보통
16℃	50%	50% 차광	조금	느리게 번식	조금 관리	매우 오래 걸림	뿌리가 먼저 나옴	보통

온도는 비교적 낮게

습도는 비교적 높게

산소는 비교적 많게

애플민트로 보는 물꽂이

1 물꽂이 할 애플민트를 준비해주세요.

2 필요한 길이로 자릅니다. 8㎝ 정도가 적당해요.

3 물에 잠기는 부분의 잎을 떼어내세요.

4 불투명한 유리병에 물을 채웁니다. 빛이 들어가지 않아야 뿌리가 잘 발생해요.

5 가지를 물에 꽂고 1 또는 0 영역에 두세요. 물이 줄어들면 보충해주세요.

6 뿌리가 1㎝ 이상 나오면 흙(하블)에 심어주세요.

아보카도로 보는 삽목

1 삽목할 가지를 자릅니다.

2 식물마다 가지가 나오는 부분이 다릅니다. 새 가지를 낼 수 있는 자리가 있는지 확인해주세요.

3 광합성과 증산작용을 하지 않도록 잎 대부분을 제거합니다.

4 최소한의 잎을 남겨 둘 수 있습니다. 매우 덥거나 건조하다면 모두 제거하세요.

5 생장점이 많으면 에너지 소모가 커집니다. 위쪽을 자르거나 새 가지가 나올 하나의 생장점만 남겨 두세요.

6 아래쪽 가지 끝을 칼로 한 번 더 자릅니다. 수평으로 자르면 첫 뿌리가 수평으로 납니다. 사선으로 자르면 첫 뿌리가 아래로 납니다. 위아래로 긴 화분에 유리할 거예요.

7 물 100㎖에 상처 소독용 과산화수소수 10㎖를 섞어서 가지 부분을 10분간 소독해주세요. 에탄올을 이용할 때는 5초 이내로만 소독하세요.

8 삽목 화분에 가지를 꽂고 흙이 마르지 않도록 관리합니다. 뿌리가 충분히 나오면 화분에 심어주세요.

물관과 체관

식물은 어떻게 절단된 가지에서 뿌리를 내는 걸까요? 이것을 이해하려면 식물의 생리적 구조를 알아야 합니다. 그다음 우리는 가지를 다루는 또 다른 기술로 눈을 돌릴 수 있습니다.

이해한다는 것은 당신이 식물에 도움을 줄 수 있는 영역이 늘어난다는 의미입니다. 동시에 당신 곁에 식물이 더 오래 머물 수 있게 된다는 의미이기도 합니다.

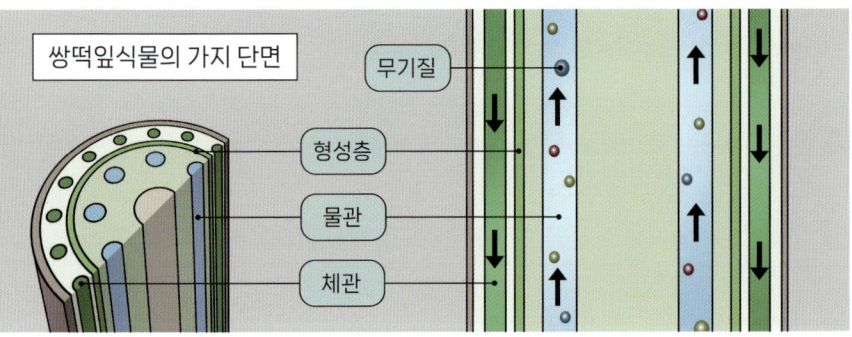

물과 무기질은 물관을 통해 위로 이동하고, 광합성으로 만들어진 에너지는 체관을 통해 아래로 이동합니다. 식물의 생리는 대체로 그렇습니다.

그렇다면 가지의 체관을 망가트리면 어떻게 될까요? 광합성으로 만들어진 에너지가 아래로 향하지 못하도록 말이죠.

체관이 단절되어도 물관은 남아 있습니다. 잎에서 요구하는 물과 원료를 위로 올려 보낼 수 있습니다. 그래서 식물의 위쪽 가지는 오랫동안 죽지 않고 살아있을 수 있어요.

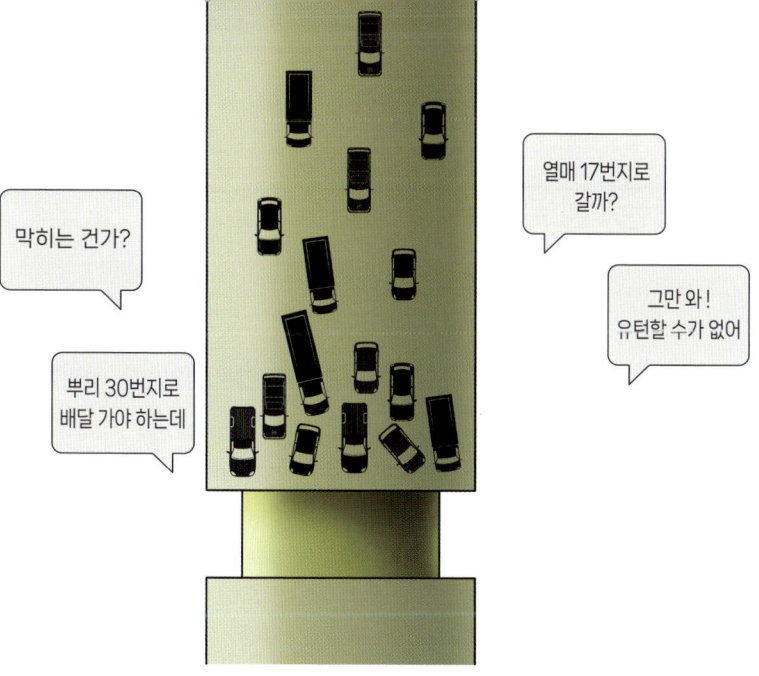

하지만 잎에서 만들어진 에너지는 다릅니다. 체관을 타고 아래로 내려가다가 길이 끊긴 것을 알아차리지만, 달리 소모할 방법이 없습니다. 그렇게 에너지는 체관 절단부에 차곡차곡 쌓여 갑니다.

이 상태가 지속되면 에너지는 우회해서 다른 곳으로 향하게 됩니다. 농업에서는 이 방법(환상박피)을 이용해 위쪽의 열매가 커지도록 유도하기도 해요.

하지만 체관 절단부에 쌓인 에너지가 다른 곳으로 향하는 데는 한계가 있습니다. 그래서 이 부분에 흙을 덧대주기만 하면, 에너지는 뿌리를 만드는 데 쓰입니다.

이처럼 가지에서 뿌리가 발생하게 하는 건 식물의 체관을 이용하는 기술입니다.

공중 삽목

절단된 가지를 이용해 뿌리가 나오게 하는 건 쉽지 않은 일입니다. 뿌리가 날 때까지 가지를 살려두는 게 관건이니까요.

어떤 삽목은 가지를 절단하지 않고도 진행할 수 있습니다. 즉, 뿌리를 완전하게 얻을 때까지 식물이 살아있습니다. 삽목을 진행하는 동안에도 식물은 증산작용과 광합성을 이어 갈 수 있으며, 뿌리가 발생한 다음에 가지를 자르기 때문에 삽목의 성공률은 크게 올라갑니다.

이러한 삽목을 '공중 삽목(air layering)' 또는 '고취법'이라고 합니다. 고취, 높은 곳에서 취한다는 뜻이죠.

이 방법을 응용하면 나무의 굵은 가지 부분에 뿌리가 나오게 해서 화분으로 옮겨 오는 것도 가능합니다.

양파와 비닐을 이용한 공중 삽목

1. 뿌리가 나게 할 식물의 가지를 선택합니다.

2. 가지의 껍질과 체관부를 돌려 깎습니다. 잎에서 만들어진 에너지가 아래로 향하지 못합니다.

3. 돌려 깎은 부분과 그 주변부를 양파즙으로 충분하게 적셔줍니다. 양파즙은 살균제, 보호제, 수분 공급 역할을 합니다.

4. 빛이 들어가지 않도록 검은색 비닐로 감쌉니다. 양파즙이 쉽게 마르지 않도록 꽁꽁 싸매주세요. 일주일마다 비닐을 열어서 확인해보세요. 건조한 것 같다면 양파즙을 추가로 바르거나 물을 분무해주세요. 다시 검은색 비닐로 감쌉니다.

5. 뿌리가 충분히 나왔습니다.

6. 뿌리 아래쪽을 절단해주세요.

7. 화분에 옮겨 심으면 똑같은 식물이 복사됩니다.

페트병을 이용한 공중 삽목

1 깨끗하게 씻은 페트병의 아래쪽을 자릅니다.

2 뿌리가 나게 할 식물의 가지를 사선으로 절반 정도 자릅니다.

3 페트병을 벌어진 틈으로 밀어 넣어서 체관부가 치유되어 붙지 않게 합니다.

4 페트병을 고정해주세요.

5 페트병에 원예용 흙을 넣습니다.

6 흙을 충분히 적셔줍니다. 흙을 미리 적셔서 페트병에 넣어도 됩니다.

7 검은색 비닐을 감싸주세요. 뿌리가 날 때까지 기다려야 합니다. 30일마다 비닐을 열어서 뿌리가 났는지 확인해주세요. 식물마다 뿌리가 나는 시간에는 차이가 있습니다. 삽목이 어려운 나무는 100일 넘게 기다려야 할 수도 있습니다.

8 뿌리가 잘 나왔습니다.

9 뿌리가 발생한 가지의 아래쪽을 잘라서 기존 식물에서 분리합니다. 페트병을 제거하고 화분(흙)에 옮겨 심어주세요. 새로운 복사 개체가 탄생합니다.

접목

식물의 가지와 가지를 연결하거나 식물 일부분을 잘라 다른 식물의 가지에 이식해서 자라도록 하는 것을 '접목'이라 해요. 접목은 왜 하는 걸까요?

하나의 식물은 그 유전적 특성에 있어서 모든 부분이 우수하지 않습니다. 어쩌다 맛있는 과일이 열린 돌연변이 식물에 치명적인 단점이 있을 수 있습니다. 예를 들어 뿌리가 병약할 수 있죠. 이때 사람이 도움을 줄 수 있습니다.

방법은 간단합니다. 열매가 맛있는 나무의 가지를 뿌리가 건강한 나무에 연결하는 겁니다.

그래서 뿌리 역할을 맡은 부분은 물과 양분을 흡수해서 올려보내고, 과일을 만드는 역할을 맡게 된 부분은 맛있는 과일을 생산합니다. 그리고 광합성으로 만든 에너지를 뿌리로 내려보내죠.

모든 것을 잘할 수는 없습니다. 한 가지만 잘해도 됩니다. 이어진 식물은 융합해서 시너지를 냅니다. 이러한 연결을 통하면 식물은 개별적으로 가진 단점을 극복해낼 수 있습니다.

수박은 뿌리가 약해서 쉽게 병에 걸립니다. 그래서 병에 강한 호박 뿌리에 수박의 가지를 연결하면 건강하게 자라도록 할 수 있습니다.

그 밖에도 다양한 형태의 연결이 있습니다. 따뜻한 곳에서 자라는 나무를 추운 곳에서 자라게 할 수도 있고, 어려서 과일 생산이 어려운 나무에 과일이 생산되도록 할 수도 있습니다. 한 그루의 나무에 수백 가지 품종의 과일이 달리게 하는 것도 가능하죠.

유전적으로 섞이지 않는 연결

빨간색 열매가 열리는 나무의 꽃가루를 파란색 열매가 열리는 나무의 꽃으로 전달하면 두 유전자가 섞인 씨앗이 만들어질 수 있습니다. 유전자가 섞인 씨앗을 심어서 키우면 보라색 열매가 열립니다. 혼혈 2세가 만들어진 셈이죠.

그래서 접목도 같을 거라고 생각하는 경우가 있습니다. 파란색 열매를 맺는 식물의 가지와 빨간색 열매를 맺는 식물의 가지를 연결하면 보라색 열매가 열릴 거라고요.

하지만 접목으로는 두 식물의 유전적 특성이 섞이지 않습니다. 유전적 특성을 유지한 채 연결된 물관과 체관을 통해 물, 양분, 에너지만 공유합니다.

이어진 가지는 각각 커지고 자라겠지만, 파란색 유전자 가지에서는 파란색 열매가 열리고, 빨간색 유전자 가지에서는 계속 빨간색 열매만 열리게 되는 겁니다.

즉 식물의 유전자는 꽃의 수정을 통하지 않고서는 다른 식물로 전파되지 않으며 가지를 연결해도 서로 섞이지 않습니다.

과 그리고 종

식물의 세계는 계 > 문 > 강 > 목 > 과 > 속 > 종으로 분류됩니다. 여기서 '계'는 '식물계'처럼 가장 큰 범위고, 그다음 차례로 범위가 좁혀져 마지막에는 '품종'에 이릅니다.

우리는 여기서 '과'를 주목해야 해요. 사람으로 치면 '친척'과 같은 부류입니다. 유전적 특성이 같거나 기원 식물이 같은 그룹입니다. 그렇다고 해서 해당 식물들이 모두 닮아 있는 것은 아니에요. 예를 들면 '장미과' 식물에는 장미만 있지 않아요. 사과, 벚나무, 자두처럼 서로 다른 모습을 하고 있습니다. 심지어 장미과인 '딸기'는 겉모습만으로는 비슷한 부분을 전혀 찾아볼 수가 없죠.

갑자기 어렵나요? 이 이야기를 한 이유는 접목에 필요하기 때문이에요. 사람이 이식 수술을 받을 때 공여자의 혈액형과 조직형이 적합해야 하는 것처럼 식물도 그 특성이 가까워야만 연결할 수 있습니다.

달리 말하면 같은 '과'는 접목 수술을 위한 최소한의 조건입니다. 하지만 성공확률을 높이려면 DNA 특성뿐만 아니라 식물의 외형적, 내형적 특성도 비슷해야 합니다.

❶ 외떡잎식물의 접목

접목은 식물의 가지에서 세포분열이 왕성하게 일어나는 '형성층'을 이용하는 기술입니다. 그 기관이 존재하지 않는 외떡잎식물은 연결이 어렵습니다.

몬스테라, 스킨답서스, 싱고니움, 안스리움, 알로카시아, 필로덴드론, 아글라오네마, 칼라디움, 디펜바키아, 금전수는 같은 천남성과 식물이지만 외떡잎식물이라서 접목이 어렵습니다.

쌍떡잎식물의 형성층

활발하게 세포분열이 일어나는 형성층은 식물의 성장과 밀접한 관련이 있습니다. 이 형성층의 안쪽으로는 물관이, 바깥쪽으로는 체관이 꾸준하게 만들어집니다. 대부분의 쌍떡잎식물의 가지는 이런 메커니즘으로 성장합니다.

그렇기에 접목은 단지 서로 다른 가지를 끼워 맞추는 게 아닙니다. 서로 다른 가지의 형성층이 연결되도록 하는 겁니다.

어느 한 부분이라도 형성층이 맞아떨어지면, 세포분열을 통해 그곳부터 연결됩니다. 방어물질 세포가 만들어지고 융합되고 상처가 회복되는 거죠. 그리고 마치 처음부터 하나의 식물이었던 것처럼 둘의 물관과 체관이 연결됩니다.

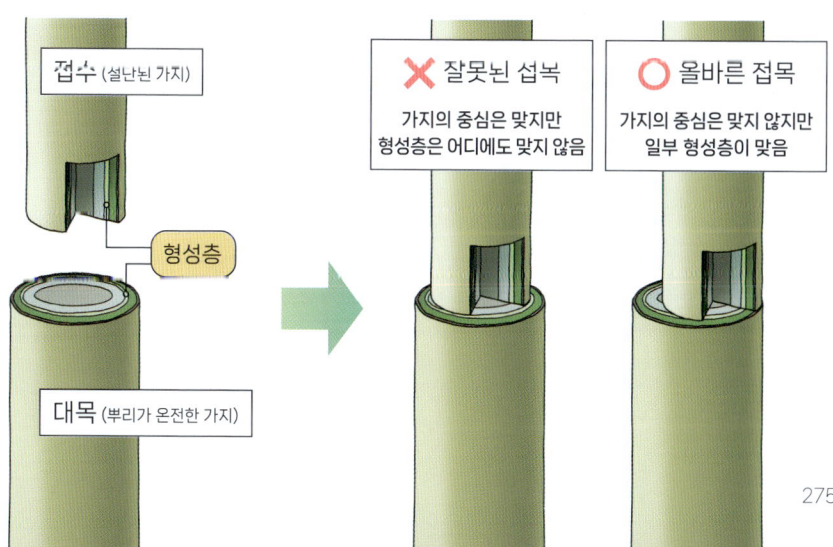

형성층을 연결하는 다양한 방법

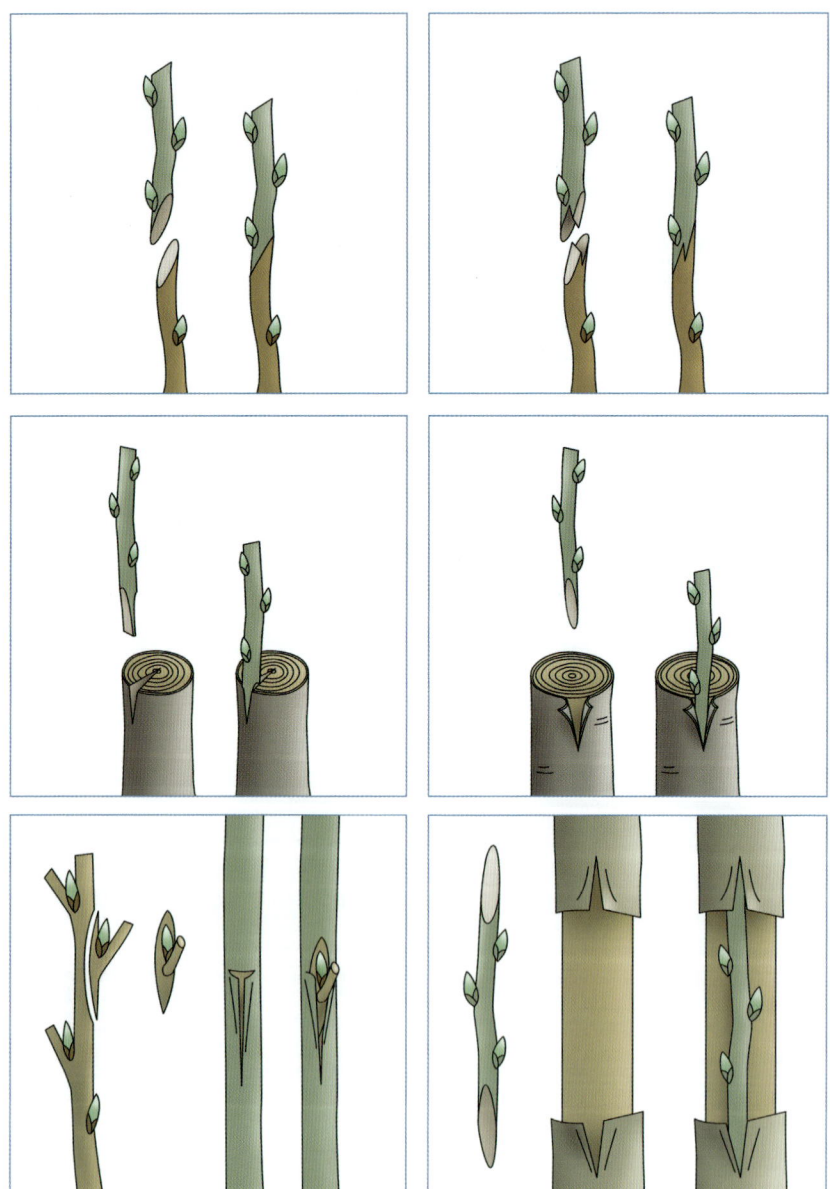

접목 연습하기

화분에서 토마토를 기른 다음 가지를 잘라 다시 붙이는 연습을 해보세요. 이어진 가지가 잘 붙어서 자라난다면 접목에 성공한 겁니다.

토마토 접목에 성공했다면 더 어려운 접목을 시도해 볼 수 있습니다. 다양한 색상의 토마토를 접목해보거나 토마토에 가지를 접목해서 키워보세요.

시트러스류 식물 중에서는 탱자나무의 뿌리가 가장 튼튼하고 효율적으로 물과 양분을 흡수합니다. 오렌지자스민, 귤, 오렌지, 라임, 레몬 가지를 탱자나무에 접목해보세요. 잎 말림 증상, 잎이 노랗게 되는 증상 등이 개선되며 더 건강하게 자랍니다.

ⓘ 접목 용어

접수 지상부 역할을 맡는 부분으로 접목 시 연결할 식물의 가지입니다.

대목 접목 시 지하부의 뿌리 역할을 맡게 되는 식물입니다. 같은 과 식물 중에서 뿌리 발달이 왕성하고 병해에 강한 종이 선택되는 것이 일반적입니다.

▌ 토마토로 하는 접목 연습

1. 광합성을 충분히 한 건강한 토마토 화분을 준비해주세요.

2. 접목 연습할 부위를 선택합니다.

3. 소독된 칼로 가지를 비스듬히 자릅니다.

4. 위쪽 가지(접수)는 쉽게 마릅니다. 증산작용과 광합성을 하지 않도록 해주세요. 가지(접수)의 잎 대부분을 제거하고 가지 끝도 잘라주세요. 생장점 한 곳은 남겨두어야 합니다.

5. 절단면이 마르기 전에 두 줄기의 형성층을 잘 맞춰줍니다. 그런 다음 접목 테이프로 감싸거나 집게로 집어서 고정합니다. 절단면으로 공기나 물이 들어갈 틈이 없도록 해주세요.

ⓘ 접목 후 관리

잘린 가지가 다시 붙는 데는 15일 이상 걸립니다. 온도, 습도, 빛을 관리해주세요. 증산작용과 광합성을 막기 위해 당분간은 햇빛이 없는 서늘한 장소가 더 좋습니다.

위쪽 가지(접수)가 자라는지 지켜보세요. 자라지 않고 완전히 시든다면 접목에 실패한 겁니다. 잎이 나와 자라면 접목에 성공한 거고요. 접목 테이프 또는 접목 집게를 제거해 주세요.

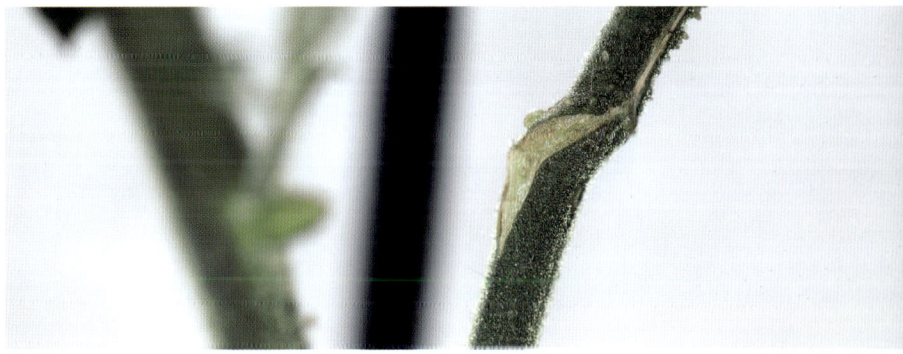

이후 연결부위에서 볼록한 방어물질 세포가 생성되면 체관과 물관이 완전하게 연결된 겁니다.

접목한 토마토

노란색 방울토마토 + 검은색 방울토마토 + 흰색 둥근 가지 + 검은색 둥근 가지를 한 그루에 접목했습니다.

그다지 순탄하지 않을지도 모르겠어요.
어쩌면 난관을 만나 주저앉을 수도 있겠죠.
괜찮아요. 우리 그즈음에서 한번 쉬어가기로 해요.

CHAPTER 12

꿀벌처럼

창가에 화분 하나만 올려 두어도 공간이 바뀌어요.
식물은 익숙한 공간을 익숙하지 않게 해주거든요.
그 새로움조차 익숙해질 때가 되면
식물은 기어코 꽃을 피워 특별한 순간을 만들어 냅니다.

꿀벌이 되는 방법

자연의 식물은 다양한 향기와 색색의 꽃으로 벌과 나비를 유혹합니다. 곤충들은 꽃과 꽃 사이를 옮겨 다니며 수정을 일으키죠. 곤충과 식물은 수억 년 전부터 공생관계였습니다. 식물은 왜 스스로 수정하지 않고 곤충의 도움을 받아 다음 세대를 만드는 걸까요?

그건 가까이 있는 친구가 아니라 멀리 떨어진, 조금은 다른 친구와 수정되기를 원하기 때문이에요. 벌이 꽃가루를 멀리 떨어진 다른 꽃으로 나르면 유전적으로 다양성이 생길 수 있어요. 식물은 그렇게 더 강한 잡종 발현을 목표로 합니다.

더 우수하고 튼튼한 잡종이 나타나길 바라고 그러다 보면 대단한 돌연변이가 탄생하기도 하죠. 그렇게 우수한 형질을 가진 자손이 태어나 수많은 경쟁과 역경을 이겨내고 잘 살아가기를 바랍니다.

하지만 실내에서 자라는 식물은 벌과 나비를 만나기 어렵습니다. 물론 잔잔한 바람에 수술의 꽃가루가 날려 암술에 닿을 수 있고, 반려동물이 꽃잎을 건드려 수정되기도 합니다. 분무기로 물을 뿌렸을 뿐인데 물방울을 타고 꽃가루가 전달될 수도 있죠. 하지만 이건 우연일 뿐이라서 이후에도 같은 일이 일어날 거라고는 기대할 수 없습니다.

그래서 씨앗이나 열매가 잘 만들어지길 바란다면 당신이 직접 움직여야 합니다. 얇은 그림 붓을 준비하세요. 붓에 수술의 꽃가루를 묻혀 암술에 전달해 주는 겁니다. 꿀벌이 되어주는 거예요.

ⓘ 수술(수꽃)을 구분하는 법

꽃가루를 가득 분비하기 때문에 비교적 쉽게 알아볼 수 있습니다.

ⓘ 암술(암꽃)을 구분하는 법

꽃가루가 묻을 수 있도록 끈적한 물질을 분비합니다. 꽃받침 뒤로 작은 예비 열매가 맺혀있는 경우가 많습니다.

▌ 때에 따라 달라지는 암수의 형태와 수정

- 꽃 하나에 암술과 수술이 함께 있는 식물이 있습니다. 토마토, 고추, 해바라기가 대표적입니다.

- 수박과 오이처럼 식물 하나에 암꽃과 수꽃이 따로 피는 식물이 있습니다. 보통은 암꽃이 더 많고, 수꽃은 적습니다.

- 암나무와 수나무가 따로 존재하는 식물이 있습니다. 만약 몇 km 이내에 암나무 한 그루만 있다면 자연적인 수정은 일어나지 않습니다. 체리나무와 은행나무가 대표적입니다.

- 암나무와 수나무가 따로 존재하지만 수정하지 않아도, 암나무 혼자 본인의 유전자로만 열매와 씨앗을 만드는 식물도 있습니다. 망고스틴, 파파야가 대표적입니다.

- 지베렐린 같은 호르몬제를 활용해서 가짜 수정을 일으켜 열매를 얻을 수도 있습니다. 샤인머스캣 포도와 씨 없는 수박이 대표적입니다.

 씨 없는 과일은 몸에 나쁜가요?

과일 속에 씨앗이 만들어지지 않게 할 때 지베렐린과 같은 식물 호르몬제를 이용합니다. 약품을 이용하는 것처럼 보여서 몸에 나쁘다는 속설이 있지만, 이는 사실과 다릅니다. 지베렐린은 사람과 동물에 독성을 나타내지 않습니다.

이러한 식물 호르몬은 자연이 스스로 품고 있으며 식물이 성장하고 살아가는 데 꼭 필요합니다. 게다가 알고 보면 우리는 이미 꽤 많은 지베렐린을 먹고 있습니다. 당신이 오늘 아침에 먹은 쌀에도 들어 있으니까요.

꽃에 관한 이야기

모든 식물에는 수명이 있습니다. 그래서 수명이 다하기 전에 다음 세대를 준비하죠. 그 과정 중 하나가 꽃을 피워 씨앗을 만드는 일입니다.

식물을 마주하게 된 당신은 다양한 꽃을 만나게 될 거예요. 하지만 꽃이 피는 식물을 들였음에도 꽃을 만나지 못할 때도 있을 거예요. 당신이 마주하게 될지도 모를 상황을 미리 알려드릴게요.

- 열매가 달려야 할 나무에 꽃이 피지 않을 수 있습니다. 식물은 생육환경이 너무 좋아도 꽃을 피우지 않습니다. 이때는 두 달 정도 물을 극소량만 주세요. 목말라 할 때만 물을 아주 조금씩 주는 겁니다. 그러면 식물은 환경이 나빠졌다고 판단하고 자손을 퍼트리기 위해 꽃을 피웁니다. 그때부터 물을 정상적으로 주세요.

- 물을 조절해도 꽃이 피지 않을 수 있습니다. 이런 상황은 대부분 인위적인 사계절을 만들어 주지 않았기 때문입니다.

  수국은 밤보다 낮이 긴 여름에 잎과 줄기가 성장합니다. 충분히 성장한 수국은 낮보다 밤이 긴 가을에 꽃눈을 만들어요. 그 꽃눈은 겨울을 나고 봄이 되어 15℃ 내외의 온도가 되었을 때 꽃으로 피어납니다. 수국은 봄, 여름, 가을, 겨울이 모두 필요한 식물이에요.

  치자도 마찬가지입니다. 치자는 실내 화분에서 꽃이 지고 나면 다시 피지 않는 경우가 대부분입니다. 꽃을 다시 피우기 위해서는 실외 환경과 마찬가지로 계절을 만들어 주어야 합니다.

- 환경이 나빠지면 아직 준비되지 않은 어린 식물에서도 꽃이 필 수 있습니다. 위기의식을 느끼면 극단적으로 성장을 포기하고, 다음 세대를 준비합니다. 대부분은 성장이 멈추고, 열매가 비정상적으로 작게 달릴 거예요. 때에 따라서는 열매가 떨어지기도 합니다.

  너무 어린 식물에 달린 꽃송이는 미리 제거해 주는 게 좋습니다. 모든 꽃과 열매를 제거하면 식물은 다시 성장에 집중합니다.

- 낮의 길이가 길면 꽃을 피우지 않는 식물이 있습니다. 낮이 길면 여름이라고 생각해요. 그래서 다음 세대를 준비해야 할 가을까지 많이 남았다고 여기고 꽃을 피우지 않습니다. 대신 잎과 줄기의 성장에 집중합니다.

  이런 식물은 꽃이 피었다고 해도 조심해야 합니다. 형광등 같은 실내조명의 영향을 받아서 낮이 더 길다고 느끼면 다시 여름이 왔다고 착각해서 꽃을 떨어트립니다. 꽃을 오랫동안 유지하기 위해서는 하루 중 14시간 이상 어두운 장소에 있어야 합니다. 나팔리아, 구설초, 캐모마일 등 많은 국화과의 식물이 여기에 해당합니다.

  반대로 상추나 양배추처럼 낮의 길이가 14시간 이상 길어지면 꽃이 피는 식물도 있습니다.

1년 중 한 달 이상 낮은 온도에서 휴식해야만 꽃이 피는 식물이 있습니다. 휴식하는 동안은 잎이 시들거나 말라 떨어지기도 해요. 하지만 봄이 찾아와 휴식이 끝나면 건강한 새잎을 다시 피워냅니다. 이런 식물은 겨울이 오면 1~7℃의 차가운 공간으로 옮겨 주세요. 휴식하는 동안은 물을 매우 조금만 주어야 합니다.

대부분의 온대식물이 여기에 해당하며, 휴식하지 못한 식물은 조금씩 건강을 잃게 되며 이듬해에 꽃이나 열매를 생성하지 않습니다.

겨울을 땅속에서 보낸 튤립, 히아신스, 수선화, 무스카리와 같은 알뿌리 꽃식물이 꽃을 피우는 것은 일 년 중 '봄' 또는 '여름'의 일부 기간에 한정되어 있습니다. 화분에서는 꽃이 지고 나면 시들거나 보기 흉한 상태가 될 거예요. 하지만 식물이 죽은 게 아닙니다. 알뿌리는 양분을 저장하고 서서히 잠에 빠져들 거예요. 그리고 다시 겨울을 보내면 잎이 자라고 꽃이 핍니다.

하지만 물과 온도 관리가 되지 않으면 알뿌리는 작아지기도 하고 분해되어 사라지기도 합니다. 실내에서 꽃을 피울 때는 17℃ 이상이 되지 않도록 관리해야 합니다. 그렇지 않으면 꽃이 잘 만들어질 수 없고 만들어진 후에도 금방 시들 거예요.

칼라디움처럼 꽃이 피면 잎이 힘을 잃는 식물도 있습니다. 잎을 더 오래 보고 싶을 때는 꽃이 피지 않도록 꽃대를 제거해 주세요.

꽃을 피운 다음 급격하게 잎의 색이 빠지면서 망가지는 식물이 있습니다. 이런 특징 때문에 1년생 식물로 오해를 받아 버려지기도 하지만, 저온 휴식을 보내면 다시 싱그럽게 자랍니다. 히포에스테스와 미모사가 대표적입니다.

많은 가드너가 다육식물을 키울 때 '보기에 좋지 않은 성장'보다는 '그대로 유지'에 초점을 맞추고 있습니다. 꽃대가 나오려고 할 때 바로 제거해 주는 이유도 그 때문입니다. 다육식물은 꽃이 생긴 뒤 부분적으로 웃자라거나 모양이 무너질 수 있습니다. 못생겨져도 상관없다면 그대로 두어도 괜찮아요.

시클라멘은 따뜻한 여름이 오면 휴식하는 식물입니다. 시클라멘은 가을에 잎이 생기고, 겨울처럼 낮은 온도에서 자라며, 봄에 꽃이 핍니다. 그러다가 따뜻한 여름이 되면 잎과 줄기가 시들어 땅으로 사라집니다. 그래서 시클라멘은 따뜻한 물을 주면 꽃이 피지 않습니다. 15℃ 이하의 차가운 물을 좋아해요.

- 접란, 필레아 페페처럼 밤과 낮의 온도 차이가 커야만 꽃이 피는 식물도 많습니다.

- 마삭줄은 25℃ 이상 온도에서는 꽃이 피지 않습니다.

- 포체리카, 칼랑코에 등은 15℃ 미만에서 더 수월하게 꽃이 핍니다.

- 민트, 바질, 콜레우스 등은 22℃ 이하가 되면 꽃이 필 거예요. 그러나 꽃이 피었다는 것은 한 세대의 '종료'를 의미합니다. 잎과 줄기의 상태는 급격하게 나빠지고 성장이 멈춥니다. 세대의 종료를 원하지 않으면 꽃대가 생겼을 때 제거해 주세요.

- 천연의 단맛을 가진 스테비아는 온도가 낮아지고, 물이 부족해지면 꽃이 핍니다. 꽃은 생의 마감을 암시하는 동시에 스테비아의 단맛을 잃게 만듭니다. 단맛을 원한다면 꽃이 피는 걸 막아야 합니다.

- 고수는 꽃이 피면 줄기와 잎이 억세져서 음식 재료로 쓰기 어려워집니다.

- 러브체인은 두 달 이상 2~10℃의 저온 속에 있어야만 꽃이 핍니다.

- 포인세티아처럼 꽃인 듯 보이지만 알고 보면 잎인 경우도 있습니다. 꽃잎 역할을 하는 화려한 붉은색 잎은 하루 15시간 이상의 깊은 **밤**과 18℃ 이상의 온도가 유지되어야 발생합니다.

- 아래향이나 용괴치럼 밤에 피는 꽃도 있습니다.

- 무화과, 바나나, 감귤, 망고스틴, 파파야처럼 수정 없이 과일이나 씨앗을 만들 수 있는 식물도 존재합니다.

- 무화과처럼 '일반적인 꽃'의 형태가 아닐 수도 있습니다. 꿀벌이나 나비는 무화과의 꿀을 맛볼 수 없습니다. 무화과는 선택받은 곤충(매우 작은 좀벌)만 꽃 안으로 들여보내기 때문이죠. 무화과는 수정되지 않아도 열매를 만듭니다. 다만 수정되면 씨앗과 함께 더욱더 달콤하고 꽉 찬 열매가 만들어집니다.

- 사람의 눈에 식물의 꽃은 흰색, 노란색, 붉은색일 뿐이지만 자외선을 감지하는 곤충의 눈에는 색색의 형광 무늬로 보입니다. 형광색은 꿀이 있는 꽃 중심부에 가까울수록 선명해집니다. 이런 색은 비행하는 곤충이 착륙할 활주로의 가이드 선이 되어 꿀이 있는 곳으로 안내합니다.

  특히 접시꽃은 그 유도체계가 매우 강력합니다. 이런 식물은 벌레가 잘 꼬이므로 실내에서 키우기에 적합하지 않을 수 있습니다. 반대로 사라세니아 같은 식충 식물은 이 유도 체계로 곤충을 유혹해 죽게 만듭니다.

- 해바라기 꽃은 태양을 따라 움직입니다. 더 많은 자외선을 받아 곤충을 유혹하기 위해서입니다. 그래서 창가에 자라는 해바라기는 항상 당신을 등지고 있을 수도 있습니다. 이 현상은 해바라기 꽃이 성장하는 동안에만 일어납니다. 꽃이 수정되면 더는 곤충을 부를 필요가 없어서 태양을 쫓지 않습니다. 대부분은 해가 뜨는 동쪽으로 고정됩니다.

- 수련처럼 성을 바꾸는 꽃도 있습니다. 꽃가루는 수꽃이 만들지만, 꿀은 암꽃이 생성합니다. 수련은 곤충을 유인하기 위해 암꽃으로 성별을 바꿉니다. 많은 꿀을 분비한 다음 곤충이 오면 꽃잎을 오므려 그 안에 가둬둡니다. 그리고 수꽃으로 변해서 많은 꽃가루를 만들어 낸 다음 곤충에 전달합니다. 다시 꽃잎이 열리고 몸이 꽃가루로 범벅된 곤충은 다른 암꽃을 찾아가 수정을 일으킵니다.

- 어떤 꽃은 하나의 꽃 안에 수술과 암술이 함께 존재합니다. 하지만 둘은 함께 할 수 없습니다. 이러한 꽃은 자가수정을 피하고 멀리 있는 다른 꽃과 수정이 되기 위해 암술이 수정된 다음에야 비로소 수술이 꽃가루를 만들어 냅니다. '몬스테라 델리시오사'를 제외한 대부분의 천남성과 식물이 해당합니다.

- 상사화(상사초)는 봄에 녹색의 잎이 자라지만, 6~7월에 말라 없어집니다. 그리고 8월이 되면 꽃이 홀로 핍니다. 꽃은 잎을 만날 수 없습니다. 잎을 기다리다가 결국 사그라듭니다. 만날 수 없는 사람을 그리워하다 상사병에 걸린 것처럼요.

- 대부분 꽃은 꽃잎이 비를 맞거나 물에 젖으면 쉽게 져버립니다. 꽃을 오래 보고 싶다면 꽃잎에 물이 닿지 않도록 관리해주세요. 특히 펠라고늄(제라늄)이 예민하게 반응합니다.

- 산하엽의 꽃잎은 비를 맞으면 투명해집니다. 물에 젖은 동안은 자신을 감추지만, 건조되면 다시 흰색의 꽃으로 돌아와 벌과 나비를 부릅니다. 산하엽의 꽃말은 '청초한 사랑'입니다.

- 시스터스는 꽃말이 '나는 내일 죽는다', '임박한 죽음'입니다. 독특한 꽃말을 가진 이 식물은 자살 식물로 유명합니다. 시스터스는 수액에 액화석유가스와 같은 가연성 물질이 들어있습니다. 그래서 쉽게 화재로 이어집니다. 시스터스 중에는 발화점이 고작 35℃ 밖에 안 되는 종도 있습니다. 지중해 지역에서는 여름에 이 식물에 의한 자연 발화가 종종 일어납니다. 이때 자신과 주변을 태우고 열에 강한 씨앗은 남겨둡니다. 발아한 시스터스 씨앗은 식물이 타고 남은 재를 양분으로 삼아 자랍니다.

- 틸란드시아처럼 꽃이 생의 마지막을 의미할 때도 있습니다. 어느 날 꽃이 피더라도 쓸쓸해하지 마세요. 생을 마친 틸란드시아는 여러 개의 작은 틸란드시아를 남길 테니까요. 그리고 그것은 당신이 잘 돌보았다는 의미입니다.

- 꽃이 피었다고 해서 반드시 씨앗이 생기는 건 아닙니다. 어떤 식물의 꽃은 수정 자체가 일어나지 않습니다. 또 어떤 식물은 수정이 일어나지만, 과일이나 씨앗을 만들지 못합니다. 몇몇 장미 품종이 대표적입니다.

수술을 제거하면 꽃이 더 오래 피어있나요?

모든 꽃은 피어있을 수 있는 기간에 한계가 있습니다.

A라는 꽃이 최대 10일 동안 피어있을 수 있다고 가정해 볼게요. 꽃이 피어난 다음 3일 차에 수정이 이루어지면, 5일 차에 꽃이 집니다. 이후 열매가 열리거나 씨앗이 생성되죠.

하지만 수정되지 않으면 최대 10일 동안 꽃이 피어있을 수 있습니다. 대신 그 이후에 열매나 씨앗을 만들지 못하고 져버리게 됩니다.

따라서 이론적으로 완벽하게 수술이나 화방을 제거해 준다면 10일 동안 수정이 일어나지 않고 꽃이 피어있게 할 수 있습니다. 다만 이것은 수정이 되지 않은 것일 뿐, 꽃이 피어있을 수 있는 최대시간이 늘어난 것은 아닙니다.

게다가 수술을 제거하는 과정에서 오히려 수정을 일으킬 확률이 높습니다. 꽃의 수술을 제대로 제거한다고 해도 멀리 떨어진 다른 꽃의 수술로도 충분히 수정될 수 있고요. 곤충이 존재하고 바람이 잘 부는 환경이라면 수정이 되지 않도록 제한하는 건 어렵습니다.

꽃다발에 쓰이는 판매용 백합은 꽃가루가 꽃잎에 묻어 상품성이 떨어지는 걸 막기 위해 수술을 제거합니다. 꽃을 오래 보려면 수술을 제거해야 한다는 속설은 이런 내용이 전파되어 생긴 오해로 보입니다.

꽃은 수술이나 암술의 존재보다는 온도에 영향을 더 많이 받습니다. 일반적으로 온도가 낮을수록 꽃은 오래 피어있습니다.

펠라고늄(제라늄)은 환경적 온도가 1℃ 낮아질 때마다 꽃이 피어있는 시간이 약 5일씩 늘어납니다. 만약 12℃ 인 장소에 둔다면 꽃은 대략 100일간 피어있을 거예요.

씨앗 얻기와 보관

온대식물

대부분의 온대식물은 기온이 낮아지거나 낮의 길이가 짧아지는 가을에 성숙한 씨앗이 맺힙니다. 열매 속에 든 씨앗도 마찬가지입니다. 열매가 잘 익을 때까지 기다렸다가 씨앗을 채취하면 됩니다.

온대식물의 씨앗은 흙에 바로 떨어져도 발아하지 않습니다. 즉시 발아한다면 추운 겨울을 마주하게 되어 죽을 수밖에 없으니까요.

온대식물은 겨울이 오는 것을 알고 있습니다. 그래서 씨앗은 겨울을 견딜 수 있는 에너지를 품고 있습니다. 그리고 겨울 동안 발아하지 않게 하는 억제물질을 가지고 있습니다. 이 억제물질은 약 1000시간의 추위 속에 놓였을 때 제거됩니다.

즉 온대식물의 씨앗은 추운 겨울이 지나고 날씨가 따뜻해지면 싹을 냅니다. 그래서 대부분 온대식물의 씨앗은 잘 말려서 지퍼백에 담은 채 냉장고에 두 달 이상 보관한 다음 심어야 합니다. 냉장고를 이용해 겨울이 왔다가 지나갔다고 착각하게 만드는 거죠.

단, 직접 채취한 씨앗이 아니라 종자회사에서 유통하는 씨앗은 대부분 휴면타파 처리가 되어 있어서 바로 심을 수 있습니다.

열대식물

열대식물은 겨울을 준비할 필요가 없습니다. 씨앗은 흙에 떨어지는 순간 발아를 시작할 수 있습니다.

그래서 씨앗을 말리거나 냉장 보관을 해서는 안 됩니다. 그렇게 하면 발아율이 떨어집니다. 씨앗을 오랫동안 보관하고 싶을 때는 씨앗을 채취하는 것보다 과일 자체로 보관하는 것이 유리합니다.

발아

씨앗이 발아하는 데는 기본적으로 물과 산소, 적절한 온도가 필요합니다.

흙 발아, 솜 발아, 물 발아, 질석 발아, 수태 발아, 습기를 이용한 발아, 지피펠렛을 이용한 발아 등 다양한 방법이 쓰입니다. 어떤 방법을 선택하더라도 발아 메커니즘은 비슷합니다.

씨앗은 곰팡이나 각종 병원균의 공격으로부터 살아남을 수 있는 보호 물질을 가지고 있습니다. 그래서 발아가 진행될 때까지는 나쁜 환경을 어느 정도 견뎌냅니다. 하지만 발아 후 싹이 나온 다음에는 보호 물질이 소진되기 때문에 병원균의 공격에 취약해집니다.

가능하면 병원균이 적은 깨끗한 흙과 물을 사용해야 합니다. 또는 씨앗의 발아 속도를 빠르게 해서 보호물질을 아낄 수 있습니다.

씨앗의 발아 속도를 촉진하기 위해 싹 틔우기 전 미지근한 물에 먼저 불려보세요. 이 단계에서 소독제나 살균제를 물에 희석하면 발아 안정성을 높일 수 있습니다.

단, 2㎜ 이하의 작은 씨앗은 물 불림 효과가 크지 않습니다. 작은 씨앗은 물에 잠기면 발아율이 떨어질 때도 있으므로 불리지 않고 그대로 흙에 심는 게 낫습니다.

씨앗은 발아할 때 산소가 필요합니다. 산소가 부족하면 아무리 건강한 씨앗이라 해도 곰팡이의 먹이가 되어버릴 거예요. 그러니 습도를 높이기 위해 작은 컵을 씌워 공기가 통하지 않도록 하는 실수는 저지르지 말도록 해요. 꼭 씌워야 한다면 주기적으로 환기해주세요.

다음은 온도를 신경 써주세요. 씨앗 대부분은 25℃ 이상에서 잘 발아합니다. 온도가 낮을수록 발아하는 데 걸리는 기간이 늘어납니다.

빛과 열에 의한 신호

빛이 있어야 발아하는 씨앗 (광발아)

작고 가벼운 씨앗은 바람에 의해 퍼지고 땅에 떨어지도록 설계되어 있습니다. 이런 씨앗은 비가 내리면 발아합니다.

하지만 어둠 속에 있으면 물과 따뜻한 온도를 제공해도 잘 발아하지 않습니다. 아직도 과일의 속 또는 식물의 씨앗밖에 있다고 착각하기 때문입니다. 게다가 흙 속에 깊이 파묻히면 발아가 시작되어도 작은 싹의 힘으로는 흙을 밀어 올릴 수 없습니다.

이런 씨앗은 땅에 떨어져 햇빛이 보일 때 싹을 틔웁니다. 그래서 씨앗을 심는 게 아니라 흙 표면에 뿌리는 형태가 되어야 합니다. 그런 다음 흙이 마르지 않도록 관리해주세요. 상추, 베고니아, 유칼립투스, 민들레가 대표적입니다.

어둠 속에서 발아하는 씨앗 (암발아)

중간 정도의 굵기와 무게가 있는 씨앗 대부분은 어둠 속에서 발아합니다. 이런 씨앗은 흙 속 깊이 뿌리를 내리길 원합니다. 흙 밖에서는 뿌리를 잘 내릴 수 없고, 흙에 고정되어 살아갈 수도 없습니다.

어둠 속에서 발아하는 씨앗은, 씨앗 크기의 3배만큼 흙을 덮어주는 게 좋습니다. 호박, 오이, 토마토, 고추, 가지, 파, 바질 등이 여기에 해당합니다.

빛과 관계없이 발아하는 씨앗

아보카도, 망고, 벼, 보리, 옥수수, 콩처럼 큰 씨앗 대부분은 빛과 관계없이 발아 합니다. 이러한 식물은 흙 밖에 있어도 흙 속으로 뿌리를 침투시킬 힘을 가지고 있습니다. 하지만 처음부터 뿌리 내림을 원활하게 하기 위해서는 씨앗 크기 3배만큼의 흙을 덮어주는 게 좋습니다.

산불을 기다리는 씨앗

펠라고늄(제라늄), 유칼립투스는 산불에 저항하지 않는 대표적인 식물입니다. 이 식물들은 잎에 가연성 오일을 포함하고 있으며, 산불에 쉽게 타도록 진화했습니다.

산불은 이동 경로에 있는 많은 유기체를 죽이고 다치게 하지만, 이런 식물들에 산불은 재앙이 아니라 새로운 시작을 의미합니다. 큰 나무들이 빛을 가리는 숲에서는 씨앗이 발아해도 자라기 어렵습니다. 이런 의미에서 산불이 휩쓸고 지나간 숲은 어린 식물이 자라기 좋은 환경이 됩니다.

산불을 발아에 이용하는 식물은 제법 많습니다. 어떤 식물의 씨앗은 땅과 흙 속에 매우 오랫동안 숨죽이고 있습니다. 그러다 산불로 인해 식물이 탈 때 연기에서 나오는 물질을 감지하면 발아합니다. 빛도, 열도 아닌 냄새로 발아가 시작되도록 프로그램 되어 있죠.

우리나라에서 흔하게 볼 수 있는 소나무도 송진이라는 끈끈한 가연성 물질을 지니고 있습니다. 소나무는 산불에 저항하지 않습니다. 오히려 산불이 발생했을 때 번성하도록 진화했습니다. 솔방울 속 씨앗은 다람쥐와 같은 동물에 의해 단단한 껍질이 깨지면서 우연히 발아되기도 합니다. 하지만 씨앗 대부분은 산불로 보호층인 껍질이 파괴되면서 발아를 시작합니다. 그래서 산불이 휩쓸고 지나간 자리에는 누가 심지 않아도 많은 소나무 묘목이 자랍니다.

가드닝에서도 이런 씨앗을 만나볼 수 있습니다. 고산지대의 바나나 씨앗, 아카시아 씨앗, 카카오 씨앗 등이 대표적입니다. 이런 식물은 60℃ 정도의 뜨거운 물에 10분간 담가 놓았다가 흙에 심으면 발아가 촉진됩니다. 뜨거운 물로 산불이 발생했다고 착각하게 만드는 거죠.

 한 화분에서 여러 개의 씨앗이 발아했어요

한곳에 여러 개의 씨앗이 동시에 발아했을 때는 옮겨 심어주는 게 좋습니다. 그대로 두면 뿌리가 서로 엉켜서 분리하기 어려워질 테니까요.

작은 화분에 여러 개체의 식물을 함께 키우는 시도는 자제하는 게 좋습니다. 빛을 보기 위한 웃자람 경쟁이 가속화되고 영양 싸움으로 인해 모든 개체의 성장이 부실해지기 때문입니다.

식물의 번식 방법

삽목 (꺾꽂이)

가지를 잘라 흙이나 물에 꽂으면 뿌리가 나와 독립된 개체로 자랍니다. 삽목은 16~24℃의 그늘에서 진행하는 것이 좋으며, 일부 식물은 매우 어렵거나 시간이 오래 걸립니다.

잎삽목 (잎꽂이)

삽목의 일종으로 식물의 잎을 잘라서 흙이나 물에 꽂으면 뿌리와 새로운 싹이 나와 독립된 개체로 자랍니다. 많은 수의 다육질 식물이 이 방식으로 번식할 수 있습니다.

포복지

덩굴성 식물에서 흔하게 나타납니다. 공중 뿌리가 발달하거나 흙에 닿은 줄기 마디마다 뿌리가 발생하기 때문에 잘라서 새로운 개체로 옮겨 심을 수 있습니다. 몬스테라, 필로덴드론, 싱고니움, 아미드리움, 에피프레넘(스킨답서스), 민트, 크리핑 로즈마리, 포도 등이 있으며 영양번식의 한 종류입니다.

덩이뿌리 (구근)

알로카시아, 콜로카시아, 칼라니뭄, 프리지아, 튤립, 사랑초, 고구마, 생강처럼 분열된 덩이뿌리로 번식할 수 있습니다. 각각 덩이뿌리를 캐서 흙에 옮겨 심으면 됩니다. 관엽식물의 덩이뿌리는 독성이 있는 경우가 많습니다. 반려동물이 먹지 않도록 주의해주세요.

오프셋

아기 묘목이 식물의 뿌리, 줄기, 잎과 같은 몸체에서 생성됩니다. 틸란드시아, 칼라데아, 파인애플, 접란, 만손초, 딸기, 삼동파가 대표적입니다. 오프셋을 절단 하거나 분리해서 옮겨 심으면 독립된 개체로 자랍니다. 영양번식의 한 종류입니다.

포기 나눔 (자구)

처음에는 하나의 개체이지만 여러 개의 개체로 나뉘어 군집으로 자라는 식물입니다. 뿌리를 나누어서 옮겨 심으면 독립된 개체로 자라게 할 수 있습니다. 디펜바키아, 안스리움, 금전수, 바이올렛, 바나나, 알로에, 오베사, 풍란, 고사리, 막실라리아 등이 있습니다. 칼라데아와 파인애플은 오프셋을 형성하지만, 포기 나눔으로도 번식할 수 있습니다.

홀씨 (포자)

생식 세포를 공기 중으로 날려 번식하는 방법으로 양치식물이나 선태식물에서 흔하게 나타납니다. 보통의 세포는 냉동하거나 열을 가하면 죽지만, 어떤 포자는 냉동실이나 뜨거운 열기 속에서도 살아남을 수 있습니다. 포자는 때에 따라 무성생식과 유성생식을 선택해서 번식합니다.

가드닝에서는 포자를 이용한 번식은 거의 채택되지 않습니다. 고사리류를 번식할 때도 포기 나눔이 더 수월하기 때문입니다. 포기를 나눌 수 없는 박쥐란 같은 경우에만 포자엽을 이용해 번식합니다.

씨앗

대부분 식물이 취하고 있는 번식 방법입니다. 식물은 다양한 방법으로 멀리 씨앗을 보냅니다. 달콤한 과일 속에 씨앗을 넣어 동물이 먹은 후 배설하도록 하는 방식을 택하기도 하고, 도깨비풀(도깨비바늘)처럼 동물의 털에 붙여서 멀리 이동시키기도 합니다. 민들레처럼 바람에 날려 보내기도 하죠.

우리는 식물의 주인이 아니에요.

얼핏 집주인과 세입자처럼 보일 수 있겠지만
그 관계는 언제든지 역전될 수 있어요.

식물을 돌보는 동안 전능감을 느끼기도 하겠지만,
동시에 완전하게 통제할 수 있는 건
아무것도 없다는 무력감도 맛보게 될 테니까요.

그 무력감과 찰나의 절망 앞에서
자연에 대한 순응을 배우고, 시도하고, 실패하고
다시 겸손을 배우세요.

식물과 우리의 관계는 그렇게 매일매일 변하며
공간을 더 건강하게 굴러가게 합니다.

CHAPTER

13

당신의 도구

누가 날 생각하고
기억해 주는 건 기분 좋은 일이에요.

식물은 당신을 기억해요.
당신의 발걸음 소리만 듣고도 자라나요.

설마, 아니라고 생각하는 건 아니겠죠?

온실

우리는 창가에 놓인 열대 관엽식물의 고향이 열대우림일 거라고 착각하고는 합니다. 거의 매일 비가 내리는 그런 환경 말이죠.

자생지가 열대우림이라고 해도 대부분은 그곳에서 자라지 않았습니다. 식물을 번식시키기 위한 커다란 온실에서 태어나 자랐을 거예요. 일부는 햇빛이 차단된 시설에서 생장점 분열을 통해 배양되었을 거고요.

그렇기에 우리의 곁으로 이주해 온 식물은 환경과 빛에너지의 변화를 느낍니다. 식물은 새로운 환경에서 적응할 때까지 잎이 타거나, 병들 수도 있습니다. 조금씩 싱싱함을 잃어 가는 거죠. 하지만 그럴 때도 녀석이 적응할 때까지 기다려 주어야 합니다.

온실에 넣어 이전 환경과 비슷하게 만들어 준다면 다시 싱싱해지겠지만, 그건 당신이 머무는 환경에 적응했다고 보기 어려워요.

그럼 온실을 어떻게 활용해야 할까요? 온실은 온도와 습도 등을 조절할 수 있도록 만든 인공적인 시설입니다. 사전적인 의미는 그래요. 온실은 보통 비닐이나 유리, 아크릴로 제작합니다. 비닐은 유리보다 보온력이 더 좋고 저렴하지만, 수명이 짧다는 등의 전문적인 이야기는 생략할게요.

식물에 있어 온실은 일종의 입원실입니다. 벌레에 물어뜯기거나 병이 들었을 때, 잎과 가지를 잘라냈을 때 식물이 쉴 수 있는 장소가 되어줍니다. 온도와 습도가 조절되는 곳에서는 증산작용을 활발히 할 필요가 없고, 광합성도 조금만 할 수 있어요. 그럼 식물은 충분히 휴식하며 건강하게 살아갈 에너지를 얻을 수 있습니다.

가드너라면 한 번쯤은 '저런 온실을 갖고 싶다'라는 생각을 하게 됩니다. 굳이 그렇게 근사한 온실을 갖출 필요는 없어요. 실내에서 식물을 키우는 가드너에게 온실의 목적은 따뜻함이 아니에요. 조금 더 높은 습도를 제공하는 장치 정도로 이해하면 좋겠어요.

그렇게 정의하면 많은 게 온실이 될 수 있습니다. 식물이 쉴 공간 정도만 있으면 되기에 작은 비닐봉지도 훌륭한 온실이 됩니다.

■ 간이 온실

비닐

리빙박스

식기 건조대

■ 겨울을 위한 임시 온실

겨울철, 당신의 식물이 머무는 공간의 온도는 몇 도인가요? 어쩌면 식물이 겨울을 보내기에는 추운 곳일 수도 있겠어요. 우리가 키우는 대부분의 열대 관엽식물은 15℃ 이상일 때 안정적으로 자랍니다. 하지만 그보다 온도가 낮아져도 열대 관엽식물은 견딥니다. 잎이 생기를 잃을 수 있고 양분 결핍이 찾아오겠지만, 얼지만 않게 해준다면 식물은 겨울이 지나갈 때까지 견딜 수 있습니다.

하지만 야간 온도가 2℃ 이하로 내려가는 환경이거나, 식물이 겨울 동안 생기를 잃는 걸 원치 않는다면 임시 온실을 준비해야 합니다.

겨울에 설치하는 임시 온실의 주된 목적은 '보온'입니다. 그래서 겨울용 임시 온실에는 공기가 드나드는 통기 시설이 필요하지 않아요. 될 수 있으면 모든 틈을 막아 단열에 집중하는 게 좋습니다. 문풍지나 실리콘을 이용할 수 있어요.

이때 환기가 되지 않아 식물에 문제가 생기는 것이 아니냐는 의문이 들 수 있어요. 많은 이들이 식물에 신선한 공기를 제공하려고 한겨울에 창문을 여는 실수를 합니다. 하지만 식물은 환기를 필요로 하지 않아요. 우리가 주의해야 할 것은 환기가 아니라, 오랫동안 침체된 공기입니다. 잎과 흙 표면을 지나치는 바람이라고 표현하면 더 쉬울까요?

공기의 움직임을 만들어 주는 게 중요해요. 실링팬이나 타프팬이 도움 될 거예요. 선풍기나 서큘레이터도 좋아요. 리빙박스처럼 매우 작은 간이 온실에는 굳이 팬을 설치할 필요가 없습니다. 며칠에 한 번씩 뚜껑을 열어 공기의 움직임을 만들어 주세요. 약간의 부채질을 해주면 더 좋습니다.

ⓘ 이산화탄소 농도

밀폐된 공간에서 살아 있는 식물의 '잎'이 존재한다면, 이산화탄소 농도는 일정 수준 이상으로 올라가지 않습니다. 이 상대에서 빛이 제공된다면 이산화탄소는 점점 줄어들 거예요. 그래서 온실을 식물로 가득 채우면 이산화탄소 부족이 문제가 될 수 있습니다. 이산화탄소는 식물에 가장 중요한 비료이니까요.

보통은 미생물과 눈에 보이지 않는 작은 벌레들이 그곳에서 함께 호흡하고 있어서 이산화탄소가 부족해지는 극단적인 일은 거의 일어나지 않습니다.

혹시 새벽 배송으로 받은 신선식품 상자 안에 드라이아이스가 들어있나요? 모락모락 이산화탄소 연기가 피어나는 드라이아이스를 그냥 버리는 건 아까운 일입니다. 버리지 말고 온실에 넣어주세요. 드라이아이스로 인해 온도가 급격하게 떨어질 수 있는 작은 온실에 넣는 건 안 되겠죠?

ⓘ 오해 : 곰팡이가 아닌 것

온실처럼 밀폐되고 습도가 높은 공간에 화분을 넣어 놓으면 흙 표면이 흰색으로 변할 때가 있습니다. 곰팡이로 오해하는 사람이 많지만, 이건 일종의 산화 현상입니다. 유기물질이 분해되어 가는 과정이므로 내버려 두어도 문제가 생기지 않습니다.

식물 성장 LED

모든 식물은 빛이 필요해요. 몇몇 식물은 완전한 어둠 속에서 오랫동안 머물 수 있지만, 그곳에 적응해 살아간다는 뜻은 아닙니다. 시간의 차이는 있겠지만 결국 죽게 됩니다.

햇빛이 부족한 환경이라면 식물 성장 LED 활용을 고려할 수 있어요. 완전하지는 않지만 부족한 빛을 보충할 수 있으니까요.

어떤 LED를 선택해야 할지 고민인가요? 안타깝지만 우리가 실내조명으로 쓰는 일반 LED는 식물의 성장에 큰 도움이 되지 않습니다. 될 수 있으면 식물의 성장을 위해 만들어진 전용 LED를 선택해주세요.

과학 시간에 검은색은 모든 빛을 흡수하고, 흰색은 모든 빛을 반사한다고 배운 적이 있어요. 대부분 식물의 잎이 녹색인 이유는 녹색 빛이 반사되어 우리 눈에 들어오기 때문입니다. 단지 녹색으로 보이는 것뿐이죠.

맞아요. 식물은 대부분의 녹색 빛을 흡수하지 않습니다. 그런데 우리가 실내에서 쓰는 조명은 녹색 파장이 많이 섞여 있어요. 그래서 같은 전력 사용 대비 효율이 높지 않습니다.

대부분 식물의 잎이 녹색인 것은 열처리 문제와도 관련이 있어요. 잎이 검은색이면 너무 많은 열을 흡수해서 익어버릴 테고, 잎의 색이 흰색이면 모든 빛을 반사해서 광합성을 할 수가 없습니다. 그래서 많은 식물은 중간값인 녹색으로 광합성 공장을 건설합니다. 물론 예외적인 식물도 있습니다.

빛의 세기와 광합성

빛 입자

사람과 동물의 눈에 햇빛은 그저 빛일 뿐이지만, 식물의 입장에서는 무수하게 뿌려지는 에너지 가루나 마찬가지예요. 이 빛가루가 우주를 지나 지구에 도달할 때의 양은 얼마나 될까요?

가로 1m 세로 1m 사각형의 영역에 들어온 빛 입자 수를 1만 개라고 가정해 보세요. 그 빛 입자는 지구의 지표면으로 내려오면서 오존, 구름, 미세먼지에 필터링됩니다. 수많은 빛 입자가 걸러지고 땅에 도달했을 때는 천 개 정도밖에 남지 않아요.

가로 1m 세로 1m 사각형의 영역에 들어온 천 개의 빛 입자, 지구의 직사광선 아래에서 살아가는 식물은 이 정도의 햇빛을 받으며 살아가고 있습니다.

광합성을 시작하는 빛의 세기 : 광보상점

식물이 광합성을 시작하는 최소한의 빛 세기를 광보상점이라고 해요. 예를 들어 인삼의 광보상점은 한자리인 5 정도예요. 가로 1m 세로 1m 사각형의 영역에 들어온 빛 입자가 다섯 개만 되어도 광합성을 시작하는 부지런한 식물입니다. 그래서 빛이 적은 곳에서도 잘 살아갈 수 있습니다. 하지만 딸기처럼 광입자량이 45는 되어야 광합성을 시작하는 식물도 있습니다. 이처럼 식물마다 빛에 대한 민감도가 다릅니다.

광합성량이 최대치가 되는 빛의 세기 : 광포화점

빛 입자가 많으면 모든 식물은 잘 자랄까요? 그렇지는 않습니다. 식물은 빛이 아무리 많아도 일정 속도 이상으로는 광합성을 할 수가 없습니다. 일부 식물은 빛이 너무 많으면 잎을 오므리고 광합성을 멈추기도 해요. 빛이 너무 강하면 잎이 타들어 가며 죽을 수 있다고 판단해서 일을 멈추는 겁니다.

광합성을 멈추거나 광합성량이 최대치기 되는 이러한 기준점을 광포화점이라고 합니다. 예컨대 인삼은 빛 입자량이 150을 넘으면 광합성을 하지 않습니다. 인삼밭에 검은색 차광망이 씌워져 있는 이유입니다.

이해하기가 어렵다면 다르게 생각해보세요. 빛 입자는 일꾼입니다. 그리고 식물은 하나의 공장이죠. 인삼 공장에는 150명(광포화점)의 일자리가 있습니다. 이 공장은 5명(광보상점)만 있어도 가동됩니다. 하지만 일꾼이 5명뿐이라면 빵 생산량이 1시간에 5개밖에 되지 않습니다. 그래서 인삼은 굉장히 천천히 자랍니다.

얼마 후 빛 입자가 100 발생했습니다. 일꾼이 100명으로 늘어나니까 빵도 한 시간에 100개씩 만들어집니다. 성장세인 인삼 공장은 100만큼씩 쑥쑥, 건강하게 자랍니다.

그러던 어느 날, 200의 빛 입자가 발생했습니다. 이럴 수가! 인삼 공장의 일자리 정원은 150명입니다. 200명 모두가 일할 자리는 없습니다. 200명이 모두 일한다면 1인당 임금도 줄어듭니다. 일꾼들이 파업을 시작하고 공장 가동이 멈춥니다.

이제는 인삼이 자라지 않습니다. 파업 기간이 길어지면 인삼 공장은 문을 닫을 수밖에 없습니다. 그렇게 인삼 공장은 폐업하게 됩니다.

이제 당신이 가진 화분의 식물에 어느 정도의 빛이 필요한지 확인해보세요. 적어도 식물이 광합성을 시작할 수 있는 최소한의 빛을 제공해주어야 한다는 사실을 잊지 마세요.

 어둠 속에서 식물 성장 LED로만 식물을 키울 수 있나요?

스마트팜이라는 말을 들어보았나요? 농업은 격리된 공간에서 작물을 재배하는 식물공장 형태로 점점 변하고 있습니다. 벌레가 생기면 약을 사용하는 것이 아니라, 처음부터 벌레가 들어오지 못하는 환경에서 재배하는 거죠. 작물의 잎이 미세먼지를 뒤집어쓸 일도 없고, 비를 맞아서 병원균이 번성할 일도 없습니다.

식물공장은 빛마저 통제합니다. 밤에도 식물이 자라게 할 수 있고, 겨울에도 여름처럼 긴 낮을 만들 수 있습니다.

이미 많은 곳에서 햇빛이 없이 식물 성장 LED만을 이용해 식물이 키워지고 있습니다. 그리고 이런 기술은 남극의 연구 기지에서 활동하는 대원과 우주로 나간 우주인이 채소를 섭취할 수 있도록 해줍니다.

▌흰색 빛을 내는 LED vs 보라색 빛을 내는 LED

빛에는 많은 색이 섞여 있습니다. 그것이 혼합되어 우리 눈에는 투명하거나 흰색으로 보일 뿐이죠. 이 빛의 구성 중 빨간색과 파란색은 대체로 식물의 광합성 재료입니다.

그래서 식물 성장 LED는 기본적으로 빨간색과 파란색 파장을 기반으로 만들어집니다. 두 색이 섞여서 보라색 빛을 띠는 게 특징이죠.

하지만 창문으로 새어 나오는 보라색 빛은 사람들의 간섭을 받을 수 있습니다. 특히 아파트에서는 민원의 대상이 될 수 있습니다. 흰색 빛을 내는 식물 성장 LED가 더 많은 사랑을 받는 이유인지도 모릅니다.

보라색과 흰색, 어느 것이 더 낫다고는 말할 수 없습니다 단순하게 전력량 대비 광합성 효율만 따진다면 보라색 빛 LED가 조금은 유리할 수 있지만, 우리가 사는 환경을 괴상하게 바꾸면서까지 식물을 키워야 하는 건 아니니까요.

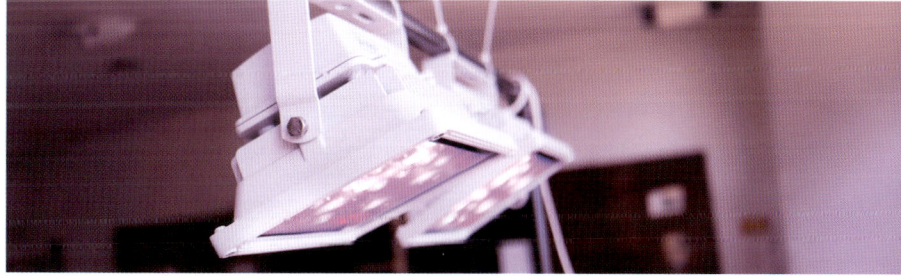

보라색 빛을 낸다고 해서 파란색과 빨간색 파장만 쓰이는 건 아닙니다. 그 밖에도 식물의 성장에 필요한 다양한 파장이 섞여 있는 게 일반적입니다. 농업에서는 대상이 되는 식물에 맞춰 파장 비율을 다르게 합니다.

흰색 LED는 보라색 LED보다 효율이 떨어지지만, 실내 가드닝 환경에서 체감될 정도의 차이는 아닙니다. 열매를 맺는 식물보다는 잎채소류 재배에 유리한 측면이 있습니다.

포충기에서는 벌레가 좋아하는 파장이 발생됩니다. 풀스펙트럼에 가까운 식물 성장 LED는 이러한 파장이 제외되지 않아서 벌레를 부르기도 합니다.

ⓘ 빛의 세기(전압)를 조절할 수 있는 LED

식물 성장 LED는 특정한 파장을 발생하기 위해 고정된 전류값에 맞춰 설계됩니다. LED(발광다이오드)는 전력 값에 따라 발생 파장이 변경되기 때문이에요.

따라서 빛의 세기를 조절할 수 있는 제품 또는 전압을 조절할 수 있는 장치를 추가로 설치하는 것은 식물에 좋지 않습니다. 광합성 효율이 떨어질 뿐만 아니라, 자외선(UV)과 적외선(IR)이 지나치게 발생해서 식물의 성장을 방해합니다. 식물의 광합성량을 조절하고 싶을 때는 전압을 조절하기보다는 식물 성장 LED의 개수를 추가하는 것이 바람직합니다.

▌ 타이머 콘센트

식물도 일정한 시간에 잠을 자고 일어나야 건강합니다. 타이머 콘센트를 설치해서 규칙적으로 식물 성장 LED가 켜지고 꺼지도록 설정해보세요.

만약 햇빛이 오후 1시에 잠깐 들어온다면 아침 6시부터 12시까지 켜지고, 12시부터 오후 2시까지는 꺼졌다가, 다시 오후 2시부터 오후 6시까지 켜지도록 해놓으면 됩니다.

온종일 빛이 들지 않는 환경이라면 오전 5시부터 오후 7시까지(14시간) 켜지도록 설정하는 걸 권장해요.

예외적으로 낮의 길이가 짧고, 밤이 길어야만 꽃을 피우는 식물이 있습니다. 이런 식물은 상황에 맞춰서 비추는 시간을 조절해주세요.

그 외에도 식물의 생장을 촉진하기 위해 LED가 몇 시간마다 반복적으로 켜지고 꺼지도록 설정할 수도 있습니다. 노예에게 채찍질을 가해서 일의 능률을 강제로 올리는 것과 비슷해서 그다지 추천하지 않습니다. 이 방법은 햇빛이 드는 환경에서는 쓸 수 없습니다.

먹는 채소라면 하루 중 22시간 가까이 빛을 비춰 스트레스를 준 다음 항비만 성분인 글루쿠시놀레이트를 얻을 수도 있습니다.

이처럼 타이머 콘센트를 사용하면 식물 성장 LED가 빛을 내는 시간을 조절할 수 있습니다.

타이머 콘센트를 선택할 때는 아날로그보다 디지털 제품을 권장합니다. 설정을 다양하게 할 수 있고, 패던도 수십 가지로 설징할 수 있습니다. 아날로그는 조침 소리가 나는 단점이 있고 습도가 높은 환경에서 정확도가 떨어지는 문제점이 있습니다.

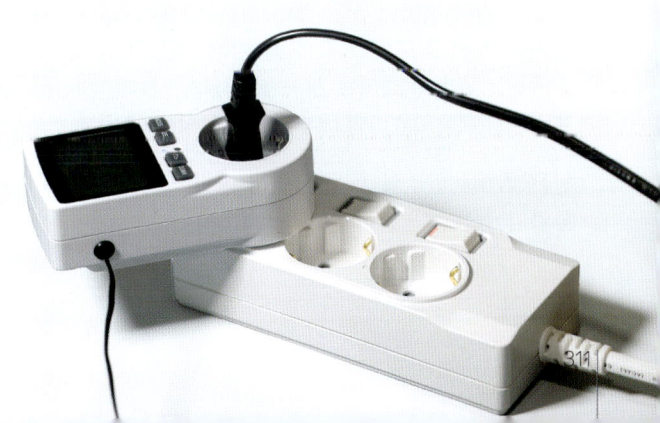

■ 빛 에너지를 표시하는 단위

PPFD (μmol/m²/s) (광합성 광량자속밀도)

식물 성장 LED는 발생하는 빛 입자량, PPFD를 표기하고 있습니다. 식물의 광합성 효율을 수치화한 것으로 사람의 눈으로는 판단하기 어렵습니다. PPFD는 해당 LED로 식물을 비췄을 때, 어느 정도 거리에서 얼마만큼의 빛 입자가 밀도 있게 식물에 도달하는지를 알려주는 정보입니다.

lm (루멘)

lm은 광원에서 나오는 빛의 총량을 수치화한 겁니다. 1lm은 촛불 하나가 밝히는 빛의 세기를 뜻합니다. 예를 들어 100lm이라면 촛불 100개가 밝히는 수준의 빛입니다.

lux (럭스)

lux는 대상 면적에 닿는 빛의 정도를 수치화한 겁니다. 그래서 빛을 받는 대상의 면적에 따라 상대적입니다. 대략적인 밝기를 알 수 있습니다.

햇빛을 제외하면 일반적인 조명의 럭스는 식물의 광합성 효율과 관계가 크지 않습니다.

W (와트)

W는 시간당 얼마나 많은 에너지를 쓰는지 나타내는 수치입니다. 숫자가 커질수록 전기를 많이 소모합니다. 식물 성장 LED가 빛 입자를 뿜어내는 능력은 전기를 소비하는 양에 비례하는 게 보통입니다. 성능이 개선된 최신의 칩을 사용하고 있고 올바르게 제작되었다면 대부분 소비전력(w)에 따른 성능이 비슷합니다.

높은 W(와트)일수록 제품 가격이 비싸고, 전기를 많이 소모하며, 발열량이 많고, 무겁고, 식물의 광합성에 도움이 됩니다.

PPFD의 이해

광보상점과 광포화점 살펴보기

■ 광보상점 ■ 광포화점 (단위 : PPFD)

식물	광보상점	광포화점
로즈마리	15	490
라벤더	25	710
고무나무	30	540
야자	5	860
유칼립투스	55	1100
시트러스 (귤, 오렌지, 레몬)	3	480
사이프러스 (편백, 율마)	15	920
드라세나 (산세베리아, 스투키)	5	440
수국	30	370
몬스테라	3	220
필로덴드론	5	300
알로카시아	10	480
콜로카시아 (토란)	25	520
디펜바키아	3	160
칼라데아	5	210
칼라디움	10	600
베고니아	3	260
제라늄	7	370
스파티필룸	2	300
안스리움	5	390
스킨답서스	7	330
금전수	5	230
민트	15	670
바질	15	590

2	고사리	400
5	난	120
10	호야	410
5	다육식물 (일반)	200
5	사막선인장	960
5	숲선인장 (게발선인장, 립살리스)	240
7	식충식물	230
35	토마토	810
45	딸기	320
20	고추	310
20	상추	370

ⓘ 위 광포화점과 광보상점은 이해를 돕기 위한 수치입니다

농업에 이용되는 식물은 그 수치가 비교적 정확하지만, 실내에서 키우는 관엽식물은 잎의 색이 다양하고 개량된 품종이 많아서 정확한 수치 추산이 어렵습니다.

비교적 정확하다고 알려진 식물의 광포화점과 광보상점도 환경에 따라 조금씩 변합니다. 특히 온도가 변하면 광합성 속도가 달라지며 광포화점과 광보상점도 달라집니다. 그러니 참고만 하는 게 좋겠어요.

ⓘ 광보상점은 식물을 키울 수 있는 최소 조건이 아닙니다

광보상점을 넘어서는 빛을 제공했다고 해도 식물은 웃자랄 수 있습니다. 광보상점을 단순하게 '광합성을 시작하는 빛의 세기'로 이해해서는 안 됩니다. 식물이 어느 정도까지 생존하기 위한 최소한의 조건으로 이해하는 것이 더 바람직해요.

가능하디면 광포화점 내에서 더 많은 빛을 제공해주세요.

수경재배

많은 이들이 흙 없이 물만을 이용해서 식물을 키우는 걸 수경재배라고 알고 있어요. 하지만 우리가 화분에서 흙을 이용해 식물을 키우는 것도 수경재배의 한 종류입니다. 앞에서도 설명했지만, 너무 깊게 들어가지는 말도록 해요.

순수경재배의 원리를 이해하려면 먼저 식물에 대해서 알아야 해요. 우리는 화분에 물이 많을 때 과습을 걱정합니다. 뿌리가 숨을 쉴 수 없기 때문이죠. 그렇다면 뿌리를 물에 담그고 있는 수경재배에서는 어떻게 식물이 자라는 걸까요?

물에 사는 수생식물들은 잎에서 뿌리로 공기를 내려주는 기관이 줄기 속에 존재합니다. 하지만 평범한 육지의 식물은 그런 기관이 없습니다. 그래서 기본적으로 물에 뿌리를 담근 채로는 살아갈 수 없어요. 하지만 방법은 있습니다.

앞에서 과습을 설명했던 걸 떠올려보세요. 화분 속에 물이 많으면 과습 장해가 발생하지만, 물이 계속 흘러나오고 신선한 물이 계속 들어간다면 과습 장해가 발생하지 않습니다. 이처럼 물에 산소가 얼마나 포함되어 있는가가 중요해요.

식물의 뿌리는 산소를 1만큼 물에서 흡수하고 3만큼 공기에서 흡수합니다. 비록 3만큼은 아니지만 1만큼의 산소를 흡수할 수 있어서 식물은 뿌리를 물에 담근 채로도 살아갈 수 있습니다. 하지만 물이 계속 고여있다면 물속 산소가 고갈되어 뿌리는 살 수 없습니다. 뿌리와 물은 서서히 썩기 시작하고 식물도 죽게 됩니다.

이걸 막기 위해서는 매일매일 신선한 물로 교체해주어야 합니다. 또는 흐르는 물에 뿌리를 담그게 할 수도 있습니다. 물고기를 키우는 어항처럼 공기를 넣는 장치를 설치할 수도 있겠죠.

매일 물을 교체해주는 건 가정의 간이 수경재배에서 흔하게 볼 수 있습니다. 흐르는 물에 뿌리를 담가 식물을 재배하는 건 스마트팜과 같은 공장형 시설에서 볼 수 있죠. 그리고 거기에 하나가 더 추가됩니다. 뿌리를 물에 반만 담그고 있는 방식이죠.

뿌리의 아랫부분은 물에 잠기게 하고, 뿌리의 위쪽은 높은 습도를 유지한 채 공기에 노출 시킵니다. 그러면 위쪽 뿌리는 공기에서 3의 산소를 흡수하고, 아래쪽 뿌리는 물에서 1의 산소를 흡수합니다. 동시에 뿌리는 물에 녹은 양분을 흡수합니다. 이 방식이 가장 보편적인 순수경재배의 모습입니다.

'나는 그냥 물에 담가놓고 키우는데 안 죽는다'라고 생각할 수도 있습니다. 그렇게 키울 때조차 물이 줄어들거나, 물을 교체할 때 뿌리가 드러나는 순간이 있습니다. 그럴 때 뿌리가 겨우 숨을 쉽니다.

행운목, 개운죽, 몬스테라처럼 자른 줄기 자체가 숨 쉬는 뿌리 역할을 할 때도 있습니다. 많은 외떡잎식물이 물에 몸을 담근 채로 살아갈 수 있습니다. 하지만 이때도 줄기의 모든 부분이 물에 잠긴 상태로 산소가 부족해지면 자라지 않고 썩습니다.

몇몇 가드너는 물을 주기가 편해서, 흙에서 식물을 키우는 것보다 벌레가 발생하지 않는다고 여기며 순수경재배를 시작합니다. 하지만 벌레는 흙보다는 식물 자체를 매개로 합니다. 식물의 잎이나 뿌리 조직을 매개로 하기 때문에 수경재배에서도 벌레는 얼마든지 발생합니다. 벌레가 생기지 않게 하려면 밀실에서 재배해야 하는데, 우리가 생활하는 공간에서는 실현되기 어렵습니다.

물론 쌈 채소처럼 비교적 짧은 기간에 순수경재배로 식물을 키우는 건 어렵지 않습니다. 하지만 식물이 오랫동안 제대로 자라게 하려면 전문적인 지식이 있어야 합니다.

물의 전기전도도를 측정해야 하고, pH 변화를 추적해야 하며, 식물마다 각기 다른 맞춤 비료를 희석해서 공급해야 합니다. 물에서 발생하는 조류와 영양염류도 통제해야 하죠.

오랜 시간 함께할 식물을 수경재배로 키우는 건 사실 흙에서 키우는 것보다 몇 배는 더 어렵습니다.

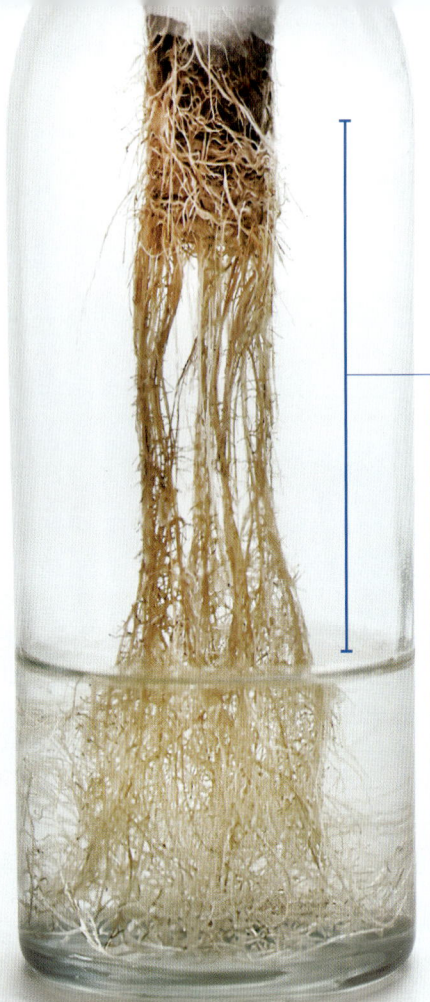

■ 일반적인 수경재배

> 산소를 잘 흡수할 수 있도록 뿌리의 상당한 부분이 공기에 노출되어 있습니다. 뿌리가 마르지 않도록, 뿌리 주변부의 습도가 90% 이상으로 유지되어야 합니다.

> 비료가 녹은 물(양액)이 필요합니다. 또 빛을 차단해주어야 합니다. 빛이 스며들면 녹조가 발생하고 물이 쉽게 썩습니다. 물이 줄면서 비료 농도가 높아질 수 있습니다. 산소 때문이 아니더라도 수시로 물을 보충하거나 교체해 주는 게 좋습니다.

■ 분무경 재배

가드닝은 수경재배 기술에 편승해서 함께 발전했습니다. 흙을 사용하지 않는 수경재배는 결국 물조차 이용하지 않는 방식으로까지 발전했죠. 물을 사용하지 않는 대신 식물의 뿌리가 어둡고 습한 공간에 있어야 합니다. 조건이 맞는다면 매일매일 뿌리에 비료를 녹인 물(양액)을 분무해주기만 하면 됩니다.

이런 분무경 재배는 실내 가드닝에서도 활용할 수 있습니다. 새벽 배송으로 온 스티로폼 상사에 작은 구멍을 내고 식물의 가지를 밀어 넣어 키워보세요.

신인장이나 다육식물의 잎, 설난한 본스테라의 줄기를 넣어도 뿌리가 자랍니다. 감자나 고구마의 줄기를 넣으면 스티로폼 상자 안에 덩이뿌리가 달리게 할 수도 있습니다.

■ 수경재배의 물 (양액)

인, 황, 철, 칼슘 등은 서로 친합니다. 이 비료들은 물에서 농도가 진한 상태로 만났을 때 서로 끌어안고 하나의 덩어리가 됩니다. 비료를 물에 섞었을 때 흰색의 침전물이나 불순물이 생긴다면 이런 이유 때문이에요. 이렇게 사람의 눈에 덩어리로 보이는 비료는 식물도 흡수할 수 없습니다.

그래서 일반적인 수경재배용 비료는 A 용액, B 용액이 따로 존재합니다. 한쪽에는 황이 들어있고 다른 한쪽은 칼슘이 들어있는 방식으로 분리되어 있죠. 실제 구성 방식은 비료를 만드는 회사마다 조금씩 차이를 보입니다. 그러나 두 용액을 모두 물에 섞었을 때는 식물이 필요한 양분 대부분이 녹아 있게 됩니다.

물론 희석 농도가 아무리 낮아도, 거의 모든 비료가 섞여 있기 때문에 시간이 지나면 침전물이 발생합니다. 농도가 낮을 때는 침전물도 사람의 눈에 잘 보이지 않죠. 침전물이 발생하지 않게 하려면 양액의 EC(전기전도도)와 pH를 관리해서 식물이 필요한 비료를 수시로 녹여 주어야 합니다.

수경 재배에 이용되는 양액의 EC와 pH는 식물마다 다릅니다. 통상적인 수치는 EC 0.5~1.3, pH는 5.5~6.5입니다.

수경재배용 비료 사용 방법

수경 재배용 비료는 A, B 두 가지 용액으로 구성되어있습니다. A, B 용액끼리 섞으면 침전 현상이 발생합니다.

A, B 용액 중 먼저 한 가지를 물에 넣어 희석한 다음 나머지 용액을 첨가하는 방식으로 섞어주세요.

물은 수돗물이나 정수기 물을 이용해주세요. 생수나 지하수 물을 이용할 때는 pH를 5~6으로 조절한 다음 사용하는 게 좋습니다.

✅ 희석하는 양

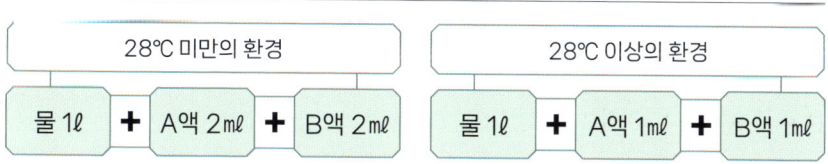

희석이 완료된 양액에는 식물이 필요로 하는 대부분의 비료가 들어있습니다. 수경재배 목적뿐만 아니라 비료 공급을 위해 화분의 흙에 부어주는 용도로 사용할 수 있습니다.

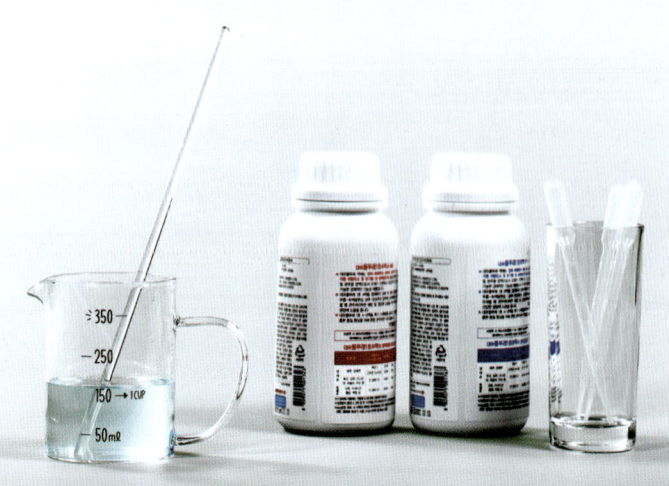

테라리움

당신은 작은 우주를 만들 수 있습니다. 유리그릇을 준비하세요. 그곳에 흙을 조금 채우고 작은 식물을 심는 거예요.

▌오픈 테라리움

어떤 방식이어도 좋아요. 유리그릇이나 유리병에 이끼와 작은 식물을 심고 창가에 두세요. 그런 다음 물이 마르지 않도록 관리하면서 양분을 통제하세요. 식물이 병 속에서 작은 크기를 유지한 채로 있기를 바란다면 비료는 주지 않아도 됩니다.

▌밀폐 테라리움

깨끗한 흙을 넣고 이끼와 식물을 심으세요. 그런 다음 톡토기와 같은 작은 벌레를 수십 마리 넣어주는 거예요. 그리고 식물이 살아갈 정도로만 물을 넣어주세요. 다음은 공기가 통하지 않도록 뚜껑을 꼭 닫아 밀폐합니다.

이제 당신의 작은 우주가 만들어졌습니다. 밀폐된 병 속의 식물은 광합성을 통해 이산화탄소를 흡수하고 산소를 내어놓을 겁니다. 그 산소는 이끼와 흙을 집으로 삼아 살아가는 톡토기에게 필요합니다.

톡토기는 식물이 떨군 잎을 분해해서 먹고 산소를 흡수하며 이산화탄소를 내놓습니다. 이산화탄소는 다시 식물이 흡수합니다. 톡토기는 먹을 게 많으면 번식해서 수가 늘어납니다. 그리고 먹을 게 줄어들면 자연스레 개체 수가 조절됩니다.

물은 주지 않아도 괜찮아요. 증산한 물은 유리병을 타고 흘러내려 흙으로 되돌아갑니다. 이런 순환은 당신이 만든 우주를 1000년이 지나도 자급자족할 수 있는 환경으로 만들어 줄 거예요.

하지만 주의해주세요. 직사광선이 닿는 곳에 두면 내부 온도가 50℃ 이상으로 올라가 식물과 톡토기를 죽일 수 있습니다. 밀폐 테라리움은 간접광이 드는 곳에 두는 걸 권장합니다. 또는 식물 성장 LED 아래에 두세요.

그 밖의 도구들

■ 소독제

씨앗을 소독하고, 재활용 화분을 소독하기도 합니다. 어떨 때는 흙을 봉지에 넣어 전자레인지에 돌리기도 하죠. 식물과 함께하다 보면 소독제가 필요할 거예요. 당신이 활용할 수 있는 몇 가지 소독제에 대해 알려줄게요.

과산화수소수

가드닝에서는 공업용 과산화수소수가 이용되지 않습니다. 우리는 약국이나 마트에서 파는 상처 소독용 과산화수소수를 이용합니다.

과산화수소수 라벨에 '35%(KPX/KQC)⋯9㎖'라고 표기되어 있어서 35%로 농도로 오해하는 경우가 종종 있는 것 같아요. 이건 100㎖에 35% 과산화수소수를 9㎖ 넣었다는 것으로 약 3%의 과산화수소수라는 의미입니다. 가드닝은 이 3%짜리 과산화수소수를 다시 물에 희석해서 활용합니다.

과산화수소수는 주로 씨앗을 소독하거나 잎과 흙에 생긴 곰팡이를 제거하는 목적으로 사용합니다. 잠든 씨앗을 깨우거나 발아율을 높일 때도 활용할 수 있습니다.

과산화수소는 산소와 수소로 이루어진 물질입니다. 분해된 후에는 깨끗한 물만 남겨지기 때문에 먹는 식물에도 사용할 수 있습니다.

에탄올

에탄올은 살균력과 멸균 지속성이 매우 좋습니다. 그만큼 다양한 분야에서 소독제로 활용됩니다. 상처 소독뿐만 아니라 도구 소독에도 활용되죠. 많은 연구실에서도 에탄올을 기본 소독제로 선택합니다.

가드닝에서도 씨앗소독, 화분 소독, 곰팡이 제거 등 다양하게 활용됩니다. 식물을 조직배양으로 증식할 때도 에탄올이 활용됩니다.

하지만 에탄올은 단백질 변성을 일으킵니다. 그래서 식물에 활용할 때는 짧은 시간에 사용을 끝내야 합니다. 같은 이유로 뿌리가 있는 흙에는 에탄올을 사용하기 어렵습니다.

차아염소산나트륨 (락스)

차아염소산나트륨은 염기성 살균소독제로 마트에서 쉽게 구매할 수 있습니다. 산화력이 강하며 표백과 살균작용이 뛰어나서 욕실 청소에 주로 쓰이죠.

차아염소산나트륨은 단백질 결합 구조를 가진 거라면 무엇이든 파괴할 수 있습니다. 거의 모든 세균과 바이러스를 제거합니다.

하지만 차아염소산나트륨과 차아염소산은 화분 속 비료 성분과 만나면 독성을 가진 결합염소로 변합니다. 이 독성 염소는 식물의 뿌리와 조직을 심각하게 훼손합니다. 그래서 가드닝에서는 거의 이용되지 않습니다.

농약 살균제

농약 살균제는 먹는 식물에 쓸 목적으로 만들어졌습니다. 그래서 올바르게 사용했을 때 식물과 사람에 주는 피해가 극히 적습니다.

많은 종류의 농약 살균제가 있지만 가드닝에서는 주로 씨앗 소독, 무름병 억제, 곰팡이 제거 목적으로 활용합니다.

농약 중 '베노밀'은 농업과 더불어 가드닝에서 매우 오래전부터 사용하던 살균제입니다. 하지만 파킨슨병 유발 가능성이 있는 것으로 알려지며 미국을 시작으로 사용이 중단되고 있습니다. 2023년을 기준으로 우리나라는 아직 전면적으로 금지하고 있지는 않지만, 방풍나물과 같은 일부 작물에는 사용할 수 없도록 변경되었습니다.

▌pH미터기 또는 pH페이퍼 (리트머스지)

흙이나 물의 pH를 알고 싶은가요? pH미터기 또는 pH페이퍼가 필요합니다. 준비되었다면 단계별로 진행해 보세요.

① 화분의 흙이 '거의 말랐을 때' 겉흙을 1㎝ 두께만큼 걷어냅니다.

② 펄라이트처럼 입자가 큰 광물을 제거한 '안쪽 흙 100g'을 유리컵 또는 플라스틱 용기에 담습니다.

③ 평소 화분에 주던 것과 같은 '물을 500㎖'만큼 부어줍니다.

④ 유리 막대나 플라스틱 막대 또는 실리콘 스푼으로 잘 저어서 섞어줍니다.

⑤ 10분간 저어 준 다음 한 시간 동안 방치합니다.

⑥ 한 시간 후 다시 10분간 저어줍니다.

⑦ 커피 여과지(필터)로 걸러서 물만 따로 분리합니다.

⑧ 걸러진 물에 pH미터기를 담가서 검사 값을 확인합니다. 또는 pH페이퍼를 차트의 색과 대조해서 흙의 pH를 알아냅니다.

🛈 산성 토양으로 만들고 싶을 때

농업에서는 유황이나 황산 등을 이용합니다. 하지만 다루기가 위험하고, 원하는 pH로 맞춰질 때까지 수개월이 걸리는 단점이 있어서 화분에는 이용하지 않습니다. 화분에는 바크, 피트모스, 마사토와 같은 산성 재료를 흙에 섞어주세요. 또는 구연산을 이용할 수 있습니다. 구연산은 pH 유지 시간이 길지 않다는 단점이 있습니다.

🛈 염기성 토양으로 만들고 싶을 때

훈탄(왕겨숯)을 섞거나 매우 적은 양의 석회 가루를 흙에 섞어주는 것으로 간단하게 pH를 올릴 수 있습니다. 둘 다 pH의 유지 시간이 깁니다.

🛈 효율성

화분의 pH를 변화시키는 작업은 효율적이지 않을 수 있습니다. pH를 조절하는 것보다 pH가 조절된 새 흙을 구매해서 바꿔주는 것이 비용적으로나 시간적으로 이득일 수 있어요.

▌EC측정기

화분 흙의 EC(전기전도도)를 측정하면 비료가 든 양을 대략 알 수 있습니다.

원예용 상토 또는 배양토의 경우 EC 값이 2.0을 넘으면 관엽식물에 좋지 않습니다. 흙 개량 또는 교체를 생각해보세요. 또 EC 값이 0.3 이하라면 비료가 너무 적은 겁니다. 비료를 주세요.

측정할 때 주의할 것이 있습니다. 유기물로 이루어진 일반 상토나 배양토는 측정값이 비교적 낮게 나옵니다. 측정기에 표시된 숫자의 두 배 정도가 실제 EC 값이라고 생각해주세요.

그 밖에도 EC가 낮게 나오는 경우가 있습니다. 측정기 끝에 바이오차, 왕겨, 수태, 돌, 펄라이트, 비닐, 플라스틱, 유리가 접촉되면 EC가 낮게 나옵니다. 바크가 많이 섞인 화분은 흙과 접촉되는 면이 적어서 정확한 측정값이 나오지 않을 수 있습니다.

▪ 라쳇 가위

식물의 가지나 뿌리를 자를 때 가위를 활용합니다. 그러다 가지치기를 본격적으로 하게 되면 전지가위를 구매하게 되죠. 하지만 전지가위로도 단단한 가지는 잘 잘리지 않습니다.

이럴 때는 기계식 기어 장치가 적용된 라쳇 가위를 사용해보세요. 적은 힘으로도 수월하게 가지를 자를 수 있습니다.

드루이드 모종삽

우유병, 식용유병, 세제통을 잘라보세요. 한 번에 많은 양의 흙을 뜰 수 있는 모종삽이 만들어집니다.

▎분재철사 리스

분재철사는 쉽게 구부릴 수 있습니다. 4㎜ 굵기의 분재철사를 화분에 감아보세요. 작은 넝쿨식물을 위한 지지대가 만들어집니다.

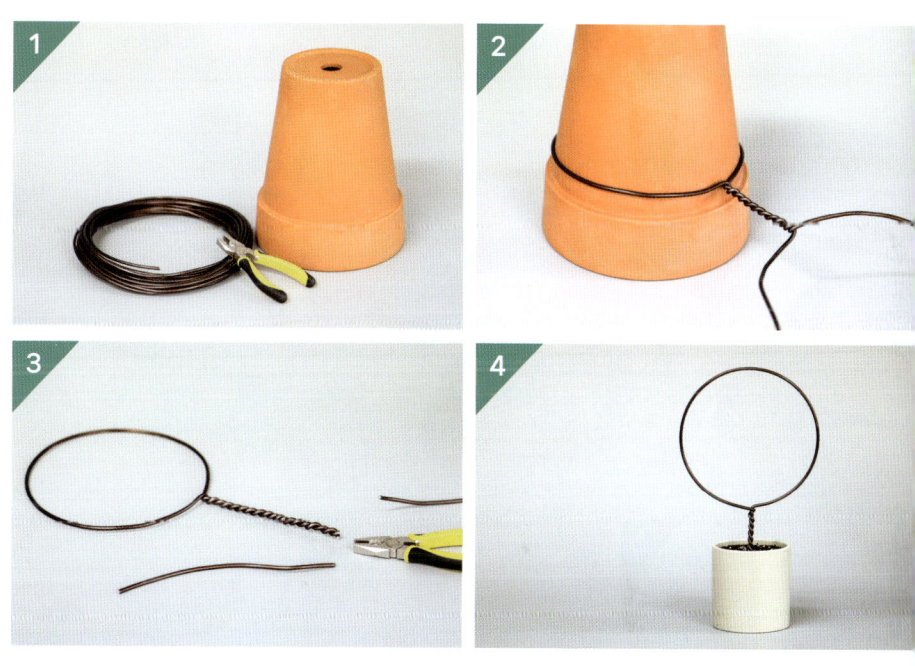

▍화분이 되기도 하는 지지대

지지대는 식물이 쓰러지지 않도록 고정하는 역할을 합니다. 하지만 어떤 식물의 공중 뿌리는 고정의 역할만 수행하지 않고 물과 양분을 흡수할 수 있습니다. 이런 식물을 위해 지지대가 화분이 될 수 있도록 해주는 건 어떨까요?

코코피트 지지대

파이프 지지대

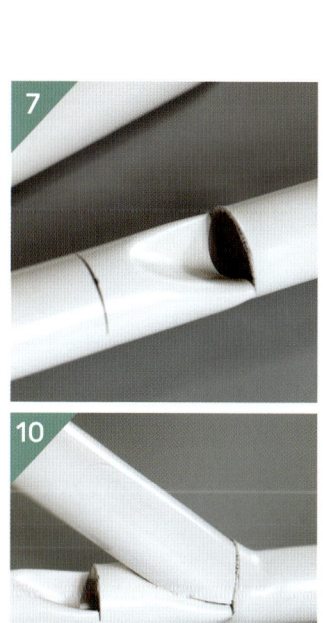
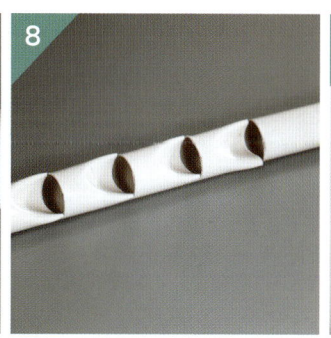

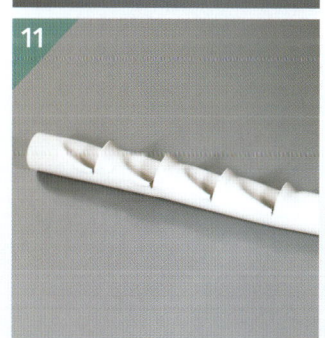

▌ 공중 식물 걸이

식물이 심긴 화분을 공중 또는 벽에 매단 채 키울 수 있습니다. 어떤 식물은 화분 없이 공중에 매달기도 합니다. 이렇게 키우는 식물을 '공중 식물' 또는 '행잉 식물'이라고 해요.

적당한 길이의 끈을 준비하세요. 당신의 화분도 공중에 걸 수 있습니다.

▍병뚜껑 화분 받침

이제 우리는 식물의 과습 문제가 물 때문이 아니라는 걸 압니다. 화분(토분) 아래쪽 배수구로도 공기가 잘 통하도록 병뚜껑 네 개를 펼쳐 놓아보세요. 그 위에 화분을 올리면 과습 장해 예방에 도움이 됩니다.

식물은 바람에 길을 묻고
계절에 기대어서
매일 당신에게 인사하고 있어요.

그러다 당신이 알아봐 주면
꽃을 피울 거예요.

CHAPTER 14

피아식별 그리고 전투

식물은 움직이지 못하니까,
아무 일도 일어나지 않았으면 좋겠습니다.
벌레에게 물어뜯기지 않고,
뿌리가 마르지 않고,
빛이 늘지 않는 시간이 길지 않기를 바랍니다.
그저 아무런 일도 일어나지 않았으면 좋겠습니다.

적군과 아군

식물은 아픔을 티 내지 않을 때가 많아요. 벌레에 공격을 당해도 목숨이 위태로워지기 전까지 고통을 감추곤 합니다. 우리도 밝은 미소 뒤로 시선을 떨구곤 하잖아요. 식물도 우리와 다를 게 없습니다. 그래서 조금 더 가까이에서 지켜봐 주어야만 해요. 그제야 어떤 벌레가 식물을 공격하고 있는지 알 수 있습니다.

가드너는 다양한 벌레를 만나게 됩니다. 하지만 어떤 종류의 벌레인지 알지 못할 때가 있죠. 그럴 때마다 찾아볼 수 있도록 정보를 모아둘게요.

ⓘ 분해팀 톡토기, 쥐며느리, 공벌레, 노래기

벌레가 움직이면서 더듬이를 더듬더듬한다면 썩어가는 잎이나 벌레 사체, 곰팡이 등 유기물을 찾는 행동입니다. 유기물을 먹어 식물에 필요한 고급 양분으로 분해해주기 때문에 대체로 우리 팀(익충)입니다.

ⓘ 사냥팀 거미, 이리응애, 무당벌레, 지네, 그리마

긴 앞발, 턱, 집게를 가지고 있다면 대체로 다른 벌레를 잡아먹는 우리 팀(익충)입니다.

ⓘ 파괴팀 응애, 총채, 진딧물, 가루이, 깍지벌레(개각충), 애벌레(유충)

이동속도가 느리거나, 다리가 짧거나, 더듬이가 없거나, 움직일 때 더듬이를 사용하지 않는다면 대체로 잎이나 줄기, 뿌리에 피해를 주는 적 팀(해충)입니다.

마음의 준비를 하세요.
다음 페이지에는 벌레 사진이 가득하거든요.

🌱 잎응애

실내 식물을 괴롭히는 벌레 1위는 잎응애입니다. 대표적인 점박이응애를 시작으로 차먼지응애, 녹응애, 흰털가루응애 등 다양합니다. 이런 응애는 워낙 작아서 식물이 이상 징후를 보이기 전에는 존재를 알아차리기가 쉽지 않습니다.

응애 피해를 본 잎은 몇 가지 특징이 있습니다.

첫 번째, 녀석들이 뜯어 먹은 흔적이 있습니다. 녹색의 엽록체가 파괴된 흔적이죠. 어떤 잎은 50% 이상의 엽록체가 사라졌을 거예요. 광합성 공장이 절반 이상 파괴되었다는 뜻이기도 합니다. 식물이 잘 자랄 리 없겠죠.

두 번째, 잎응애가 발생한 식물은 잎에 흰색 가루가 나타나는 특징이 있습니다. 이 가루는 응애가 탈피하고 버려둔 껍질입니다. 응애가 워낙 작아서 탈피 껍질은 사람의 눈에 가루처럼 보입니다.

세 번째, 잎응애는 사실 거미류입니다. 거미인데도 다른 벌레를 먹지 않고 식물의 체액을 빨아먹죠. 거미니까 거미줄을 칩니다. 식물에 미세하고 촘촘한 거미줄이 있다면 잎응애가 생긴 것을 의심해 봐야 합니다.

응애는 매우 작습니다. 자세히 살피지 않으면 보이지 않아요. 이렇게 작은 잎응애는 식물의 체액을 빨아먹는 것에서 그치지 않고, 나쁜 병원균을 불러와 식물이 병들게 합니다. 게다가 응애는 날씨가 추워지면 겨울을 견딜 수 있는 특수부대를 만듭니다. 이 특수부대 응애들은 겨울에도 죽지 않습니다. 줄기의 껍질 틈, 잎맥, 낙엽 등에서 겨울잠을 자고 봄에 새로 알을 낳아요.

잎응애는 율마와 같은 식물에도 큰 피해를 줍니다. 사이프러스 계열(측백, 편백, 침엽수)이라서 문제가 생겼을 때 응애는 생각하지 않는 경우가 많은데요. 어느 날 율마가 시들고 갈색으로 변하는 것 같은데 이유를 모르겠다면 굉장히 높은 확률로 응애가 원인입니다.

● 총채

실내 식물을 괴롭히는 벌레 2위는 총채벌레입니다. 대만총채벌레, 꽃노랑총채벌레 등이 있으며 종이나 나이에 따라 색과 형태가 다양합니다. 어린 총채는 매우 작아서 눈에 쉽게 띄지 않죠.

총채는 잎응애와 비슷한 피해를 유발합니다. 차이가 있다면 잎 곳곳에 녹색, 갈색, 검은색 배설물을 남긴다는 겁니다. 한 마리가 주는 피해 범위가 넓어 초기에 발견해서 방지히는 게 중요합니다.

총채는 빛을 싫어해서 잎 뒷면에 숨어있거나 밤에 활동합니다. 총채가 의심될 때는 꼭 잎 뒷면을 확인해보세요. 잎에 끈끈한 점액이 많을 때도 총채를 의심해야 합니다.

총채는 날 수 있습니다.

🔴 깍지벌레 (개각충)

실내 식물을 괴롭히는 벌레 3위는 깍지벌레입니다. 식물의 체액을 빨아먹는 형태로 피해를 줍니다. 수십 종의 깍지벌레가 있지만, 실내 화분에서는 솜털을 가진 가루깍지벌레(솜깍지벌레)와 털이 없는 무화과깍지벌레(귤깍지벌레)가 주로 발견됩니다.

식물을 자세히 관찰한다면 깍지벌레는 생각보다 빨리 발견할 수 있습니다. 깍지벌레가 많지 않은 상황이라면 물티슈로 닦아서 버리세요. 잘 떨어지지 않는다면 해당 부위의 잎이나 가지를 잘라내도 되겠죠. 초기에는 그렇게만 해도 어느 정도 방제가 가능합니다.

가루깍지벌레 (솜깍지벌레)

몸에 솜털 섬유를 두른 채 기어 다니는 가루깍지벌레는 잎과 줄기가 갈라지는 비좁은 틈을 좋아합니다. 새끼와 알을 위한 솜털 뭉치가 발견되는 것이 특징입니다.

무화과깍지벌레 (귤깍지벌레)

무화과깍지벌레는 한번 자리 잡은 곳에서 움직이지 않습니다. 그래서 벌레가 아닌 것처럼 보이기도 합니다. 솜털 섬유와 다리가 보이지 않는 특징이 있어서 가루깍지벌레와는 비교됩니다.

무화과깍지벌레는 움직이지 않지만, 안쪽에서 알을 부화시킨 후 새끼들을 밖으로 내보냅니다. 한 마리라고 방치한다면, 무시무시한 결과를 맞이하게 될 수 있습니다.

화살깍지벌레

화살깍지벌레는 무화과깍지벌레와 비슷하지만 조금 더 길쭉하고 한쪽 끝이 뾰족합니다. 암컷은 화살촉처럼 생겼습니다. 수컷은 길쭉한 흰색이며 매우 작습니다. 벚나무깍지벌레 등의 수컷도 비슷하게 생겼습니다.

산호세깍지벌레

산호세깍지벌레는 벌레처럼 생기지 않았습니다. 잎에서 조개껍데기와 같은 무늬가 발견된다면 벌레라는 것을 기억하세요. 핀셋으로 긁어 보면 알과 새끼 깍지벌레가 나올 겁니다.

🔴 뿌리파리 (작은뿌리파리)

실내 식물을 괴롭히는 벌레 4위는 뿌리파리입니다. 1위부터 3위까지의 벌레는 식물을 서서히 죽이기 때문에 가드너가 눈치챌 기회가 많습니다. 그러나 뿌리파리는 아무런 경고도 없이 우리의 식물을 죽여 버립니다. 그래서 가드너가 싫어하는 벌레 순위로는 1위입니다.

뿌리파리는 언뜻 보면 모기 같아요. 배의 끝은 뾰족하며 머리가 작습니다. 앉았을 때도 빠르게 기어 다니며 수시로 날개를 움직여 반짝이는 특징이 있습니다. 또 방충망도 가뿐하게 통과할 만큼 작습니다.

실질적으로 식물에 피해를 주는 것은 뿌리파리가 아닙니다. 알에서 태어난 유충이 식물의 뿌리를 갉아 먹는 형태로 피해를 줍니다. 유충은 작고 흙 속에 있어서 눈에 잘 띄지 않습니다. 잔뿌리가 잘 발달하는 식물은 뿌리파리에 의한 피해가 크지 않을 수 있습니다. 잔뿌리 몇 개를 내어주면 되니까요.

하지만 뿌리파리 유충에 의해 줄기와 뿌리의 연결부가 손상되면 식물을 살리기 어렵습니다. 만약 뿌리파리의 존재를 눈치채지 못한다면 식물이 왜 시들었는지 알 수 없을 거예요. 물을 많이 줬거나, 물을 적게 줬거나 관리를 잘하지 못해서 시들었다고 생각할 수밖에 없습니다.

뿌리파리를 방치하면 화분 곳곳에 알을 낳아 몇십 배로 늘어납니다. 어떤 식으로든 빠르게 방제할 필요가 있습니다.

🔴 진딧물

실내 식물을 괴롭히는 벌레 5위는 진딧물입니다. 진딧물은 특징이 뚜렷해서 나른 벌레보다는 쉽게 발견됩니다. 동물의 피를 빠는 진드기와는 달리 진딧물은 식물의 체액을 빨아먹습니다. 응애나 총채와는 비교도 할 수 없을 만큼 잘 빨아먹죠.

진딧물은 그 종이 매우 다양합니다. 모든 종류의 진딧물을 다 모으면 일곱 빛깔 무지개도 그릴 수 있을 거예요.

진딧물도 응애처럼 탈피합니다. 그리고 필요에 따라서 스스로 날개를 만들 수 있습니다. 날개가 생기면 진딧물처럼 보이지 않습니다. 작은 날파리로 착각할 수 있습니다. 내버려 둔다면 실내의 다른 식물 어딘가에 알을 낳아 진딧물이 번지게 될 거예요.

🟠 가루이

실내 식물을 괴롭히는 벌레 6위 가루이입니다. 가루이는 이름에서 알 수 있듯이 가루처럼 작은 벌레입니다. 어른 가루이는 날개가 있으며 몸에 두르고 있는 흰색 가루를 잎에 떨어트리기도 하죠. 작은 데다가 빛을 싫어해서 잎 뒷면에 숨어 있습니다. 그래서 발견이 늦을 수 있습니다.

가루이 유충은 어린 깍지벌레와 비슷하게 생겨서 구분이 어려울 수 있습니다. 가루이 유충이 조금 더 작고 납작하며 투명합니다.

가루이는 방치하지 마세요. 한 마리라고 방치하면 머지않아서 무시무시해집니다. 알에서 태어난 가루이 유충은 식물의 체액을 빨아먹으며 병들게 합니다.

🟠 굴파리

굴파리를 마주했을 때 파리로 여기고 넘어갈 수도 있습니다. 굴파리도 성충 단계에서는 식물에 피해를 주지 않습니다. 문제는 유충입니다. 굴파리의 알에서 태어난 유충이 식물의 잎에 낙서하는 거죠. 유충은 잎에 굴을 뚫으며 조직을 갉아 먹다가 어느 정도 자라면 번데기가 됩니다.

만약 어떤 식물의 잎에서 굴파리의 사인을 발견했다면 해당 잎을 떼어내 버려주세요. 피해가 크지 않다면 잎 몇 개를 제거하는 것으로 방제할 수 있습니다.

🟠 노린재

위험을 느끼면 불쾌한 냄새를 뿜는 노린재는 수천 종이 넘습니다. 앞에서 언급한 그 어떤 벌레보다 종이 많습니다. 그만큼 특징이 다양해서 일부 노린재는 전혀 다르게 생겼습니다.

공통점은 모두 식물에 피해를 준다는 겁니다. 일부 노린재는 해충의 천적으로도 활용할 수 있지만, 그 역시도 개체가 많아지면 식물에 피해를 줍니다.

크게 걱정할 건 없습니다. 실내에서는 창문을 열지 않으면 쉽게 만날 수 없습니다. 집단으로 활동하지 않기 때문에 발견되어도 쫓아버리면 됩니다.

모든 노린재는 비행할 수 있습니다.

🟠 매미충 (선녀벌레)

매미충은 실내에서는 잘 보이지 않지만, 베란다에 놓인 화분에서는 간혹 발견됩니다.

매미충은 식물의 체액을 빨아먹는 형태로 피해를 줄 뿐만 아니라 가지에 알을 박아 넣어 식물이 자라지 못 하게 합니다.

알에서 매미충이 부화해서 나올 때는 가지가 마구 갈라지고 뜯긴 모습으로 변합니다. 새끼들은 하얀 가루 털을 입고 있어서 가루깍지벌레와 비슷하게 보일 수 있습니다. 성충이 된 매미충은 날개를 가지고 있습니다.

🟠 뿌리응애

뿌리응애는 흙 속의 뿌리 부근에 있어서 잘 발견되지 않습니다. 매우 작아서 발견하더라도 먼지 혹은 벌레의 알이라고 착각할 수 있습니다. 안타깝게도 수경재배로 기르는 식물의 뿌리에서도 발견됩니다. 뿌리응애는 물속에서도 오랫동안 살아남을 수 있습니다.

뿌리응애는 다른 응애와 비교하면 다리가 짧습니다. 그리고 몹시 느립니다. 이름에서 알 수 있듯이 이 응애는 식물이 잎이 아닌 뿌리, 덩이뿌리, 기저부(뿌리와 연결된 줄기)에 피해를 줍니다.

뿌리응애는 번식이 매우 빨라서 포식성응애(마일즈응애, 이리응애)를 육성할 때 먹이로 활용할 수 있습니다. 그래서 '고기진드기'라는 다른 이름도 가지고 있습니다.

혹응애

잎에서 돋아난 조직 같은 '혹'을 발견할 때가 있을 거예요. 이런 증상은 숲속 식물의 잎에서 더욱 자주 볼 수 있는데, 바이러스에 의한 병으로 오해할 수도 있습니다.

혹응애는 보통의 응애처럼 생기지 않았고 애벌레처럼 길쭉합니다. 전자현미경으로 들여다봐야 할 정도로 매우 작죠.

혹응애는 식물에 기생하기 위해서 바이러스를 침투시켜 잎의 조직을 변형시킵니다. 천적을 피해 혹 속에서 살아가며 식물의 체액을 빨아먹습니다.

식물의 잎이나 가지에 이러한 혹을 만드는 벌레는 혹응애뿐만이 아닙니다. 혹면충, 혹진딧물, 혹파리, 혹나방 등도 식물의 가지나 잎을 변형시켜 그 안에서 기생합니다.

가드닝에서도 이런 혹벌레들에 의한 피해가 발견됩니다. 어쩌면 누군가에게는 수포 현상으로 알려져 있을지도 모르겠어요. 다행히 혹벌레들은 식물을 초록별로 데려갈 만큼 심각한 피해를 주지는 않습니다.

토양응애 (날개응애)

토양응애 중 일부는 날개처럼 보이는 조직이 있습니다. 그래서 '날개응애'라고 불리기도 합니다. 하지만 실제로 비행하지는 못합니다. 토양응애 역시 눈으로 찾기 어려울 정도로 매우 작습니다. 검은색 또는 갈색의 먼지로 착각할 수 있죠.

식물을 자세히 관찰하는 가드너라면 토분, 난 화분, 수태에서 발견할 수 있습니다. 이끼(수태)를 매개로 하는 화분에서는 더 쉽게 발견됩니다.

토양응애는 낙엽, 곰팡이, 죽은 이끼 등을 먹습니다. 익충으로 분류할 수 있지만, 개체 수가 많아지면 식물에도 피해를 줍니다. 심각한 피해로 이어지지는 않습니다.

● 선충

선충은 뿌리파리 유충과 비슷하게 생겼습니다. 외형적으로 머리가 보이지 않고 뿌리파리 유충보다는 더 날렵하게 생겼습니다.

지구상에 사는 선충은 수천 종에 이릅니다. 일반적으로 선충은 흙의 유기물을 분해하는 분해자입니다. 그래서 화분에 음식물(과일, 커피 찌꺼기, 우유, 달걀)이나 분해되지 않은 유기물 등을 올려 두면 쉽게 발생합니다.

선충 대부분은 식물에 피해를 주지 않습니다. 어떤 선충은 식물과 공생관계이기도 합니다. 하지만 소나무재선충, 뿌리썩이선충처럼 식물에 피해를 주는 종도 많이 있으므로 주의가 필요합니다.

● 28점무당벌레

무당벌레는 대부분은 진딧물을 먹는 우리 팀이지만, 극히 일부는 식물의 잎을 갉아 먹는 적 팀이기도 합니다. 무당벌레 중 점이 28개인 28점무당벌레는 해충으로 잘 알려졌지만, 사실 점의 개수는 그리 중요하지 않습니다.

적팀인 무당벌레를 구분하는 방법은 잎을 갉아 먹는지 확인하는 겁니다. 녀석이 머문 잎에는 확실하게 구멍이 생깁니다. 적팀 무당벌레는 등에 광택이 적고, 미세한 털이 있습니다

➕ 포식성 응애

마일즈응애(뿌리이리응애), 총채가시응애, 칠레이리응애, 오이이리응애, 지중해이리응애, 사막이리응애 등 다양한 포식성 응애가 있습니다. 안심하세요. 이번에 소개할 벌레는 우리 편이니까요.

포식성 응애는 식물을 괴롭히는 다른 벌레를 잡아먹습니다. 큰 벌레는 사냥하지 못하지만, 잎응애, 총채벌레, 작은뿌리파리 유충 그리고 그러한 벌레들의 알을 먹이로 합니다.

마일즈응애 (뿌리이리응애)

마일즈응애는 성충이 되면 등껍질이 갈색으로 변합니다. 반면 어릴 때는 반투명한 색으로 보입니다. 이런 현상은 다른 이리응애에도 공통으로 나타나지만, 마일즈응애가 가장 뚜렷합니다.

마일즈응애는 흙 표면과 5㎝ 이내의 지하를 거점으로 합니다. 그래서 뿌리파리 유충과 같은 흙 속의 해충을 방제하는 데 효과적입니다.

먹을 벌레가 없으면 썩어가는 식물 부스러기와 곰팡이를 먹습니다. 그래서 화분에 왕겨를 덮어 주는 것만으로도 어느 정도 개체 보존이 가능합니다. 뿌리응애(고기진드기)와 같은 먹이를 주기적으로 제공해준다면 개체 증식이 가능합니다.

마일즈응애는 꼬리 쪽 등껍질이 V자 모양입니다.

총채가시응애

마일즈응애와 구분이 어려울 정도로 습성과 생김새가 모두 닮았습니다. 마일즈응애보다 조금 더 깊은 흙 속 벌레들을 사냥할 수 있습니다. 흙에 있는 총채벌레 유충, 뿌리파리 유충, 선충을 사냥해 먹습니다.

총채가시응애는 꼬리 쪽 등껍질이 U자 모양입니다.

마일즈응애

총채가시응애

칠레이리응애

칠레이리응애는 몸뿐만 아니라 다리까지 붉은색입니다. 어린 개체일수록 반투명하고, 성충일수록 더 붉은색이 됩니다. 다리가 길어서 다른 이리응애와는 확연하게 구분됩니다.

칠레이리응애는 위쪽으로 타고 오르려는 성격이 있습니다. 녀석은 식물의 줄기를 만나면 그 즉시 타고 올라갑니다. 그래서 잎에 있는 잎응애, 총채를 제거하는 데 효과적입니다.

먹이가 줄면 개체 수도 쉽게 줄어듭니다. 위쪽으로 오르려는 성격 때문에 육성이 쉽지 않으며, 개체 수를 늘리기 위해서는 꾸준히 먹이를 제공해야 합니다. 별도의 격리된 병에 왕겨(또는 밀기울)를 가득 채우고 가장 위쪽에 뿌리응애와 같은 먹이를 제공해주세요.

칠레이리응애는 20°C에서 멀어질수록 활동성이 떨어지기 때문에 온도관리가 중요합니다. 습도는 높을수록 좋고 40% 이하의 습도에서는 알이 부화하기 어렵습니다. 35°C 이상에서는 먹이 사냥을 하지 않습니다.

오이이리응애, 지중해이리응애

오이-지중해이리응애는 평소에 잘 보이지 않지만, 물을 주거나 충격을 주면 화분 모서리까지 나와 빠르게 기어 다니는 걸 볼 수 있습니다. 그러다 흙 속으로 돌아갑니다. 먹이를 찾아서 잎과 가지를 타고 오르기도 하고 다른 화분의 흙으로 옮겨갈 수는 있지만, 목적 없이 바닥으로 내려와 돌아다니는 경우는 거의 없습니다.

사냥한 벌레나 알이 없으면 개체 수가 급격하게 줄어들며, 일부는 흙으로 돌아와 썩어가는 식물 부스러기와 곰팡이를 먹습니다.

오이이리응애와 지중해이리응애는 화분을 왕겨나 이끼로 덮어만 주어도 개체 보존이 잘 됩니다. 이들은 왕겨(이끼) 층과 흙층 사이의 적당한 습도에서 살아갑니다.

사막이리응애

사막이리응애는 오이-지중해이리응애와 생김새, 포식성, 활동성이 비슷합니다. 가장 큰 차이라고 한다면 습한 흙에서는 오래 살지 않는다는 겁니다. 사막이리응애의 개체를 보존하기 위해서는 화분에 질석 또는 모래를 두껍게 덮어 건조한 영역을 만들어 주어야 합니다. 이끼가 있는 환경에서는 개체 수가 쉽게 줄어듭니다.

30℃ 이상의 온도에서도 활동하기 때문에 주로 여름에 활용되는 천적입니다. 먹을 해충이 없을 때는 꽃가루 등을 먹으면서 살아갈 수 있습니다.

➕ 톡토기

톡토기는 이름에서 알 수 있듯이 건드리면 톡톡 튀어 도망칩니다. 물을 줄 때도 마찬가지죠. 익충 대부분이 모습을 잘 드러내지 않지만, 톡토기는 쉽게 눈에 띕니다.

흙의 청소꾼으로 불리는 톡토기는 떨어진 잎, 식물 부스러기, 썩어가는 유기물을 먹어서 분해합니다. 곰팡이도 먹습니다. 퀴퀴한 냄새가 난다면 톡토기가 해결해 줄 수 있습니다. 톡토기가 헤집어 놓아 푹신해진 흙은 식물의 뿌리 발달에 도움이 됩니다. 그리고 배설물은 식물이 먹기 어려운 딱딱한 양분을 녹여냅니다. 이로운 균도 불러와 환경을 더욱 좋게 만듭니다.

톡토기는 사실 매우 작습니다. 대부분 1㎜ 이하입니다. 그리고 색깔이 다양합니다. 톡토기는 우리가 실내 화분에서 만날 수 있는 가장 이로운 벌레 중 하나입니다.

알톡토기

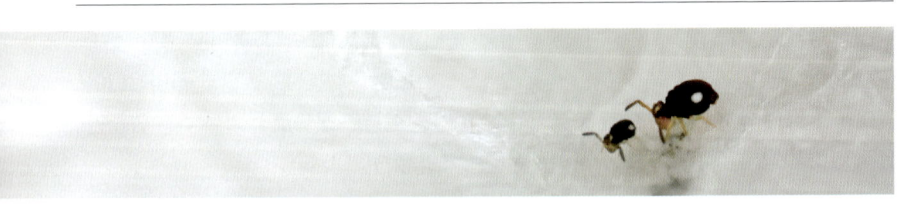

톡토기라고 해서 모두 우리 팀인 것은 아닙니다. 몸이 둥글고 짧은 알톡토기류는 식물의 연약한 잎을 갉아 먹기도 합니다. 만약 어느 날 이렇게 귀여운 톡토기를 만났다면 적팀이 될 수 있음을 인지해야 합니다. 하지만 흙에서 발견되었다면, 그 순간만큼은 유기물을 분해해주는 우리 팀이기도 합니다.

⊕ 무당벌레

무당벌레 한 마리는 하루에 50여 마리의 진딧물을 먹어 치웁니다. 실내 화분의 진딧물을 다 먹어 치운 무당벌레는 새로운 먹이를 찾아 밖으로 나가려고 창문 유리에 콩콩 머리를 박아댈 거예요. 그때 밖으로 보내 주세요.

무당벌레 유충은 귀엽지 않지만, 마찬가지로 진딧물을 먹는 대식가입니다. 어느 날 길을 걷다가 무당벌레 유충을 발견하면 집으로 데려오는 나를 발견할지도 모릅니다.

무당벌레는 종이 매우 다양합니다. 점의 개수, 무늬, 형태가 다양해요. 홍테무당벌레, 홍점박이무당벌레는 깍지벌레를 잡아먹습니다. 꼬마남생이무당벌레처럼 작은 개체도 있습니다. 무당벌레는 모두 날 수 있습니다.

⊕ 다카라다니

다카라다니는 '시멘트 벌레'라는 별명이 있습니다. 봄과 여름에 시멘트 바닥이나 벽에서 잘 발견되기 때문이죠. 실내보다는 실외 정원에서 쉽게 발견됩니다.

일본에서 유입된 응애의 일종으로 칠레이리응애와 비슷하게 생겼습니다. 칠레이리응애는 등에 잔딜이 없고, 나카라다니는 잔털이 있습니다.

다카라다니는 물을 싫어해서, 물을 맞으면 그대로 동작을 멈춥니다. 같은 이유로 장마철이 지나면 개체 수가 눈에 띄게 줄기도 합니다.

다카라다니는 식물에 피해를 주지는 않습니다. 오히려 꽃가루와 토양의 염분을 먹는 형태로 식물에 도움이 됩니다.

▌ 벌레를 들여다보는 방법

 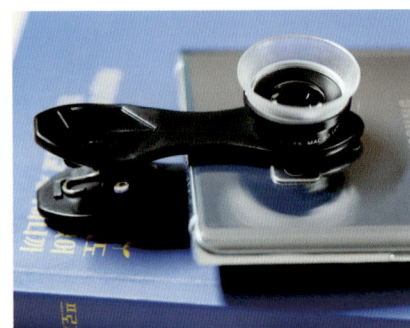

해충 대부분이 눈으로 구분하기 힘들 정도로 작습니다. 자세히 들여다보기 전에는 익충을 해충으로 오해할 수도 있어요. 벌레를 들여다보기 위해 고가의 접사 렌즈까지 이용할 필요는 없습니다. 저렴한 스마트폰 접사 렌즈로도 충분히 촬영할 수 있습니다.

대부분의 접사렌즈는 단초점 방식입니다. 초점이 맞는 거리가 정해져 있어서 손으로 초점 범위를 찾아야 합니다. 그렇게 여러분도 벌레의 눈과 다리를 확인할 수 있습니다.

■ 오해 : 벌레가 아닌 것

식물의 잎에 붙어 있는 괭이밥(사랑초) 씨앗은 흡사 깍지벌레와 비슷합니다. 하지만 자세히 들여다보면 다리가 보이지 않고 움직임이 없습니다.

화분에서 잡초처럼 자란 괭이밥 또는 일부 사랑초는 폭발하는 씨앗방을 가지고 있습니다. 씨앗방이 폭발하면서 씨앗이 높이, 사방으로 흩어질 거예요. 이때 씨앗이 식물의 잎에도 올라가게 됩니다.

벌레를 퇴치하는 방법

벌레는 가드너의 '희로애락' 중 '노'를 담당합니다.

벌레는 물리적으로 죽일 수 있습니다. 족집게를 이용해도 되고, 파리채나 전자 모기채를 이용해도 됩니다. 바늘 같은 도구로 나뭇잎에 붙은 녀석들을 콕콕 찔러 박멸하는 방법도 있습니다.

벌레가 붙은 잎이나 가지를 떼어서 멀리 버리는 것으로도 해결할 수 있습니다. 흙에서 사는 벌레라면 흙을 완전히 교체하는 방법이 있습니다. 끈끈이 트랩을 설치하는 것도 좋은 방법입니다.

식물이 많은 공간에 플러그 형태의 액체 모기 훈증제를 설치하는 건 어떤가요? 벌레가 생긴 다음에 설치하기보다는 생기기 전에 설치해서 '24시간' 틀어 놓으세요. 날개 달린 대부분 벌레에 효과가 있는데, 죽인다기보다는 무기력하게 만들어 섭취 활동을 중단시킵니다.

가정용 스프레이 살충제를 이용하는 방법도 있습니다. 스프레이형 살충제는 벌레의 종류를 가리지 않는 비선택성 살충제입니다. 식물에는 수성 제품을 사용해야 하며, 사용한 뒤에는 식물의 피해를 최소화하기 위해 잎을 물로 씻어주어야 합니다.

스프레이 살충제는 사람과 동물에 해가 없지 않습니다. 농약보다 안전하다는 생각은 고이 접어두세요. 특히 먹는 식물에는 스프레이형 살충제를 사용하지 마세요.

▎트랩 (Trap)

달팽이 유인 트랩

잎에 구멍이 뚫려 있거나 화분과 흙에 끈적끈적한 액이 묻어 있나요? 달팽이가 의심되어도 숨어 있어서 찾기 힘들 거예요. 이럴 때는 오이를 활용해보세요. 달팽이는 오이 냄새를 좋아합니다. 페트병에 구멍을 뚫고 오이를 얇게 잘라서 넣어 보세요. 다른 식물을 외면하고 오이를 먹기 위해 달팽이가 모여듭니다.

뿌리파리 유인 감자

작은뿌리파리, 선충, 뿌리응애는 감자를 좋아합니다. 다른 식물의 뿌리보다 선호도가 훨씬 높아요. 화분의 겉흙을 조금만 걷어내고 감자를 잘라서 올려 놓아 보세요. 이때 절단면이 흙에 잘 닿아야 합니다. 살짝 묻어도 좋아요.

감자가 있는 동안은 뿌리가 갉아 먹히는 피해를 최소화할 수 있습니다. 벌레가 감자에 잔뜩 들러붙으면 한꺼번에 처리하세요. 물론 감자에서 싹이 나서 자랄 수도 있습니다.

▎과산화수소수를 이용하는 방법

⊕ 드루이드 묘약

약국에서 상처 소독용 과산화수소수(에탄올 X)를 사오세요. 과산화수소수는 산소와 수소로 이루어져 있습니다. 상처 소독에 쓰이듯이 올바르게 사용하면 사람과 동물에 해롭지 않습니다.

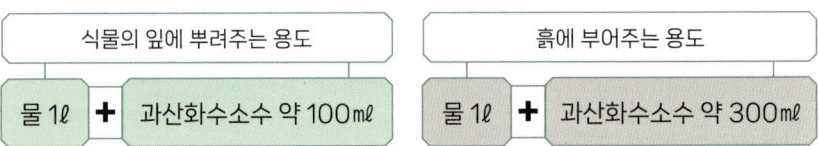

드루이드 묘약을 식물의 흙과 잎에 틈틈이 뿌려주면 유해균과 곰팡이가 제거됩니다. 더불어 활성산소가 공급되어 식물의 조직이 단단해지며 식물이 건강하게 자라는 데 도움이 됩니다.

유충의 퇴치에도 효과가 있습니다. 유충을 일시에 죽인다기보다는 껍질의 조직을 파괴하여 번데기로 변하는 과정을 방해합니다. 하지만 고농도로 사용하지는 마세요. 농도가 강한 희석액을 분무하면 잎에 구멍이 날 수 있고, 흙에 부으면 연약한 뿌리 조직이 손상을 입습니다.

드루이드 묘약은 날아다니거나 다리가 있는 벌레에는 효과가 없습니다.

ⓘ 먹는 식물(과일, 채소)에 사용할 수 있습니다.

ⓘ 과산화수소수는 다른 비료나 약제와 섞어주어서는 안 됩니다. 과산화수소수가 다른 물질과 만나 독소작용을 할 수 있고, 약제나 비료의 효율을 떨어트릴 수 있습니다. 약제나 비료를 잎에 뿌린 다음이라면 약 3일 정도의 시차를 두고 사용하세요. 알비료 위에는 사용하지 않는 걸 권장합니다.

⊖ 타락한 드루이드 묘약

드루이드 묘약에 유화제, 전착제, 확산제 역할을 하는 물질을 첨가하세요. 더욱 강력해집니다.

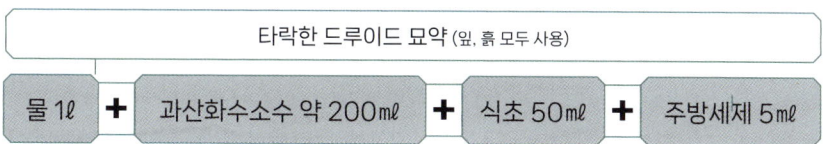

타락한 드루이드 묘약 (잎, 흙 모두 사용)

물 1ℓ + 과산화수소수 약 200㎖ + 식초 50㎖ + 주방세제 5㎖

✓ 타락한 드루이드 묘약 사용 방법

❶ 벌레가 묘약과 접촉하도록 분무하거나 부어주세요.

❷ 벌레가 죽은 것이 확인되면 물(16~25℃)로 잎 또는 흙을 샤워해 주세요.

❸ 벌레가 죽지 않았을 경우는 3일 간격으로 최대 3회까지 반복하세요.

ⓘ 먹는 식물(과일, 채소)에 사용할 수 있습니다. 깨끗이 씻이시 드세요.

ⓘ 타락한 드루이드 묘약은 식물에도 약간의 피해를 줍니다.

ⓘ 타락한 드루이드 묘약은 다리, 날개가 있는 벌레에도 효과가 있습니다.

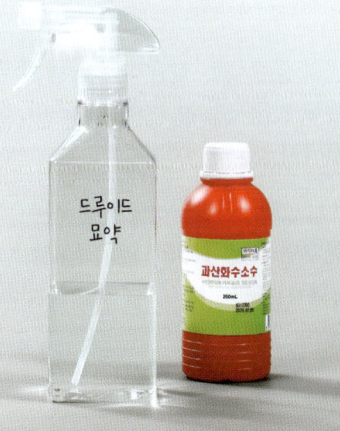

그리고 농약

농약은 해롭습니다. 그건 누구나 아는 사실입니다. 그럼 다른 방제 약품을 이용하는 것보다 해로울까요? 그건 조금 생각해볼 문제입니다.

농약은 벌레 퇴치의 마지막 단계일 수도 있고 첫 단계일 수도 있습니다. 나는 식물에 피해를 주는 벌레가 보이기 시작하면 처음부터 농약을 사용하는 편이에요. 나의 정신건강과 가족, 반려동물에 더 나은 선택이라 생각하기 때문입니다. 나아가서는 자연과 환경에 주는 피해도 더 적다고 생각합니다.

농약은 제초제, 살균제, 살충제로 구분할 수 있습니다.

제초제

제초제는 풀을 죽이는 농약입니다. 농업에서 작물 옆에 자라는 풀을 제거하기 위해 사용하죠. 제초제는 약병의 뚜껑이 노란색이라 구분할 수 있습니다.

제초제는 비선택성 제초제가 있고, 선택성 제초제가 있습니다. 비선택성은 모든 식물을 죽게 만드는 반면 선택성은 비슷한 특성을 가진 식물만 죽게 합니다.

제초제, 살균제, 살충제 중에서 독성 정도를 따질 때 가장 위험한 건 제초제입니다.

하지만 우리의 관심사인 실내 가드닝에서는 노란색 뚜껑의 농약을 접할 일이 없습니다.

살균제

약병의 뚜껑이 분홍색인 살균제는 균을 죽입니다. 식물을 괴롭히는 건 벌레만이 아닙니다. 눈에 보이지 않는 각종 박테리아, 바이러스, 바이로드는 다양한 방식으로 식물이 잘 자라지 못 하게 합니다.

우리가 흔하게 접할 수 있는 식물의 병에는 잿빛곰팡이병, 흰가루병, 노균병, 탄저병, 궤양병, 세균구멍병, 검은점무늬병, 화상병 등이 있습니다. 어린 새싹의 줄기가 말라 쓰러지는 모잘록병도 바이러스에 의한 질병 중 하나입니다.

이런 질병은 빛이 부족하여 식물의 면역 체계가 약해졌을 때 높은 습도를 만나면 더 쉽게 발생하는 특징이 있습니다. 그런 환경이 되지 않게 하는 게 최선이지만 계속되는 흐린 날씨나 장마철에는 쉽지 않은 일입니다. 그럴 때 살균제를 사용합니다.

살균제는 크게 세 가지로 나눌 수 있는데, 균을 죽이는 살균제와 균이 옮겨오지 않도록 하는 보호제 그리고 항생제로 구분됩니다.

가드닝에서는 잿빛곰팡이병 방제, 흰가루병의 방제, 씨앗 소독을 위한 살균제와 꺾꽂이할 때 가지를 보호하거나 무름병을 예방하기 위한 항생제가 주로 사용됩니다.

살충제

약병의 뚜껑이 초록색이면 살충제입니다. 식물에서 만나는 벌레를 퇴치하는 데 효과적이죠.

살충제의 종류는 매우 많습니다. 무기에도 총, 칼, 화살이 있듯이 살충제도 신경독, 신경교란, 접촉독, 소화중독, 구침마비, 섭식억제, 유충표피형성저해, 우화방지, 산란교란, 부화억제 등 다양한 방식이 이용됩니다. 가정용 스프레이 살충제는 접촉독과 신경독이라고 할 수 있죠.

많은 이들이 농약을 얘기할 때 약제내성을 언급합니다. 생각해보세요. 전사가 전쟁에 나가서 칼만 들고 싸운다면 상내는 방패를 준비할 거예요. 벌레도 마찬가지입니다. 소화중독을 일으키는 약만 사용하면 공격에 대한 내성이 생겨서 잘 죽지 않습니다. 그래서 적당히 다른 형태의 약으로 바꿔가면서 사용해야 효과적입니다.

여기서 오해하는 부분이 한가지 있어요. 약제 내성이 생겨서 점점 더 강력한 약이 필요할 거라고 생각하지만, 이건 사실과 다릅니다. A 약제에 내성이 생기면 B 약제를 사용하거든요. 그리고 B 약제에 내성이 생기면 다시 A 약제를 사용합니다.

게다가 농약은 점점 '저독성'으로 발전하고 있습니다.

▌꿀벌에 대한 독성

실내 가드닝에서는 크게 관계없는 이야기겠지만, 잘못된 살충제 사용은 꿀벌 피해로 이어지기도 합니다.

살충제로 인해 꿀벌이 죽는 경우는 접촉에 의해서입니다. 접촉독 형식의 농약을 직접 살포했을 때와 약제가 마르지 않은 곳에 꿀벌이 앉은 경우입니다.

대부분의 농약은 살포한 약제가 마른 다음에는 꿀벌에 영향을 끼치지 않습니다. 그 상태에서도 영향을 끼치게 되면 농약으로 등록되지 않습니다.

그래서 농업에서도 작물에 꽃이 피는 시기에는 농약을 살포하지 않습니다. 꿀벌이 있어야 수정이 일어나 열매가 달리니까요.

꿀벌에 대한 독성 정도는 농약의 라벨에 표시되어 있습니다. 마르지 않은 약제에 접촉했을 때 꿀벌이 죽는 정도라면 '꿀벌에 강한 독성이 있음'과 같이 표시됩니다. 마르지 않은 약제 상태로 접촉해도 큰 피해가 없을 때는 '꿀벌에 영향이 적음', '꿀벌 안정성 높음', '꿀벌 독성 없음' 정도로 표시합니다.

과거의 농약은 꿀벌에 대한 독성이 강했지만, 최근 출시되는 농약은 꿀벌 독성이 적거나 없도록 만들어지고 있습니다.

반면 천연 살충제, 유기농 살충제, 가정용 살충제는 대부분 접촉에 의한 꿀벌 독성이 있어서 주의해야 합니다.

▍농약 구매하기

인터넷 지도를 펴고 '농약'을 검색하면 근처의 판매점 위치가 나옵니다. 판매점에 가서 '어떤 벌레를 죽이는 농약 주세요'하면 적당한 걸 줄 거예요. 농약은 대부분 효과가 좋습니다. 잘 모를 때는 판매점에서 추천해주는 것을 활용하세요.

하지만 농약을 받기 전에 작은 퀘스트를 진행해야 합니다. 농약 판매점에서 매우 집착적으로 어디에 쓸 거냐고 물을 거예요. 정원 또는 화분에 쓴다고 말하면 농약을 내어줍니다.

아마도 이쯤에서 신상정보를 요구받을 거예요. 당황하지 말고 알려주세요. 그러면 이번에는 농약 사용법을 친절히 알려줄 거예요.

ⓘ 신상정보가 필요한 이유

농약을 구매할 때 신상정보를 등록합니다. 나쁜 용도로 사용할까 봐 그러는 건 아닙니다. 이는 강화된 농약 허용기준 제도(PLS) 때문입니다. 기관에서는 유통되는 농산물의 잔류 농약을 검사하는데요. 농산물 수확 직전에 농약을 사용하면 잔류 농약이 남게 됩니다. 이렇게 잔류 농약이 허용 기준치 이상으로 검출되면 농산물 폐기에 그치지 않고 그 농약을 쓴 사람도, 농약을 판매한 사람도 과태료를 뭅니다.

그래서 농약 판매점은 올바른 농약 사용법을 이 사람에게 설명했다, 고 하는 기록을 남기기 위해 신상정보가 필요합니다.

예외적으로 저독성 농약이고, 50㎖(50g) 이하의 소용량 제품은 신상정보 등록 없이 구매할 수 있으니 이 부분을 활용하는 것도 괜찮은 방법입니다.

ⓘ 등록된 작물에만 농약을 써야 하는 이유

농약 회사는 A라는 농약을 만들면, 그 농약이 어떤 성분으로 되어 있고 어떤 작물에 쓰는지를 기관에 등록합니다.

농약 등록 절차는 매우 까다롭습니다. 동물이나 식물, 곤충(꿀벌)과 어류 그리고 사람에 대한 독성이 검증되어 있어야 하고, 검증이 되었다고 하더라도 향후 연구 결과에 따라 등록이 취소되기도 합니다. 게다가 농약의 원료를 1년간 섭취하는 예상값에 따라 특정 작물은 등록되지 않을 수도 있습니다. 우리가 자주 먹는 쌀은 예상값이 클 수밖에 없죠.

먹었을 때의 문제점뿐만 아니라 약제 처리 시 공기 중으로 퍼지는 것으로 인해 작업자에게 미치는 영향까지도 확인되어야 하고, 각 작물에 대한 약해 성적도 필요합니다. 이러한 검증은 전부 GLP 인증 기관에서 하도록 규정되어 있습니다.

그러다 보니 농약 회사는 많이 재배하는 일부 작물만 등록합니다. 작물 하나를 등록할 때마다 큰돈과 시간, 노력이 들어가는 일이라서요.

이후 기관에서는 수확된 농산물의 잔류 농약을 검사할 때 이렇게 정식으로 등록된 항목만 검사합니다. 수천 가지의 약을 하나씩 확인하고 검사할 수는 없으니까요.

예를 들면 딸기를 검사할 때는 딸기에 사용하는 농약으로 등록된 성분들만 검사합니다. 이때 등록되지 않았거나 알 수 없는 성분의 농약이 검출되면 농산물은 폐기됩니다. 농약 판매점에서 굳이 작물에 등록된 농약만 사용하도록 하는 건 이런 이유 때문입니다.

하지만 우리는 가드닝에 사용하기 때문에 잔류 농약 검사를 할 일이 없습니다. 유해성분 분해 기간과 안전기준만 지키면 다양한 농약을 활용할 수 있습니다. 단, 먹는 식물이라면 작물에 등록된 농약만을 사용하는 게 바람직합니다.

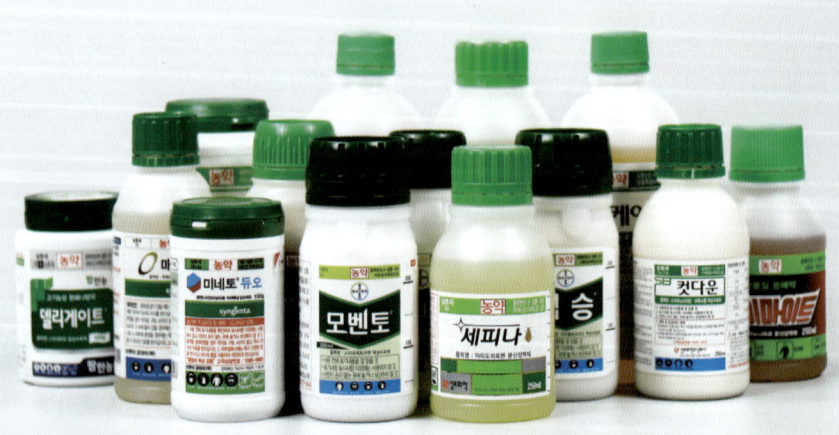

실내에서 농약 사용법

농약은 라벨에 표시된 사용법과 주의사항을 확인하고 올바르게 사용해야 합니다. 사람이나 동물에 사용해서는 안 되며 희석된 약물을 바로 하수구로 흘려보내서도 안 됩니다. 물고기와 같은 수생 생물이 피해를 보기 때문이죠. 또한 사용기준을 따르지 않고 고농도로 희석하거나 검증 없이 두 가지 이상의 약제를 섞으면 식물도 피해를 볼 수 있습니다.

대부분의 액체 농약은 뚜껑에 용량이 표시된 경우가 많습니다. 이 표시는 농약의 전체 양을 표시한 것이 아니라 뚜껑에 약을 채웠을 때의 용량입니다. 계량이 어려운 환경에서는 뚜껑을 활용하면 됩니다.

하지만 우리의 베란다 정원은 그렇게 넓지 않고, 1㎖ 이내로 사용할 때가 많습니다. 그러니 스포이드 하나 정도는 준비하는 게 좋겠죠.

장갑을 끼고, 마스크도 착용하는 게 좋습니다. 농약을 사용하는 동안은 동물과 아이의 접근도 막아야 합니다. 아이나 반려동물이 있다면, 보관도 잘해야 합니다.

농약은 고온의 환경에서 사용하면 약해가 발생할 수 있습니다. 실내에서는 늦은 저녁에 사용하는 걸 권장해요. 바람에 불면 약제가 날릴 수 있으므로 사용할 때는 창문을 열지 말아야 합니다. 사용 후 바로 환기하는 건 괜찮습니다.

✅ 식물의 잎에 분무할 때

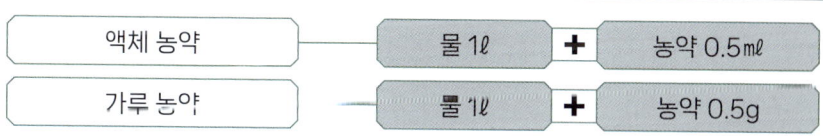

✅ 화분의 흙에 부어줄 때

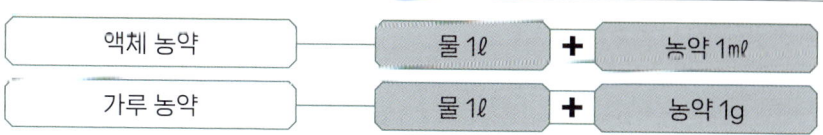

⌄ 흙에 부어줄 때는 식물의 뿌리 부분이 충분히 젖도록 해주세요.

▎농약의 공격력을 높이는 방법

두 배 농도로 희석하기

이 방법은 식물에 피해를 줄 수 있습니다. 경험을 토대로 진행해야 한다는 전제가 있습니다. 일반적인 상황에서는 농도를 강하게 해서 한 번 처리하는 것보다 약한 농도로 여러 번 처리하는 쪽이 효과적입니다.

침투확산제 첨가

침투제는 잎마름 피해로 이어질 수 있습니다. 몇 장의 잎에 테스트해본 다음 사용하세요.

전착제 첨가

왁스층이 있는 식물의 잎에는 약제가 잘 묻지 않습니다. 이때 사용하는 게 전착제입니다. 하지만 전착제는 일부 식물에는 꼭 필요한 보호막 층을 파괴하기도 합니다. 예를 들면 유칼립투스의 경우는 은회색 코팅막이 벗겨지고, 이후에는 물이 잘 묻게 됩니다. 코팅막이 제거된 잎은 더 쉽게 노화가 진행됩니다.

구연산 가루 첨가 (추천)

농약은 산성을 띠는 물에 희석할 때 효과가 좋습니다. 그래서 농약 대부분은 지하수 또는 보르도액과 같은 알칼리성 제제와 섞어서 사용하면 효과가 떨어집니다. 일부 농약은 약해로 이어지기도 하고요.

지하수를 이용할 때는 물 2ℓ 기준 구연산 가루 0.5g을 녹여서 사용하세요. 그러면 물의 pH가 4~5 수준이 됩니다. 수돗물을 이용할 때도 2ℓ 기준 구연산 가루 0.3g을 섞으면 효과가 좋아집니다.

✅ 물의 pH에 따른 농약의 효과

pH4	pH5	pH6	pH7	pH8	pH9
살충효과 120%	살충효과 100%	살충효과 80%	살충효과 60%	살충효과 40%	살충효과 20%

■ 침투이행성 농약

실내에서는 잎에 뿌리는 방식보다 물에 희석해서 흙에 부어주는 방식이 동물과 사람에게 더 안전할 수 있습니다. 식물의 잎도 약해로부터 더 안전해지죠.

흙에 부어주는 방식으로 사용하려면 '침투이행성'이 있는 농약을 선택해야 합니다. 침투이행성이라니까 말이 어렵네요. '침투되어 전달'된다는 뜻입니다. 흙에 부어주면 뿌리를 통해서 잎까지 약 성분이 전달되어 체액을 빨아먹는 벌레를 퇴치합니다.

침투이행성이라는 말만 놓고 보면 어쩐지 더 위험한 농약 같아요. 하지만 우리의 생각과는 달리 식물에 침투해서 효과를 내는 농약이 비침투성 농약보다 저독성인 경우가 많습니다.

이렇게 비교해보세요. 약제를 직접 닿게해서 벌레를 죽이는 스프레이 살충제는 비침투성이며, 우리 몸에 흡수되어 어딘가에 있는 기생충을 죽이는 구충제는 침투이행성입니다.

농약을 살포한 식물을 만져도 되나요?

잎에 묻은 약제가 마르지 않은 상태에서는 만지지 않아야 합니다. 잎의 약제가 마른 다음에는 잎을 만져도 큰 해가 없으며, 손을 씻어 내는 것으로 충분합니다. 유해 성분이 분해되기 전에는 반려동물이 잎을 먹지 못하게 해야 합니다.

 농약을 사용한 채소는 언제 먹을 수 있나요?

각 농약의 라벨에 사용기준이 표시되어 있습니다. 최대 날짜를 찾아서 계산해 보세요. 예를 들어 수확 전 7일까지 사용이라는 문구가 있다면, 농약 사용 후 7일이 지난 다음 씻어서 먹을 수 있습니다.

간혹 뉴스에서 잔류 농약 허용량을 초과한 농산물 얘기가 나옵니다. 농가에서 '수확 n일 이내 사용 금지' 규칙을 어기고 수확 직전에 농약을 살포한 경우입니다.

ⓘ 잔류 농약 허용량

농약으로 오염된 식품을 섭취하였을 때 인간의 건강을 해치지 않는 각 식품에 잔류하여도 무방한 기준 농도입니다.

 희석된 농약이 남았어요

물에 희석한 농약은 공기를 접촉하면 하루 지날 때마다 약효가 절반씩 떨어집니다. 가장 좋은 건 처음부터 적정량을 희석해서 모두 소진하는 거예요.

희석된 농약이 남았다면 화분의 흙에 부어주세요. 화분 받침대로 농약 물이 흘러나왔다면 동물이 접근하지 않는 화단의 흙에 버리거나 농약의 유해 성분이 분해된 후에 버려주세요.

사용하고 남은 농약은 뚜껑을 꼭 닫아서 직사광선이 닿지 않는 장소에 실온 보관 하세요. 동물과 어린이의 손이 닿지 않아야 합니다.

일기예보에서 태풍이 온다고 해요.
태풍은 좋겠어요. 예상 진로가 있으니 말이에요.
내 화분과, 내 인생의 진로는
어떻게 될지 짐작조차 되지 않거든요.

CHAPTER

15

더 하고 싶은 이야기

어떤 식물은 밤에 잎을 오므려요.
이걸 '취면운동'이라 해요.

취면운동을 해보세요.
가끔은 열심히 살지 않기로 해요.

잎이 아니어도, 녹색이 아니어도

검은색은 모든 빛을 흡수하기 때문에 잎이 익어버릴 수 있으며, 흰색은 모든 빛을 반사해서 광합성을 할 수 없다는 말을 한 적이 있어요. 그래서 식물은 어중간한 초록색 잎을 가지게 되었다는 것도요.

어떤 식물은 잎에 무늬를 넣는 형태로 진화하기도 했습니다. 알록달록한 무늬는 곤충을 유인하거나 동물을 막는 효과가 있습니다. 그리고 흰색 무늬는 열을 재분배하는 효과가 있죠.

하지만 흰색 무늬가 있으면 빛을 받는 게 부족해질 수 있어요. 그래서 흰무늬를 제외한 나머지 영역의 색을 더 진하게 해서 많은 빛 에너지를 흡수합니다.

어떤 무늬 식물은 빛이 부족하면 더 많은 빛을 흡수하기 위해 녹색 부분이 확장된 새잎을 만들고, 반대로 빛이 강해지면 흰색 부분이 많은 새잎을 만듭니다.

잎 표면에 은색 옷을 입는 식물도 있습니다. 이런 식물은 빛이 강할 때는 빛을 덜 받기 위해 옷의 색깔을 흰색에 가깝게 조절합니다. 빛이 적으면 은색 옷을 얇게 입고 녹색 잎으로 돌아가고요.

하지만 우리가 실내에서 키우는 흰색 무늬 관엽식물은 대부분 사람이 인위적으로 만든 거예요. 어떤 환경을 만들어 돌연변이가 탄생하도록 유도한 겁니다. 인위적으로 탄생한 무늬 식물에는 앞서 말한 자연적인 규칙이 적용되지 않습니다.

식물 입장에서 흰색 무늬는 어쩌다 발생한 '병'이기 때문에 치유되면서 점점 녹색 잎으로 변해 갈 수 있습니다. 반대로 식물이 자라기 좋지 못한 환경에서는 흰색 면적이 점점 넓어지면서 건강을 잃어 갈 수도 있습니다.

무늬 식물을 키우다 보면 전체가 흰색뿐인 잎이 발생하기도 합니다. 흔히 '고스트'라고 부르는 이 현상은 희귀하고 예뻐서 마니아가 있기도 해요. 하지만 앞서 말했듯 흰색은 모든 빛을 반사하기 때문에 광합성을 할 수 없습니다.

고스트 잎이 발생했을 때 그 식물이 오랫동안 살아가려면 광합성을 할 수 있는 다른 잎도 함께 존재해야 합니다. 그러니 고스트 잎이 예쁘다고 다른 녹색 잎을 모두 제거해 버려서는 안 됩니다.

게다가 흰색 잎은 녹색 잎보다 방어물질이 적으며 면역력이 약합니다. 흰색 무늬 부분도 마찬가지이죠. 만약 흰색 부분에 물이 오랫동안 맺혀있다면, 곧 투명해지면서 무르기 시작할 거예요.

우리는 식물이 가진 녹색에 대해 조금 생각해볼 필요가 있어요. '엽록소'라는 말을 풀어서 해석해보면 '잎의 녹색 색소'라는 말이 됩니다. 광합성 공장인 엽록체 안에는 엽록소가 가득 있어요. 그래서 잎이 녹색으로 보입니다.

엽록체는 잎에만 있지 않습니다. 녹색으로 보이는 과일의 껍질에도, 녹색으로 보이는 줄기에도, 녹색으로 변한 뿌리에도 있습니다. 그래서 조건이 맞으면 이러한 부분도 광합성을 할 수 있습니다. 그런 사실을 알게 된다면 당신은 조금 더 녹색을 사랑하게 될 거예요.

어쩌면 식물의 가지와 뿌리를 함부로 하지 않을 수 있어요. 녹색으로 변한 난초과 식물의 뿌리가 시시분하다는 이유로 잘라내시도 않게 될 거예요.

이제 조금 이상한 부분을 감지해 냈을지도 모르겠어요. 식물은 녹색 색소로만 광합성을 하는 걸까요? 다른 색 잎을 가진 식물은 어떻게 살아가는 걸까요?

녹색 색소만 광합성을 하는 건 아닙니다. 녹색만큼은 아니지만 다른 색소들도 저마다 다른 방식으로 광합성을 할 수 있습니다.

온대식물을 예를 들어볼게요. 온대식물 대부분이 녹색을 띠는 건 엽록소 때문이에요. 봄에는 초록색이지만, 여름에는 광합성량이 많아지면서 더욱 진한 녹색이 되죠. 그러나 가을이 되고 기온이 서서히 내려가면 잎은 광합성량을 줄이고 엽록소 생산을 멈춥니다. 이때 엽록소에 가려져 있던 다양한 색소 분자들이 비로소 그 색을 드러냅니다. 그것이 단풍입니다.

식물의 색소 분자는 빨간색 색소(안토시아닌), 노란색 색소(카로티노이드) 외에도 다양해요. 그런 색소가 가을에만 존재하는 건 아닙니다. 이런 색소도 엽록소와 마찬가지로 봄부터 존재했습니다. 단지 엽록소에 가려져 있던 것뿐이에요.

이런 색소들은 엽록체를 구조적으로 지탱하며, 엽록소가 흡수하지 못하는 다른 빛 파장을 흡수해 광합성을 보조합니다. 꽃잎에 나타나는 다양한 색 역시 이런 색소들 때문입니다. 즉 녹색은 아니지만, 꽃잎들조차 일정부분은 광합성에 보탬이 됩니다.

빨갛고 노란 색소 분자는 광합성에 특화된 엽록소가 하지 못하는 중요한 역할이 있습니다. 때로는 특정한 곤충을 부르기도 하고 반대로 벌레가 오지 못하도록 하기도 합니다. 자외선을 차단하는 기능도 할 수도 있죠. 어떨 때는 근처의 다른 식물들이 자라지 못하게 하는 등 경쟁적 우위를 차지하기 위한 독소 물질도 분비합니다.

이런 사실을 알게 되었을 때 당신은 식물의 색을 이전과는 다른 시선으로 바라볼 수 있게 될 거예요.

🛈 단풍의 비밀

단풍이 든 낙엽은 다른 식물이 자라지 못하게 하는 독소를 품고 있습니다. 단풍이 든 낙엽 밑에서는 씨앗도 발아하기 어렵습니다. 식물의 거름으로 활용하려면 반드시 숙성시켜야 합니다.

🛈 식물 색소의 비밀

식물의 엽록소 생산이 멈추면서 드러나는 다양한 색소들은 우리가 먹는 항산화제 및 눈 건강 관련 건강기능식품과 관련이 있습니다. 들어보았을 거예요. 안토시아닌, 루테인, 베타카로틴 등이요.

🛈 식물 성장 LED 아래에서 붉어지는 잎

인공조명은 약간의 자외선과 적외선을 방출합니다. 몇몇 식물 성장 LED는 그런 파장이 더 많이 발생하도록 설계되어 있기도 해요.

그래서 식물 성장 LED를 가까이서 비추면 자외선과 적외선이 잎에 더 많이 닿게 됩니다. 그 상태로 오랫동안 방치하면 식물은 해당 파장의 흡수를 줄이기 위해 잎의 색을 조절합니다. 이때 잎 색이 붉은색 또는 보라색으로 변합니다.

붉게 변한 잎이 예쁘게 보일 수 있지만, 이건 일종의 보호장치가 발동된 것과 마찬가지입니다. 결론적으로 식물에는 큰 문제가 되지는 않지만, 광합성 효율은 떨어질 수 있습니다.

어느 날 당신의 식물에서 이런 변화가 느껴진다면 식물 성장 LED를 너무 가까이서 비추고 있는 건 아닌지 살펴보세요.

화학이라는 단어에 대한 편견

우리 사회는 '화학' 그리고 '합성'이라는 단어에 대해 '안 좋은 것'이라는 편견이 있습니다. 반대로 '천연'이나 '친환경', '유기농'이라는 단어는 '좋은 것'이라는 편견이 있죠.

기업들은 이러한 편견을 마케팅에 적극 활용합니다. 안타깝게도 식물을 사랑하며 나아가서는 자연과 환경을 사랑하는 사람일수록 그러한 마케팅의 함정에 더 쉽게 빠지는 것 같아요.

나는 당신이 가지고 있을지 모를 '농약'에 대한 편견을 조금 덜어주고 싶어요. 특히 우리가 주로 사용하는 농약이 살충제와 일반 살충제에 대한 부분은 한 번쯤 깊이 있게 생각해보았으면 합니다.

농약은 일반 살충제와 어떤 점이 다른 걸까요? 결론부터 말하면 크게 다르지 않습니다. 스프레이 모기약과 같은 살충제는 그 독성의 정도가 농약과 다를 게 없음에도 우리의 생활에 밀접하게 파고들어 있습니다. 그건 그 살충제가 먹을 것에 사용하지 않는다, 라고 표기하고 있기 때문이에요.

우리 사회는 먹을 것에 매우 민감합니다. 같은 실리콘 재질이라 해도 음식과 관련이 있는 곳에 사용되면 규제와 관리 감독의 대상이 되죠. 조리용 도구에 공업용 실리콘을 사용하면 뉴스거리가 됩니다.

살충제도 마찬가지입니다. 먹을 것에 사용하지 않는 일반 살충제는 별다른 규제 없이 인터넷으로도 팔 수 있고, 누구나 살 수 있습니다. 먹을 것과 동물에 사용하지 않는다는 사회적 약속이 지켜지기 때문입니다.

하지만 농산물, 즉 먹는 것에 사용한다면 얘기는 달라집니다. 사람의 건강과 직결된 문제이기 때문에 세계보건기구(WHO)와 세계식량농업기구(FAO) 그리고 정부의 규제에 따라야 하고, 엄격한 관리 감독을 받아야 하며, 잠정적으로 위험한 물질은 사용할 수도 없습니다.

식물에 사용하면 며칠 이내 유해 성분이 분해되어야 하며, n일이 지난 후에는 잔류 농약이 허용량 이상으로 검출되지 않아야 합니다. 게다가 분해되지 않은 상태에서 독성은 어느 정도인지, 강물에 흘러 들어갔을 때 물고기와 수생동물에 끼치는 피해가 어느 정도인지, 꿀벌에는 어느 정도 피해를 주는지 등급까지도 표시해야 합니다.

그런 검증과 인증을 마친 뒤에야 비로소 '농약'이라는 이름을 붙일 수 있습니다. 이것만이 우리가 먹는 것에 사용할 수 있는 안전한 약이다, 라고 딱지를 붙이는 셈이죠. 즉 '농약'이라는 단어는 부정적인 의미가 아니라 일정한 규칙에 따라 먹는 식물에 사용해도 된다는 '안전'의 의미가 있어요.

농약은 '합성 화학 약품'이라서 꺼려지나요? 그렇다면 다른 합성 화학 약품은 어떤가요?

우리가 언젠가 손에 바른 소독제도 화학약품이고, 1년에 한 번씩 먹는 구충제도 화학약품이며, 반려동물의 목덜미에 발라주기만 해도 몸에 흡수되어 심장사상충을 예방하는 약도 화학약품입니다. 그리고 병원에서 의사의 처방을 받아 약국에서 구매하는 약도 화학약품입니다. 당신이 오늘 피부에 바른 화장품도 화학제품입니다.

'천연 유래' 성분이라는 말이 적혀 있나요? 그조차 화학 공정을 거쳐서 보존기간을 늘리고, 사용이 가능하도록 '합성 가공'한 화학제품입니다. 환경오염의 원인으로 지목하는 플라스틱도 알고 보면 천연 유래 성분으로 만든 겁니다. 플라스틱의 원료는 석유이고, 석유는 천연자원이니까요.

'천연'이라서 안전한 것 같은가요? 복어의 독(테트로도톡신)은 어떤가요? 성인의 경우 0.5㎎만 먹어도 사망에 이를 정도인 천연의 '독' 말이죠. 청산가리의 40배가 넘는 독성을 가진 독우산광대버섯은 어떤가요? 안전해 보이나요?

우리는 친환경 약제 또는 천연 유래 약제라고 판매하는 수많은 상품을 농약보다 쉽게 접할 수 있습니다. 더 안전하기 때문이 아니라 규제와 감독, 감시를 받아야 하는 '농약'이 아니기 때문이에요. 그냥 벌레를 죽이는 약, 살충제일 뿐입니다.

물론 그러한 약제 중에는 정말로 안전한 상품들이 있을 거예요. 올바른 신념 속에서 만들어지는 제품도 분명 있을 거라 믿어요. 하지만 그렇지 않은 제품이 있을 수 있다는 함정 카드는 늘 함께 존재합니다.

그러니 살충제를 선택할 때는 천연과 화학약품으로 구분하지 않았으면 좋겠어요. 똑같이 벌레를 죽이는 '독'이라는 접근이 바람직합니다. 천연이라고 구분 짓는 순간 너무 자주, 위기의식 없이 사용하게 될 수도 있어요.

🛈 친환경 살충제

자연과 환경을 덜 파괴하는 방식으로 원료를 얻어서 만듭니다. 사용 후에도 자연과 환경에 영향이 적어야 합니다. 아이러니하게도 농약은 유기농 약제와 천연 유래 약제와 비교했을 때 상대적으로 친환경 살충제입니다.

🛈 유기농 살충제

화학약품이나 합성으로 얻어진 자재를 사용하지 않고 자연적인 자재만을 이용해 만든 약품입니다. 자연에서 얻는 '독'을 활용하므로 사용 후 분해되기 전까지는 그 독성 정도가 강할 수 있습니다. 분해된 후에도 잎과 열매에 노폐물이 남을 수 있습니다. 자연 독은 특정 곤충만을 표적화하기 어렵기 때문에 꿀벌과 다른 곤충도 피해를 봅니다.

자연의 독을 얻기 위해서는 많은 재료가 필요합니다. 원료를 채취하는 과정에서 상대적으로 녹지 및 환경이 훼손됩니다. 대표적인 유기 자재인 가축의 분뇨가 강으로 흘러 들어가 녹조와 같은 환경문제를 일으키는 것처럼 많은 유기 자재의 사용은 환경오염으로 이어지기도 합니다.

🛈 천연 유래 살충제

대부분 국화과 식물에서 나오는 물질을 '인공적으로 합성'한 '피레스로이드계 살충제'입니다. 천연이 아니고, 합성약품입니다. 비선택성 살충제이므로 꿀벌과 다른 곤충도 죽습니다.

이러한 천연 유래 성분 중 '알레트린'은 비염과 천식, 구토 등의 증상을 일으키는 사례가 보고되어 유독 물질로 보고 0.5% 이상 농도는 사용이 금지됐습니다.

'퍼메트린'은 사람과 동물의 신경을 과도하게 흥분시킵니다. 과다 노출되면 팔다리가 저리거나 호흡기 장애, 현기증을 느낄 수 있습니다. 미국과 일부 유럽에서는 '퍼메트린'을 발암물질과 내분비계 장애 추정물질로 분류하고 사용을 금지하고 있습니다. 우리나라에서도 유독 물질로 지정되어 있어서 0.25% 이하의 농도로만 사용할 수 있도록 규제 중입니다.

천연 유래 성분 살충제에는 어떤 첨가제가 추가로 들어있는지 알 수 없으며, 며칠 이내에 유해 성분이 분해되는지를 알 수 없습니다. 너무 자주 사용하거나, 먹는 식물에는 사용하지 않는 게 좋습니다.

반려동물에 대한 식물 독성

반려동물과 함께 살고 있어서 식물 키우기를 주저하고 있나요? 반려동물이 식물을 잘못 먹으면 위험하다고 해서 화분을 정리하려고 하나요?

정보의 홍수는 불필요한 경계를 낳기도 하는 것 같아요. 때로는 번역기가 번역해준 '유독'이라는 단어를 '맹독'의 의미로 받아들이기도 하죠. '유독'은 '무독'의 반대말로 그저 '독성이 있다'라는 의미입니다.

비유하자면 '아이스 아메리카노에는 심장 박동 이상과 신장 기능 문제, 신경과민을 일으킬 수 있는 카페인이 들어 있으니 마시면 안 돼'라고 하는 것과 비슷해요. 드물게 카페인 과민성이 있는 사람에게는 위험할 수 있어요. 하지만 성인 대다수에게 아메리카노 한 잔은 위험하지 않습니다.

망고 좋아하세요? 망고나무는 옻나무과 식물이라서 알레르기가 있는 사람이 먹으면 두드러기가 생겨요. 그것처럼 동물도 저마다 식물 독성 민감성이 조금씩 다릅니다. 예컨대 잘 알려진 독성식물인 '백합'은 고양이에 독이 되지만 개에게는 독이 되지 않습니다. '아보카도'나 '고사리'처럼 말, 소, 염소, 토끼에 독이 되지만 개와 고양이에는 안전한 식물도 있어요.

사실 '반려동물과 식물의 독성'에 대해서는 학자마다 조금씩 다른 견해를 보입니다. 그러니 이 편지에서는 내 주관을 말해 볼게요. 고양이, 개와 함께 많은 식물 사이에서 생활하고 있는 나는 독성식물보다 오히려 독성이 없는 선인장, 파인애플, 장미 같은 식물을 더 조심합니다. 가시나 뾰족한 잎에 찔릴 수 있으니까요.

자연의 동물은 식물이 가득한 곳에서 살아갑니다. 그런데도 왜 괜찮을까요? 사실 식물이 가진 독성은 일종의 보호 메커니즘입니다. 대부분 동물은 독성이 있는 식물을 먹으면 매우 맛이 없다고 느껴요. 그래서 맛을 본 다음에는 본능적으로 더는 먹지 않습니다. 습관적으로 식물의 뿌리를 파헤치거나 잎을 물어뜯는 반려동물이 있다면 예외를 두어야겠지만요.

고양이가 풀을 먹는 건, 섬유질 섭취가 필요하기 때문이에요. 보통은 안전한 풀을 스스로 찾아서 먹습니다. 하지만 안전한 풀이 없다면, 차선으로 독성이 있는 풀을 씹기도 해요.

독성이 있는 식물을 먹는다고 해서 곧바로 심각한 단계에 이르는 건 아닙니다. 대부분 맛을 보고 먹지 않기 때문에 가벼운 수준의 배탈에 그치고 말아요. 물론 알레르기 반응이 일어나거나 많은 양을 섭취한다면 이상 증상이 나타날 수도 있습니다.

먹으면 심각한 상태에 도달하는 식물도 있어요. 다행히 동물들은 대부분 이런 식물을 냄새로 감지하고 먹지 않습니다. 게다가 독성이 대부분 열매나 씨앗, 알뿌리에 몰려있어서 접근성이 떨어지기도 합니다.

개와 고양이에 관한 식물의 독성 위험도를 4단계로 분류해서 안내할게요.

 독성 레벨 1

이 식물들은 개와 고양이에 독으로 작용하는 성분이 없습니다. 그렇다고 완전히 안전한 것은 아니에요. 많은 양의 식물을 한 번에 먹으면 소화장애가 올 수 있어요. 식물의 소식이 지나치게 단단하면 목에 걸릴 수도 있고, 가시가 있다면 찔리거나 박혀서 문제가 될 수 있습니다.

가문비, 고사리(아디안텀, 아비스, 다바나, 더피, 보스턴, 코다타, 블루스타, 푸테리스, 에버잼, 박쥐란), 고수, 골풀, 구페아, 끈끈이주걱, 네펜데스, 녹보수, 녹차, 녹태고, 덕구리란, 러브체인, 레몬밤, 로즈마리, 리톱스, 립살리스(프라카룸, 밤벨시스, 몬스로사, 슈도), 미모사, 미스김라일락, 바나나, 바닐라, 바이올렛, 바질, 벌레잡이제비꽃(모라넨시스, 에셀리아나), 브레이니아, 블루베리, 사라세니아, 선인장(우각, 소정, 백도선, 금황환, 귀면각, 용신목, 비화옥, 능심환, 만세, 용과, 게발, 고사리잎, 생선뼈), 세이지, 스테비아, 시서스, 아라우카리아, 아랄리아, 아보카도, 아악무, 아카시아(자엽, 둥근잎, 삼각잎), 아펠란드라, 야자(테이블, 아레카, 켄차, 관음죽), 여인초, 올리브, 왁스플라워, 왓수니아, 율마, 자카란다, 장미, 장미히브, 접란, 칼라데아(로제오픽타, 로시, 진저, 비타타, 오르비폴리아), 코노피툼, 쿠션부쉬, 타라, 틸란드시아(수염, 푼키아나, 이오난사, 불보사, 시아네아), 파리지옥, 파인애플, 파키라, 페페(청페페, 홍페페, 수박, 픽시라임, 줄리아, 에덴로소, 나폴리, 이사벨라), 풍란, 피토니아, 필레아페페, 핑크뮬리, 한련화, 해피트리, 호야, 호접란, 호주매화, 히포에스테스

 독성 레벨 2

약한 독성을 가지고 있습니다. 먹어도 대부분은 심각한 상황에 이르지 않습니다. 가벼운 수준의 배탈, 눈 자극, 피부 염증, 침 흘림, 구토, 설사, 등이 나타날 수 있습니다.

고무나무(수채화, 인도, 벵갈, 떡갈잎, 벤자민, 움벨라타, 푸밀라), 고추냉이, 괴마옥, 구아바, 구절초, 국화, 극락조, 금전수, 꽃기린, 꽃치자, 댑싸리, 드라세나(슈퍼바, 문샤인, 스투키, 행운목, 개운죽, 콤팩타, 드라코), 디시디아, 라벤더, 라피도포라, 마삭줄, 마오리소포라, 만데빌라, 망고, 망고스틴, 맹그로브, 몬스테라(델리시오사, 아단소니), 무화과, 민트(페퍼, 스피아, 애플),

부자란, 사랑초(옥살리스), 사철나무, 산호수, 스킨답서스(에피프레넘), 스파티필룸, 시트러스(레몬, 라임, 귤, 자몽, 오렌지, 오렌지자스민), 싱고니움, 아가베, 아글라오네마, 아스파라거스, 아이비(청, 하트, 무늬), 안스리움, 알로에, 알로카시아(오도라, 거북, 제브리나, 실버드래곤, 블랙벨벳, 로터바키아나), 에스토니, 뮬렌베키아, 여우꼬리, 연필선인장, 워터코인, 유칼립투스(폴리안, 로시시아, 레몬검, 파블로, 실버드롭), 이베리스, 자스민(오렌지, 함박, 차이니스), 제라늄(페라고늄), 죽백나무, 천국의계단, 천냥금, 칼랑코에(칼란디바, 실버스푼), 캐모마일, 캣닢, 커피아라비카, 코르딜리네, 콜로카시아, 콩난, 크로톤, 크루시아, 트리안, 티트리, 파비안, 파파야, 포인세티아, 포체리카, 필로덴드론(콩고, 버킨, 셀렘, 호프셀렘, 화이트프린세스), 해바라기, 호랑가시, 홍콩야자, 후피향, 히메몬스테라

 독성 레벨 3

보통 이상의 독성을 가지고 있으므로 주의가 필요합니다. 많이 먹으면 타액 분비, 신장 기능 이상, 간 기능 이상, 저혈압 증상이 나타날 수 있습니다. 반려동물이 이 식물에 관심을 보인다면 다른 곳으로 화분을 옮겨주세요. 식물을 먹은 반려동물의 상태가 이상하거나, 반려동물이 체중의 100분의 1 이상 해당 식물을 먹었다면 수의사에게 데려가세요.

나한송, 란타나, 무스카리, 백묘국, 백합, 베고니아(마큘라타, 목베고니아, 볼레로, 프라우호프만, 셔츠슬리브스, 타이거, 아이래쉬), 샤프란, 수선화, 스테파니아(에렉타, 수베로사), 야래향, 유포르비아, 천리향, 초코리프, 카라, 칼라디움(칸디덤, 린드니, 데뷰탄트), 튤립, 페르시아라일락, 플루메리아, 히아신스

 독성 레벨 4

개와 고양이에 강한 독성을 가지고 있으므로 함께 키우는 것을 경계해야 합니다. 독성레벨 2, 3의 증상 외에도 심장 박동 이상, 혈액 세포 이상, 신경 기능 이상, 발작, 혼수상태, 사망으로 이어질 수 있습니다. 독성레벨 4의 식물은 대체로 알뿌리, 꽃, 열매에 독성이 몰려있습니다. 반려동물이 이 식물의 알뿌리, 줄기, 열매, 꽃, 씨앗을 먹었거나 잎을 신용카드 한 장 크기만큼 먹었다면 수의사에게 데려가야 합니다.

남천, 디펜바키아, 소철(멕시코, 에둘레), 시클라멘, 아데니움(사막장미), 코로키아코트니스터

늦게 내는 가위바위보 게임

실내 식물에는 미리 무언가를 해주려고 하지 말아야 해요. 화분, 흙, 물, 빛, 비료와 같은 기본적인 요건이 충족되었다면 그때부터는 늦게 내는 가위바위보 게임이 시작됩니다.

식물에 나쁜 벌레가 보이면 약을 뿌려야 하고, 양분 결핍 증상이 나타나면 복합비료를 주어야 합니다. 배수 환경이 눈에 띄게 나빠졌다면, 화분 속에 뿌리가 가득 메우고 있다는 걸 알 수 있어요. 분갈이해야 할 때입니다.

이처럼 당신이 먼저 앞서서 대처할 것은 없습니다. 기다려 주다가 식물이 가위를 내면, 당신은 주먹을 내면 됩니다.

늦게 내는 가위바위보 게임은 치사하고 불공정한 게임입니다. 늘 늦게 내는 당신이 유리하다는 것을 잊지 마세요. 이 규칙을 무시하고 당신이 먼저 주먹을 낸다면, 식물은 보자기를 내버릴 거예요. 미리 무언가를 하려 하는 순간 당신은 이 게임에서 지고 맙니다.

이렇듯 이 게임은 당신이 이길 확률이 높습니다. 그래도 주의할 점이 있습니다. 식물이 보자기를 냈을 때 너무 오랜 시간을 끌지 말아야 한다는 거예요. 당신이 늦게 내는 가위바위보 게임이지만, 겉으로는 동시에 내는 것처럼 보여야만 합니다.

째깍째깍, 시간의 심판이 당신의 반칙을 알아차릴지도 모릅니다.

널브러지고 어수선하고 지저분한

처음에는 누구나 근사한 미래를 그립니다. 나만의 아름다운 정원을 꿈꿀지도 모르겠어요. 하지만 당신이 만나게 될 실내 정원은 그렇게 근사하거나 아름답기만 하지는 않습니다.

식물은 거의 모든 시간을 당신에게 등을 돌린 채 창밖을 보고 있습니다. 빼곡하고 정리가 되지 않은 채 들어찬 식물은 어수선한 분위기를 자아낼 거에요. 햇빛을 가려 방안을 어둡게 할지도 몰라요. 분갈이는 피곤한 작업입니다. 분갈이를 마친 다음에는 온갖 도구와 흩뿌려진 흙을 청소하기 위해 애써야 합니다. 화분이 많아지면 어느 순간 물시중을 드는 노동자가 된 기분도 느낄 수 있을 거예요.

처음에는 식물에 자리를 내어준다고 생각했겠지만, 어느 순간 내 공간을 빼앗긴다는 기분까지 스며듭니다. 마침내 '식태기'가 찾아오겠죠. 큰 회의감을 맛보게 될 수도 있습니다.

하지만 당신은 몇 개월이 지나면 다시 빈 선반을 들이고 식물을 채우게 됩니다. 다시 식물을 들이다 보면 아마도 화분이 부족할 거예요. 화분을 샀더니 이번에는 화분이 남습니다. 남는 화분에 심을 식물을 구하고 보면 화분이 또 부족해지겠죠. 화분은 점점 늘어나고 어느 순간 다시 물시중이 힘들다고 느끼게 됩니다.

식물을 너무 많이 들이지 마세요. 당신의 에너지가 되어주는 지점까지가 좋은 거예요. 에너지를 빼앗긴다는 생각이 들면 식물을 줄이세요. 무리 없이 돌볼 수 있는 화분이 몇 개 정도인지 파악하지 않으면, 당신은 이 고리에서 영원히 벗어나지 못할지도 모릅니다.

그래도 그냥 좋은 거예요

무엇 때문에 그렇게 정신없이 바삐 걸었을까요. 문득 그런 의문이 들었을 때 슬그머니 식물이 내 옆자리를 차지했던 것 같아요.

거짓된 마음으로 또박또박 말하는 사람이 있고, 솔직한 마음으로 버벅 버벅 말하는 사람이 있어요. 나는 그중에 후자라서 차라리 장난스러운 말투로 또박또박 말하는 어중간한 사람이 되어버렸습니다. 그래서 제대로 된 위로를 전해 줄 수 없을지도 모르겠지만, 언제나 진지하지 못하게 장난처럼 포장되어 전달되겠지만.

그래도 이번만큼은 버벅이가 되어서라도 당신에게 전하고 싶은 말이 있어요.

식물은 좋아요. 그냥 좋은 거예요. 좋은데는 이유가 없습니다. 때론 친구처럼, 때론 동료처럼, 때론 연인처럼, 때로는 그 관계가 깃털보다 가볍다 해도 식물이 좋아요.

그렇게 식물이 좋아지는 순간이 당신에게도 찾아오게 된다면, 식물 앞에 가만히 앉아서 귀 기울여 보세요.

> 잘 지내고 있나요?

> 아프지는 않나요?

> 곤란한 일은 없나요?

들리나요? 식물은 당신이 혼자가 된다 해도, 혼자가 되지 않도록 온 존재를 모아 당신에게 귀 기울여 줄 거예요. 어떨 때는 단지 곁에서 숨 쉬어주는 존재가 있다는 것만으로도 위안이 될 거예요.

오늘은 화분을 들이세요. 식물을 곁에 두세요. 온 존재를 모아 귀 기울여 주는 존재를 당신이 기질 수 있도록.

일상의 팍팍함에 지쳐서 탈출구가 필요할 때 식물을 보세요.
식물을 바라볼 때는 재거나 계산하지 않아도 됩니다.

식물은 햇살 아래 그렇게 있고
우리는 여기에 이렇게 있으니까.

흙 한 스푼, 햇빛 세 스푼, 물 여섯 스푼

이제 알겠죠?

식물을 키우는 데 가장 중요한 것은
이 편지에 들어 있지 않아요.

당신을 믿으세요.
당신의 마력은 생각보다 훨씬 위대해요.

이제 당신은 봄이 오는 소리가 들리면
먼저 마중 나가 있는 사람이 되었어요.
드루이드가 된 것을 축하하며.

드루이드로부터 드루이드에게.

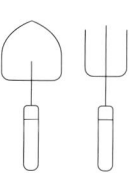

— EPILOGUE
마치며

나는 여전히 그렇게 살아갈 거예요.

은회색 고양이의 털을 빗겨주면서.
송아지 같은 개와 산책하면서.
물 주는 화분의 식물하고 시시덕거리기나 하면서.
만리향의 꽃이 떨어지는 걸 보며
별이 떨어지는 것 같다는 아내의 말을 들으면서.

식물을 키우는 걸 싫어할 이유는 수도 없이 많지만.
식물을 키우는 걸 좋아할 이유는 한 가지면 충분해요.

이러한 이야기도 시간이 지나면 잊히겠죠.

괜찮아요.
부서지고 흩날리고 남은 것들은
언제나 민들레 씨앗처럼 바람을 타고 날아다녀요.

이 편지에 뿌려놓은 홀씨마저도 바람을 타고 날아가
당신의 마음에 작은 위로가 되길 바랍니다.

식물을 키우지 않으면
햇빛이 아깝잖아요

드루이드가 되고 싶은 당신을 위한 안내서

발 행 일	2023년 9월 20일 (1쇄)
	2025년 11월 20일 (4쇄)
글 쓴 이	프로개
감 수	박수혜(SH89), 최소희(로망소희)
펴 낸 이	김형기
펴 낸 곳	드루이드 아일랜드
출판등록	2022년 3월 7일 ㅣ 214(25100-2023-000014)
이 메 일	druidi@naver.com
I S B N	979-11-984415-0-8

■ 이 책은 저작권법에 따라 보호받습니다.
■ 이 책의 내용 일부를 출판물에 이용하려면 저작권자의 서면 동의를 받아야 합니다.
■ 이 책의 내용 일부를 불특정 다수에게 전송, 송출, 방송, 게시, 소개할 때는 출처를 표시해야 합니다.